U0114921

波士頓的長電郵

美利堅的政治成長與普遍歷史

劉小楓　著

The Long E-Mail from Boston

獻給甘陽教授榮開七秩

目 錄

弁言

2017 年底，拙著《以美為鑒：注意美國立國原則的是非未定之爭》面世，隨即引來坊間訾議甚至痛斥——據說，「豆瓣」書訊上給 1 分的讀者近四成。這倒在我意料之中，畢竟，自改革開放以來，對美國文明的由衷傾慕已扎根在我們絕大多數學人心中。

我沒有料到的是，僅僅三個月後（2018 年 3 月），美國針對中國的「貿易戰」就打響了，且不斷升級。短短三年間，美國對中國的遏制迅速擴大到諸多領域，阻擊高科技產業和軍事施壓尤為顯著。我國學人對美國的深厚情感因此而一再遭受重創，儘管這絲毫不意味著我們對美國文明品質的認識會有所長進。我國知識人致力於認識西方文明已有一個半世紀，但對於究竟應該如何認識美國文明的德性品質這樣的重大問題，迄今懸而未決。

劍橋學派的政治史學把十八世紀的費城時刻與十五世紀末的馬基雅維利時刻連成一線，以此推進激進的普世民主運動，這促使我在《以美為鑒》中從五百年來的世界大歷史視角思考中國文明與美國文明的相遇。現在看來，進一步展開《以美為鑒》的思考實有必要。畢竟，要透徹理解美國今天的行為，還得從政治史學角度探根究源。雖然這極為困難，

卻有必要一試，哪怕做不到周全。

本稿付梓之際，時逢老友甘陽榮開七秩，正好用作壽禮，以誌我們在北大 25 樓同樓不同窗以來的四十年友誼。

本稿為中國人民大學科學研究基金（中央高校基本科研業務費專項資金、中國人民大學「雙一流」建設資金資助）項目（批准號：22XNLG10）成果之一，特此註明。

2021 年 9 月初稿，12 月改定
古典文明研究工作坊

楔子　歷史遺留的困惑

　　我 15 歲那年上高中（1971 年秋），僅僅一個月後就作為市立中學建設戰備高中先遣班的一員，進入長壽湖山區收拾已經初步建成的有如戰鬥工事般的校舍，為全校遷移做準備。整整一個學期，我們先遣班同學的課程全是土工作業，誰也沒想到，學期結束後，我們遇到了對當時的中國人來說極為震撼的歷史事件：美國總統理查德・尼克松（Richard Nixon, 1913–1994）訪問中國（1972 年 2 月）。

　　從小看電影《英雄兒女》長大，我的腦子轉不過彎：「美帝頭子」怎麼可能訪問中國，還笑眯眯地與毛主席握手，毛主席也笑眯眯地看著他？

　　我從《人民畫報》上取下這張劃時代的照片放進書桌，每天都禁不住拿出來凝視片刻。緊接著，深山中的戰備校舍被廢棄，我們全校師生遷回城裏──但這不是尼克松訪華的結果，而是另有原因。高中畢業後下鄉接受貧下中農再教育時（1974 年春），我沒有忘記帶上劃時代的照片。我把它貼在破舊的木板農舍正中，當繁重的農活讓我疲憊不堪甚至心灰意冷時，看一眼這張照片就會重新煥發莫名的振奮，湊在煤油燈下讀書。

　　1957 年冬天，毛主席赴莫斯科參加國際會議，其間對我國留蘇學生講過一段非常著名的話。從上小學起，它就激勵著我努力學習。

世界是你們的，也是我們的，但是歸根結底是你們的。你們青年人朝氣蓬勃，正在興旺時期，好像早晨八九點鐘的太陽。希望寄托在你們身上。[①]

從初中到高中我都在想：「世界是你們的⋯⋯」──但「世界」是什麼呢？很久以後我才明白，要知道什麼是「世界」，還得從世界歷史入手。問題隨之而來：什麼是世界歷史？那個時候，無論古代中國的歷史還是美國的歷史，我都所知甚少，遑論世界歷史。

無論「世界」是什麼，總之與新中國的命運相關，這在一開始就很清楚。問題在於，新中國與世界歷史的關係是什麼呢？

尼克松與「十字軍般的熱忱」

有位年長得多的老知青告訴我，沒有抗美援朝戰爭，兩位國家領導人不可能這樣相互微笑──尤其是毛主席的微笑，其世界歷史含義尤為深遠。他還借給我一本「內部發行」的《六次危機》，這是我讀到的第一本美國人寫的關於美國政治和世界政治的書。很多地方看不懂，但其中一段話給我留下的印象迄今難忘：

[①] 引自〈毛主席會見留蘇學生〉，載於《人民日報》，1957 年 11 月 20 日第 1 版；亦見中共中央文獻研究室編，《毛澤東年譜（1949–1976）》，第三卷，北京：中央文獻出版社，2013，頁 248。

　　我們的目標不能，而且永遠不會是將我們的生活方式強加於別人。但是我們的基本信仰，也就是每個民族具有獨立的權利、個人自由和人權乃基於宗教信仰，而且由於它們為上帝所賦予，就不能被人們所剝奪，這種基本信仰一定要灌輸給新的一代。我們的信仰一定要同一種發動十字軍的熱忱結合起來，不僅保住我們自己，而且要改造世界——包括共產黨世界在內——並且要不經過一場熱戰就贏得為爭取自由、個人尊嚴和真正經濟進步而進行的戰鬥。[①]

　　即便在今天看來，這段話仍然是美利堅精神的標準表述。當時我還年輕，看不出這段話明顯的自相抵牾：既然宣稱不會將美國的「生活方式強加於別人」，何以又如此堅定地宣稱要將美國的「基本信仰」「同一種發動十字軍的熱忱結合起來……而且要改造世界」？這豈不是與宣稱「每個國家（every nation）具有獨立的權利」相抵牾？

　　20多年後（1999），我讀到這本書經過校訂的新中譯本，「發動十字軍的熱忱」變成了「改革的熱忱」——我大吃一驚，很長時間百思不得其解。[②]

　　「a crusading zeal」譯作「發動十字軍的熱忱」似乎有些過頭，尼克松很可能用的是 crusading 的喻義，亦即「堅

---

① 　理查德·尼克松，《六次危機》，北京大學法律系、中央民族學院研究室《六次危機》翻譯組編譯，北京：商務印書館，1972，頁 110。
② 　理查德·尼克松，《六次危機》，黃興譯，北京：世界知識版社，1999，頁 96。

忍不拔的熱忱」。儘管如此,這個語詞畢竟源於西方基督教十字軍東征的歷史,若譯作「十字軍般的熱忱」,並非不符合尼克松在這裏所說的「不僅保住我們自己,而且要to change the world(改造世界)」的含義。半個多世紀之前,伍德羅・威爾遜(Woodrow Willson, 1856–1924)總統就為剛剛崛起的美國立下過這樣的偉大宏願:進行Great Crusade(偉大的十字軍東征)。[①]

十九世紀後半期,「西方人再次轉向了東方地區」——尤其是文明古國中國所在的東亞地區。於是有史學家撰寫了中世紀的十字軍東征史,以便「向大眾普及聖戰」,因為,此時的歐洲「比以往更加需要理解十字軍東征中所有美好的、社會性的精神」:

> 十字軍東征卓越的希冀是為基督教的利益征服東方,為了帶領整個人類大家族走向慈善、和平和光明,基督教的統一戰線在整個大地上建立起來。在羅馬世界,宗教統一的實現將呈現出比政治統一更加壯美的景象。[②]

在威爾遜那裏,中世紀西方基督教的十字軍東征變成了現代清教徒式的自由民主東征,尼克松所說的「a crusading

---

① 參見 Ralph H. Gabriel, *The Course of American Democratic Thought*, New York, 1962, pp.387–404。

② 米肖・普茹拉,《十字軍東征簡史》,楊小雪譯,北京:時代華文書局,2014,頁4;比較拉爾斯・布朗沃思,《燃燒的遠征:十字軍東征簡史》,嚴匡正譯,北京:中信出版集團,2018;G. Tate,《十字軍東征:以耶路撒冷之名》,吳嶽添譯,上海:上海人民出版社,1998。

zeal」無論如何不會是「改革的熱忱」，只會是十字軍鬥士般的熱忱。[1]《六次危機》的兩個中譯本相隔不到三十年，同一個語詞的譯法差異如此之大，這意味著什麼？難道我們知識人心中的改革熱忱出於尼克松所說的「基本信仰」？

1950 年 10 月的危機時刻

《六次危機》新版中譯本的介紹文字還說，尼克松所經歷的六次危機「令人激動而又扣人心弦」，「展示了歷史賦予他的使命」。看來，1990 年代的我國知識人已經忘記，毛澤東經歷過的危機難以計數，也較之嚴峻得多，隨便挑選六次出來，都會讓尼克松的經歷黯然失色。只不過，即便是誰有修昔底德式的筆力，也很難把毛澤東經歷過的危機記敘得既激動人心而又扣人心弦。

抒寫詩詞伴隨著毛澤東所經歷的危機重重的政治生涯，他在危機時刻寫下的詩句，有時甚至連自己都忘了。毛澤東面對的危機無論多麼險惡，最終都化作了辛棄疾風格的壯美詞句：「蒼山如海，殘陽如血。」誰若多少有點兒中國教養，他都能夠從中感領到一種厚重的古典情懷，或者說非常傳統的中國政治品格。[2]

---

[1]　參見佩里·安德森，《美國外交政策及其智囊》，李岩譯，北京：金城出版社，2017，頁 136–145。

[2]　比較丁力，《地緣大戰略：中國的地緣政治環境及其戰略選擇》，太原：山西人民出版社，2010，「引言」，頁 10–11。

　　相比之下，尼克松的危機經歷所展示的政治品格低劣得不可比擬：對尼克松來說，危機「純屬於個人的東西」；在毛澤東那裏，任何危機都與中華民族爭取「獨立權利」的歷史使命維繫在一起。無論遇到什麼危機，他都會「亂雲飛渡仍從容」——僅有極少數例外，比如 1950 年的朝鮮半島危機。

　　美國干預朝鮮半島內戰並介入中國內戰之後，毛澤東毫不遲疑地做出反應（7 月 3 日），迅速部署一個集團軍進入遼東半島北部，在鴨綠江右岸一線戒備。僅僅兩個多月後，朝鮮半島戰局急轉直下。10 月 3 日這天，金日成將軍的特使攜將軍親筆信抵達北京請求援助，因為兩天前，南朝鮮軍已經在襄陽一帶越過「三八線」。從這一天起到中國人民志願軍跨過鴨綠江（10 月 19 日），是驚心動魄的 16 天——尤其最後 10 天，毛澤東經歷了一生中最為艱難的抉擇之一。因為，斯大林（Joseph Stalin, 1878–1953）元帥突然收回兩個多月前（7 月 5 日）的承諾：若美軍越過「三八線」，中方出動地面部隊，蘇方出動空軍掩護，共同打擊美軍的進犯。[1]

　　10 月 4 日，中共中央召開政治局緊急擴大會議，商討是否出兵，歷時數日，多數意見認為出兵不利。10 月 7

---

[1]　中共中央文獻研究室編，《毛澤東年譜（1949–1976）》，第一卷，北京：中央文獻出版社，2013，頁 165–166（以下簡稱「《年譜》卷一」，隨文註頁碼）；比較逄先知、李捷，《毛澤東與抗美援朝》，北京：中央文獻出版社，2010，頁 25–31。

日，美軍也開始越過「三八線」。10 月 8 日，中央政治局擴大會議尚未結束，周恩來總理「帶著不出兵的意見」飛往莫斯科與蘇方磋商。斯大林仍然鼓勵中方出動志願軍，認為這樣有助於新中國軍隊的現代化，因為「在戰時完成這樣的計劃，要比平時完成得更快更好，更有成效」。[①]

其實，周恩來離京的當天，毛澤東已經最終做出出兵決定，並正式發佈軍委主席令，「著將東北邊防軍改為中國人民志願軍，迅即向朝鮮境內出動」（《年譜》卷一，頁 206–207）。從這時起，毛澤東就像在解放戰爭時期那樣，親自指揮前方的作戰行動。10 月 10 日，毛澤東分別致電金日成和彭德懷，特別提醒他們要警惕美軍在「鎮南浦至新義州一線可登陸之海岸」開闢新登陸場，必須注意保護從平壤至新義州的交通線不被敵切斷（《年譜》卷一，頁 208）。

周恩來在黑海之濱與斯大林磋商後返回莫斯科時（11 日），才得知毛澤東力排眾議有了新的決定。他閱過電文後「雙手抱著頭，陷入深深的沉思」，因為僅僅幾個小時前，他與斯大林磋商時表達的「意思是完全相反的」（師哲，頁 359）。周恩來隨即與蘇方重新磋商，然後給毛澤東發電，告知蘇方的承諾沒有變。可是，次日中午時分，周恩來又發電說，斯大林稱蘇聯空軍「至少兩個月後才能到位」，而朝鮮人民軍最多只能支撐一個月——電報最後一句是：「等待

[①]　師哲口述，《在歷史巨人身邊》（增訂本），北京：中央文獻出版社，2015，頁 355–358。

您的決定。」

接到周恩來的電報之前（12 日上午），毛澤東已電令志願軍第二梯隊宋時輪兵團的 12 個師「提前北上，直開東北」（《年譜》卷一，頁 210）。下午 3 點 30 分，毛澤東看到來電非常吃驚。4 個半小時後（晚 8 點），他給一線發出急電，「10 月 9 日命令暫不實行」（《年譜》卷一，頁 211），但晚 10 點 12 分給周恩來的電報則說，請轉告斯大林，我方「已命令中國軍隊停止執行進入朝鮮的計劃」。兩封電文相隔僅兩小時，內容卻有重大差異：通報蘇方的電文是「停止執行」計劃，而給遼東前方的電令則是「暫不實行」計劃。

對蘇方的說辭很可能是激將法，以促使其回到先前的約定。斯大林稱蘇聯空軍「至少兩個月後才能到位」明顯是託辭，因為瀋陽已駐紮有一個蘇軍的殲擊機師，而蘇軍在遠東地區至少還有 4 個殲擊機師。三天前（10 月 8 日），美軍兩架戰機曾襲擊蘇聯濱海地區蘇哈亞市附近機場，蘇聯的反應明顯溫和。而這時，平壤方面的情勢進一步告急：10 月 12 日，金日成「通過彭德懷請求毛澤東盡快出兵援朝」，因為「美軍三個師、英國一個旅和南朝鮮一個師準備進攻平壤」。[1] 毛澤東已經感覺到，要麼放棄扭轉半島戰局，要麼新中國得單獨承擔救援行動。他當即電召彭德懷和高崗返京磋商，畢竟，他們的作戰部署仍以蘇聯出動空軍為前提。

---

[1] 尤·米·加列諾維奇，《兩大領袖：斯大林與毛澤東》，部彥秀、張瑞旋譯，成都：四川人民出版社，1999，頁 457。

10 月 13 日中午，毛澤東主持召開政治局緊急會議。由於毛澤東並沒有改變出兵決斷，這次會議與其說是要與政治局成員和兩位前線指揮重新商量是否撤回出兵決定，不如說是要告訴他們，我方不得不在暫時沒有蘇聯空軍支援的條件下作戰，因為斯大林並沒有收回出動蘇聯空軍的承諾，僅僅說「至少兩個月後才能到位」。

當晚 10 點，毛澤東給周恩來發電，告訴他政治局仍然決定志願軍即刻出動：

> 在第一時期可以專打偽軍，我軍對付偽軍是有把握的，可以在元山、平壤線以北大塊山區打開朝鮮的根據地，可以振奮朝鮮人民重組人民軍。兩個月後，蘇聯志願空軍就可以到達。6 個月後可以收到蘇聯給我們的炮火及坦克裝備，訓練完畢即可攻擊美軍。（《年譜》卷一，頁 211–212）

從措辭上看，整個電文雖然主要談軍事行動，但政治決斷更重要。毛澤東強調，志願軍即刻入朝首先「殲滅幾個偽軍的師團」，其政治影響「對中國，對朝鮮，對東方，對世界都極為有利」，否則，我方在軍事上會陷入被動，「整個東北邊防軍將被吸住，南滿電力將被控制」（《年譜》卷一，頁 211）。

毛澤東在電報中讓周恩來把決定轉告斯大林時特別強調，「只要蘇聯能於兩個月或兩個半月內出動志願空軍幫助我們在朝鮮作戰」，並能派空軍拱衛京、津、瀋、滬、寧等

大城市的空防，新中國軍隊在朝鮮作戰就有希望。毛澤東心裏十分清楚，在蘇聯空軍沒有到位的「兩個或兩個半月內，如遇美軍空襲則要受一些損失」（《年譜》卷一，頁 212）。

毛澤東在電報中還提到，眼下新中國政府無法為蘇聯提供的武器裝備支付現款，只能「用租借辦法」，這讓今天的我們讀來不免心酸。如今我國有了大量外匯儲備，但我們不應該忘記，在那個時候，新中國不得不靠「借錢」維護自己的國家尊嚴和安全。

14 日凌晨 3 時和晚 9 點半，毛澤東兩次致電周恩來，詳細告之志願軍入朝後的作戰方案，並讓他向斯大林通報：志願軍將於五天後（10 月 19 日）過江，十天之內（28 日）南進至「德川—寧遠線以南地區」，「構築兩道至三道防線」（《年譜》卷一，頁 213–214）。根據當時的敵情擬定的這一作戰方案相當保守，僅僅是將國防線推進至鴨綠江左岸德川、寧遠及其以南一線，等蘇聯提供的軍事裝備到來，半年後再發動攻擊。

幾個小時後（15 日凌晨），毛澤東得到朝鮮方面情報，美韓聯軍加速北進，已對平壤形成三面包圍。毛澤東當即（凌晨 5 點）電令高崗和彭德懷提前行動，兩個軍於 17 日和 18 日接續過江，前鋒當於 23 日進至德川一線「制敵先機」。當晚，毛澤東又致電周恩來速與蘇方商量，「可否從商訂掩護城市的噴氣式空軍中先抽調一個師來北京」擔負空防（《年譜》卷一，頁 215）。毛澤東已經考慮到最壞的可能性：一旦開打，美軍有可能對新中國首都實施戰略轟炸。

斯大林也收到平壤告急的情報，他的反應是，隨即指示莫洛托夫（Vyacheslav Molotov, 1890–1986）轉告尚在莫斯科的周恩來：蘇聯空軍僅能負擔鴨綠江左岸的中國境內空防。顯然，斯大林明確收回了先前的承諾：即便兩個半月後，蘇聯空軍也不能入朝掩護中國志願軍的地面作戰。此前斯大林剛剛得到情報：13 日清晨，與平壤—元山一線平行的半島東岸海面，出現了美第七艦隊由三艘重型航空母艦組成的戰鬥群（含各類戰艦 21 艘及兩棲部隊），對咸興地區實施猛烈的海上和空中打擊。斯大林憑自己的豐富戰爭經驗自覺地意識到，新中國軍隊僅有步兵，且裝備太過低劣，投入半島作戰無異於飛蛾撲火。

周恩來總理在外交場合一向溫文爾雅，這時也忍不住對莫洛托夫「當場發火」。[①] 毛澤東在 16 日接到電報後，心頭極為沉重。軍情峻急，容不得半晌耽誤，正是在這一時刻，毛澤東感到決斷的艱難——《毛澤東年譜》中的這一天是空白！

第二天（17 日）下午 5 時，毛澤東終於致電彭德懷、高崗，收回 15 日電令兩個軍在 17 和 18 日先行的成命，讓兩位立即返京議事。不難設想，電令若再晚兩小時，志願軍前鋒部隊已經過江。

18 日，周恩來回到北京，毛澤東立即召開會議，並下

①　張民、張秀娟，《周恩來與抗美援朝戰爭》，上海：上海人民出版社，2000，頁 140。

了最後的決斷：

> 現在敵人已圍攻平壤，再過幾天敵人就進到鴨綠江
> 了。我們不論有天大的困難，志願軍渡江援朝不能再變，
> 時間也不能再推遲，仍按原計劃渡江。（《年譜》卷一，頁
> 216）

差不多同時，美國國安會也召開了緊急會議，會議記錄
顯示：

> 麥克阿瑟向總統保證：「我們不再害怕中國人插手了。
> 我們絕不再恭恭敬敬地站著不動了。」中國可以派出六萬
> 人跨過鴨綠江，但是如果這些部隊試圖在沒有空中掩護的
> 情況下（而且中國人沒有飛機）繼續南進，「將會有一場最
> 大規模的屠殺」。[1]

麥克阿瑟（Douglas MacArthur, 1880–1964）若是知道
毛澤東在一年多前（1949 年 6 月 30 日）紀念中國共產黨成
立 28 週年的大會上講過的一句話，他恐怕就不會做出如此
誤判了：

> 我們要學景陽岡上的武松。在武松看來，景陽岡上的
> 老虎，刺激它也是那樣，不刺激它也是那樣，總之是要
> 吃人的。或者把老虎打死，或者被老虎吃掉，二者必居

---

[1] 沃爾特·拉費伯爾，《美國、俄國和冷戰：1945–2006》，牛可等譯，北京：
世界圖書出版公司，2011，頁 98。

其一。[1]

美國的史學家後來才認識到：

　　在經歷了一個世紀的西方掠奪之後，中國人對西方的痛恨達到了極點，而毛澤東則決心要恢復中國在亞洲的勢力，這使得美國在鴨綠江邊的存在對中國人來說絕對不可接受。（拉費伯爾，頁 99）

這話僅僅說對一半，因為，即便沒有遭受過西方一個世紀的掠奪，中國也不會接受一個遠在太平洋東岸的國家跑到自己家門口展開軍事行動。1949 年 5 月下旬，上海戰役即將結束，吳淞口外停泊著美國和英國的戰艦，它們完全可能以保護在華資產為由介入中國內戰，像當年英軍應北洋政府要求用艦炮阻擊北伐軍那樣阻擊解放軍前進。接到粟裕將軍來電請示如何處置吳淞口的外國軍艦時，毛澤東回電（5 月 23 日）：

　　黃浦江是中國內河，任何外國軍艦不許進入，有敢進入並自由行動者，均得攻擊之；有向我發炮者必須還擊，直至擊沉擊傷或驅逐出境為止。[2]

當時，美、英兩國沒有料到國民黨軍兵敗如此之快，未

---

① 毛澤東，《論人民民主專政》，見《毛澤東選集》第 4 卷，北京：人民出版社，1991，頁 1473。
② 中共中央文獻研究室編，《毛澤東年譜（1893–1949）》，下卷，北京：中央文獻出版社，2002，頁 567。

能準備好直接干預中國內戰。如今,美軍罔顧警告悍然越過「三八線」,毛澤東會把這一行動視為美、英企圖挽回一年多前的過失,因此堅決給予迎頭痛擊。

1945 年 6 月 11 日,毛澤東在中共中央「七大」致閉幕辭時說過:

> 我們宣傳大會的路線,就是要使全黨和全國人民建立起一個信心,即革命一定要勝利。首先要使先鋒隊覺悟,下定決心,不怕犧牲,排除萬難,去爭取勝利。[①]

這一歷史性的「決心」絕非來自浪漫的想象,而是源於中國共產黨人二十多年勇於奮鬥、敢於犧牲的政治實踐。抗美援朝的出兵決斷正是基於中國共產黨人承擔國家命運的文明意志力,而決斷在最後關頭之所以突然變得極為艱難,原因並非在於是否應該出兵,而是出於對克敵制勝的實際條件的考量。對於突然降臨到某個政治體身上的災難,問題不在於是否應該承受,而在於是否能夠承受,從而考驗的是這個政治體的德性品質。

1948 年,時年 35 歲的尼克松懷著「十字軍東征般的熱忱」,作為眾議員進入「非美活動委員會」,負責調查美國政府內部的「共產黨間諜」,從此嶄露頭角。美國介入朝鮮半島內戰,恰恰是受尼克松所說的「十字軍東征般的熱忱」

[①] 中共中央文獻研究室編,《毛澤東年譜(1893–1949)》,中卷,北京:中央文獻出版社,2002,頁 682。

支配。[①] 1952 年 8 月，艾森豪威爾（Dwight D. Eisenhower, 1890–1969）將軍競選總統，選擇 39 歲的尼克松作搭檔，當時，朝鮮半島上的戰爭正處於上甘嶺爭奪戰前夕。

尼克松在朝鮮半島戰爭期間步入政壇——美國簽訂停戰協定時，尼克松已經正式就任副總統。毛主席與尼克松握手時的那個微笑，不是意味深長得具有世界史含義嗎？毛主席對我們充滿期許地說「世界是你們的……」，不正是基於那場艱難且最終獲勝的血戰嗎？

從教宗子午線到西太平洋防禦線

什麼是美國的德性品質？什麼是新中國的德性品質？這兩個問題本來互不相干，卻因朝鮮半島戰爭而交織在一起，從中我們能認識到一些更為普遍的關於世界歷史的真相嗎？修昔底德（Thucydides, 460 B.C.–400 B.C.）通過記敘伯羅奔尼撒戰爭，揭示了他所體認到的希臘城邦政治成長的歷史本相。在兩千多年後的今天，人世政治的本相會因經濟生活和科學技術的巨大進步而變得截然不同了嗎？十八世紀的意大利思想家維科（Giambattista Vico, 1668–1744）曾用「文明化的野蠻」來界定歐洲現代文明的歷史進步，美國會不會是活生生的例證？

---

① 傑克·斯奈德，《帝國的迷思：國內政治與對外擴張》，于鐵軍等譯，北京：北京大學出版社，2007，頁 307–308。

理解中國文明與美國文明的歷史關係，不可能僅著眼於晚近三十年來國際政治格局的嬗變。從政治史學角度放寬視野，人們很容易看到，若要深度理解中美關係問題，就得從五百年來的世界大歷史著眼，這難免會牽扯出諸多重大而又極具爭議的政治哲學難題。

有人會說，美利堅合眾國在十八世紀才立國，考察中國文明與美國文明的關係問題，怎麼扯得上五百年來的世界大歷史？

讓我們不妨回想一下全球化的標誌性開端事件。1493年3月，哥倫布（Christopher Colombo, 1451–1506）首航新大陸歸來，西班牙王室要求教宗承認西班牙對新大陸的佔有，引發葡萄牙國王抗議。於是有了由西班牙籍教宗出面調停的《托爾德西利亞條約》（Treaty of Tordesillas, 1494年6月）：以非洲亞速爾群島以西約600公里的南北經線（約西經410度）為界——史稱「教宗子午線」，劃出兩國的海外勢力範圍，儘管當時航海經線儀尚未被發明出來，「經線的位置是估計出來的」。[1]

對於教宗的裁決，「正統的教徒們必須接受，而且整整兩代人也確實如是遵守，除了北大西洋，他國的航海家們

---

[1]　安東尼・派格登，《西方帝國簡史：遷移、探索與征服的三部曲》，徐鵬博譯，天津：天津人民出版社，2007，頁48；Laurence Bergreen, *Over the Edge of the World: Magellan's Terrifying Circumnavigation of the Globe*, New York: Harper Collins Publishers Inc., 2003, pp. 7–9.

一概不能接近其他大洋」。[①] 1500 年 2 月，西班牙航海家、哥倫布首航美洲時的拉尼娜號航船的船長文森特‧平松（Vicente Yáñez Pinzón, 1462–1514）登陸巴西東北部的伯南布哥（Pernambuco），考察了亞馬孫河出海口。由於《托爾德西利亞條約》的限制，他不能宣稱該地為西班牙王室領土。一個半月後，葡萄牙航海家佩德羅‧卡布拉爾（Pedro Álvares Cabral, 1467–1520）的探險船隊抵達巴西，於是這裏成了葡萄牙的領地。[②]

　　1519 年 9 月 20 日，麥哲倫（Ferdinand Magellan, 1480–1521）率領五艘帆船從西維爾（Sevilla）啟航，歷時三年完成了歷史上首次環球航行（1522 年 9 月），儘管他本人在菲律賓馬克坦島（Maktan）上與原住民的一場小規模衝突中喪生。地球被確證是圓的，教宗子午線就不完整了：西班牙和葡萄牙的勢力範圍分別往西和往東在哪裏為界呢？

　　這僅僅是理論性問題。歷史的實際情形是，西班牙的探險船隊再次穿過太平洋抵達馬魯古群島（Maluku Islands，今印度尼西亞東北部），與 1511 年以來就已在這一帶經營的葡萄牙王國殖民者再起爭端。[③] 1524 年，兩國著手解決爭端，這次沒有請教宗出面斡旋，卡斯蒂利亞國王兼神聖羅

---

① 拉姆齊‧繆爾，《帝國之道》，許磊等譯，上海：上海人民出版社，2021，頁 10。

② 哈維爾‧莫羅，《帝國之王》，劉京勝、安大力譯，北京：人民文學出版社，2012，頁 3。

③ 王任叔，《印度尼西亞古代史》，北京：中國社會科學出版社，1987，頁 738–740；約翰‧卡迪，《東南亞歷史發展》，姚楠、馬寧譯，上海：上海譯文出版社，1988，頁 233。

馬帝國皇帝查理五世（Charles V, 1500–1558）與葡萄牙國王約翰三世（John III, 1502–1557）各自派出代表團直接磋商。經數年談判，西班牙承諾放棄馬魯古群島，葡萄牙則補償 35 萬達卡金幣。1529 年 4 月，雙方簽訂「友好」的《薩拉戈薩條約》（Treaty of Saragoza），在西太平洋 143 度經線（馬魯古群島以東 17 度）上劃出一條縱貫南北（穿過東西伯利亞、日本和澳大利亞中部）的分割線，作為《托爾德西利亞條約》的補充。[①]

　　按照這一友好條約，菲律賓群島屬於葡萄牙勢力範圍。半個世紀後（1580），西班牙國王腓力二世（Philip II, 1527–1598）以平定內亂為由，派遣阿爾瓦公爵（Duque de Alba, 1507–1582）兼併了葡萄牙，隨即在菲律賓群島上建立貿易站。[②] 從此，無論教宗子午線還是薩拉戈薩線都不復存在，腓力二世的西班牙成了第一個現代意義上支配全球地緣的單一帝國。

　　在當時的歐洲政治家看來，「1560 年時，腓力二世的確在全世界獨掌霸權」。其實，這種霸權僅僅是紙面上的，或者說僅具象徵意義。因為西班牙帝國並不能實際支配地表上的所有政治單位──即便支配歐洲也做不到，哪怕它的疆域

----

① 英譯見 Frances G. Davenport 編，*European Treaties bearing on the History of the United States and its Dependencies*, Washington, 1917, Vol. I, pp. 185–198。

② 休·托馬斯，《無止境的世界：腓力二世的西班牙和歷史上第一個「日不落帝國」》，陳麗譯，上海：上海教育出版社，2020，頁 244–251、332–324；傑里米·布萊克，《重新發現歐洲：葡萄牙何以成為葡萄牙》，高銀譯，天津：天津人民出版社，2020，頁 77–78。

遼闊到「東起菲律賓，西至古巴，北起加利福尼亞，南抵麥哲倫海峽」（休‧托馬斯，頁 xviii、374）。

沒過多久，英格蘭、荷蘭和法蘭西王國開始爭先恐後在北美洲和亞洲與西班牙爭奪殖民地。1562 年，葡萄牙大使要求英國女王伊麗莎白一世（Elizabeth I, 1533–1603）承認葡萄牙王國對自己發現的所有海外陸地擁有主權，遭到女王拒絕，理由是葡萄牙雖然發現了這些陸地，卻並沒有在那裏取得優勢──言下之意，「發現」不等於「佔有」。[1]

荷蘭裔美國人房龍（Hendrik Willem van Loon, 1882–1944）以撰寫通俗史書聞名於世，他曾就《托爾德西利亞條約》寫道：

> 幾乎從分界線確定那一刻起，麻煩事從未中斷過。因為條約根本沒有把英國和荷蘭考慮在內，所以兩國都假裝從未聽到過有分界線這麼一回事，想從這些地方掠奪什麼就掠奪什麼。法國甚至瑞典也做出了同樣的舉動。[2]

英國和荷蘭並不是「假裝從未聽到」《托爾德西利亞條約》，而是根本不予理睬。新教革命之前，英格蘭王國和法蘭西王國的君主已經不理睬教宗的權威，新教革命爆發後，清教徒更沒有理由理睬。至於西班牙帝國在歐洲是否有權

---

① 馬克‧格林格拉斯，《基督教歐洲的劇變：1517–1648》，李書瑞譯，北京：中信出版社，2018，頁 194。
② 亨德里克‧房龍，《自由的鬥士：傑斐遜和玻利瓦爾》，李丹譯，北京：現代出版社，2016，頁 87。

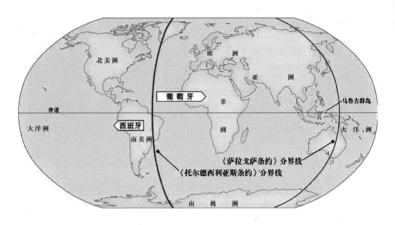

地圖來源：百度網。

威，還得靠軍事實力說話。何況，《托爾德西利亞條約》和《薩拉戈薩條約》看似讓兩個王國瓜分了全球，葡萄牙和西班牙其實都談不上是有「海權意識」的新生政治單位，而是相當傳統的「非常大陸化的國家」，它們「重視宗教信仰勝於商業成功，強調大陸擴張高於海洋控制」。[1] 這兩個條約的世界史意義在於，它們標誌著歐洲地緣政治支配全球政治的開端。政治史學家可以說，世上的兩個政治單位將全球劃分為兩個轄區，這在人類歷史上還是第一次，卻不能說這「也是最後一次」（安東尼·派格登，頁 48）。在隨後的世紀裏，無數雙邊或多邊條約要做的事情與這兩個條約在性質上沒差別，只不過不會再如此大而化之罷了，轄區劃界更為具體，為劃界而展開的國家間鬥爭更為錯綜複雜。

---

[1] 安德魯·蘭伯特，《海洋與權力：一部新文明史》，龔昊譯，長沙：湖南文藝出版社，2021，頁 218–219。

1916 年，正在歐洲大戰中並肩作戰的英國和法國為了「澆滅對方在中東地區的野心」，以一紙秘密的《敘克斯——皮科協定》（Sykes-Picot agreement）「用一條橫貫沙漠的對角線瓜分了奧斯曼帝國在中東的領土」。[①] 英格蘭的寇松勳爵（George Curzon, 1859–1925）曾出任印度總督（1898–1905），有「大英帝國之星」的美譽。他在 1907 年關於「邊疆線」的著名演講中說，「標定邊疆」純粹是現代人的做法，古代世界沒有或很少有。19 世紀之前，「亞洲國家從來沒有進行過標界，除非是在歐洲的壓力之下，並受歐洲人的干預」。當時，大英帝國正與俄羅斯帝國爭奪中亞和近東的控制權，而「西藏、阿富汗、波斯都對印度的防衛至關重要」。[②] 憑靠這樣的世界政治史認知，1920 年，波蘭第二共和國（1918–1939）軍隊入侵烏克蘭，寇松為阻止蘇聯紅軍反攻時向西推進，提出了所謂的「寇松線」（Curzon Line），並因此名入史載。實際上，寇松關注的始終是與法、俄兩國爭奪對中東的控制權。[③] 如當今歐洲的政治史學家所說：

> 所有歐洲內部的爭霸戰都帶有全球性的特徵：歐洲諸國設法控制大洋，將其競爭對手逐出亞洲、美洲和非洲的

---

① 詹姆斯·巴爾，《瓜分沙洲：英國、法國與塑造中東的鬥爭》，徐臻譯，北京：社會科學文獻出版社，2018，頁 1–2。

② 彼得·霍普柯克，《大博弈：英俄帝國中亞爭霸戰》，張望、岸青譯，北京：中國青年出版社，2016，頁 547–548；比較 George Curzon, *Frontiers*, The Romanes Lecture, Oxford：Clarendon Press, 1908, pp. 5–13。

③ 比較 David Gilmour, *Curzon: Imperial Statesman*, New York, 1994, pp.512–527。

要地。①

由此來看，英屬北美殖民地在十八世紀經過一場內戰脫離宗主國，宣佈自己是一個全新的政治單位，其世界史意義不亞於地理大發現。1823 年，開國元勳之一約翰·亞當斯（John Adams, 1735–1826）草擬了一份宣言，由當時的美國總統詹姆斯·門羅（James Monroe, 1758–1831）針對拿破崙戰爭之後歐洲君主組建的「神聖同盟」宣稱：美國將獨領美洲與歐洲抗衡。②

《托爾德西利亞條約》和《薩拉戈薩條約》雖然是西班牙與葡萄牙兩國利益衝突的結果，但本質上講，這類分割線仍然基於同質的友好原則而非異質的對抗原則。此後的歐洲王國為爭奪殖民地而不斷相互打鬥，最終簽訂的和約也基於基督教大家庭的「友好」原則，而在友好線的另一端則屬於自然狀態式的自然空間。③ 美利堅人雖然來自基督教歐洲這個母體，卻用對抗性的防禦線取代了基督教歐洲傳統的友好分割線，地理大發現的世界史含義才真正彰顯出來。

1893 年，現代政治地理學的奠基者弗里德里希·拉采爾（Friedrich Ratzel, 1844–1904）從世界大歷史的角度寫道：

① 埃里克·沃爾夫，《歐洲與沒有歷史的人》，賈士蘅譯，北京：民主與建設出版社，2018，頁 138。
② 劉小楓，《「門羅主義」與全球化紀元》，見劉小楓編，《〈大地的法〉與現代國際秩序》，北京：生活·讀書·新知三聯書店，2021，頁 6；章永樂，《此疆爾界：「門羅主義」與近代空間政治》，北京：生活·讀書·新知三聯書店，2021，頁 22–24。
③ 卡爾·施米特，《大地的法：歐洲公法的國際法中的大地法》，劉毅等譯，上海：上海人民出版社，2017，頁 59–63。

在相對於兩大洋的關係及其在人居世界中的地位這一問題上，歐洲人發現美洲大陸意味著一個徹底轉變。直到1492年，美洲和它的原住民一起處在人居世界的東部邊緣，形成了世界的東方，太平洋將它與外界連接；但大西洋就像美洲與位於歐洲與非洲的世界西部邊緣之間的一道鴻溝。它穿越了諾曼人的格陵蘭島和文蘭島（Vinland），但並沒有把它們連接起來。

自1492年以來，殖民化在大西洋上拉開了一條線，連接起所有鮮活和生機勃勃的東西，而太平洋上舊日的聯繫已經逝去並被人遺忘。在最初的世紀裏，不斷增加的移民幾乎只知道大西洋兩岸的聯繫並將其強化。在將美洲從世界的東方邊緣拉向西方邊緣這件事上，沒有哪個國家比美國付出了更多，在殖民地中這個國家最具有大西洋品性和歐洲品性。向太平洋的進軍和原住民幾乎等同於毀滅的遷徙，可以被視作大西洋民族在古老的太平洋土地上的勝利。①

接下來，美國從太平洋東岸向西太平洋出擊：1898年，美國奪取西班牙王國的太平洋屬地波多黎各、關島、菲律賓，切斷模仿歐洲帝國迅速崛起的日本向太平洋東面和南面擴張的進路。1899年，美國實現對薩摩亞群島的瓜分，將

---

① Friedrich Ratzel, *Politische Geographie der Vereinigten Staaten von Amerika*, Leipzig, 1893, S. 16.（中譯見弗里德里希‧拉采爾，《美國政治地理學》，楊玥琳譯，北京華夏出版社即將出版。）

西面的防禦線推進至從阿留申群島經夏威夷到薩摩亞群島的太平洋中部。「門羅宣言」本是圍繞美洲區域劃定的「自衛性界限，同時也是一條自我孤立、對抗歐洲的界線」，它基於「對陳腐、腐化之歐洲的蔑視」，因為它「被賦予了一種根植於新教加爾文主義信仰得到『揀選』的道德訴求」。[1]如今，自衛性的防禦線變成了進攻性的分割線，美國人得到「揀選」的信仰也上升為一種普遍歷史的使命意識。

政治史學家的眼界如果足夠寬闊，就不難看到，英屬美洲殖民地的獨立不僅意味著「反對英王朝的十三個美洲殖民地分階段逐步變成了世界島」，還應包括從「1783 年的《巴黎和約》到 1898 年針對西班牙的戰爭這一時期」。[2]美國向西太平洋擴張的行為作為「大西洋品性和歐洲品性」的表徵，其政治史學含義並不在於從西班牙王國手中奪取殖民地這一行為本身，而在於其立國理念與這一行為的矛盾。

> 美國對亞洲的侵略或許看起來令人吃驚，因為美國歷史就是反抗英國殖民地統治的歷史。然而，十九世紀的美國歷史是帝國主義侵略的歷史。……十九世紀末，美國已吞併了夏威夷和一部分薩摩亞群島，而且美西戰爭後，美

---

[1]　佩蒂托，《反對世界一體化：施米特、西方中心論以及自由的全球秩序》，見歐迪瑟烏斯、佩蒂托編，《卡爾·施米特的國際政治思想：恐怖、自由戰爭和全球秩序危機》，郭小雨等譯，北京：華夏出版社，2021，頁 212。

[2]　雷蒙·阿隆，《雷蒙·阿隆回憶錄》，楊祖功譯，北京：社會科學文獻出版社，2017，頁 904。

國獲得了關島、菲律賓共和國、古巴和波多黎各。[①]

接下來，明治維新後的日本與美國就東亞和西太平洋的控制權爆發了戰爭，這場戰爭結束時留下的朝鮮半島分治問題迄今沒有了結。1950 年 1 月 12 日，美國國務卿艾奇遜（Dean Acheson, 1893–1971）在全國新聞俱樂部宣佈，美國的「防禦半徑沿阿留申群島至日本，然後延續到琉球群島」，再「從琉球群島延至菲律賓群島」。差不多一年前（1949 年 3 月 1 日），美國駐日盟軍總司令麥克阿瑟在同英國記者的公開談話中已經透露，美國在遠東的防禦線南起菲律賓，經琉球群島再沿日本和阿留申群島北上直至阿拉斯加，在太平洋西海岸沿海島嶼間「形成一條鎖鏈」。[②] 這意味著，美國的遠東防禦線劃在了朝鮮半島以東，並沒有包括半島。與 1947 年 1 月美國遠東司令部繪製的轄區地圖比較，美國右翼人士有理由把艾奇遜在全國新聞俱樂部的講話「解讀為是在邀請北朝鮮入侵韓國」。[③]

1950 年 3 月底，金日成緊急前往莫斯科（4 月 8 日抵達）。克里姆林宮「也許是被美國政治家的宣言誤導——他們沒有將朝鮮列入在亞洲的防禦圈」，因此同意金日成將軍採取統一祖國的軍事行動，這被看似「中立」的國際政治學

①　布賴恩・萊瓦克等，《西方世界：碰撞與轉型》，陳恆等譯，上海：格致出版社，2013，頁 453。

②　克萊爾・布萊爾，《布萊德雷》，杜朝暉編譯，北京：京華出版社，2005/2008，頁 286。

③　阿蘭・米勒特，《一觸即發：朝鮮戰爭，1945–1950》，秦洪剛譯，北京：作家出版社，2015，頁 71、280。

家說成是「向聯合國發起挑戰」。[1]

朝鮮半島內戰爆發，杜魯門（Harry S. Truman, 1884–1972）總統隨即「命令第七艦隊阻止對台灣的任何進攻」，甚至宣稱「台灣未來地位的決定，必須等待太平洋安全的恢復，對日和約的簽訂或經由聯合國的考慮」。[2] 顯而易見，美國不僅重新把朝鮮半島南部劃入勢力範圍，還趁機介入中國內戰，把我國台灣島也納入防禦範圍。我國學人如今經常掛在嘴邊的「第一島鏈」這個術語，是美利堅政治人的發明，其含義是通過駐軍讓這些大小島嶼成為扼制新中國的「一條鎖鏈」或「不沉的航空母艦」。

一年後（1951 年 9 月），朝鮮半島上的國際戰爭進入短暫的間歇期，美國趁機與南太平洋的英聯邦國家澳大利亞和新西蘭單獨簽訂《澳新美安全條約》，將英國擠出南太平洋。對於英國的抗議，美國的回覆修辭頗為動聽，讓大英帝國無言以對：如果英國加入這個安全條約，法國和荷蘭也會跟著加進來，這會讓亞洲人懷疑是在搞殖民主義聯盟（拉費伯爾，頁 101）。

通過一系列軍事干預和結盟行動，在當年西班牙和葡萄牙劃出薩拉戈薩分割線的地方，被美國獨家劃出了一條防禦性分割線。迄今為止，它仍然是世界歷史上最為大手筆且地

---

[1] 雷蒙・阿隆，《和平與戰爭：國際關係理論》，朱孔彥譯，北京：中央編譯出版社，2013，頁 531。

[2] 轉引自蘇格，《美國對華政策與台灣問題》，北京：世界知識出版社，1998，頁 133–134。

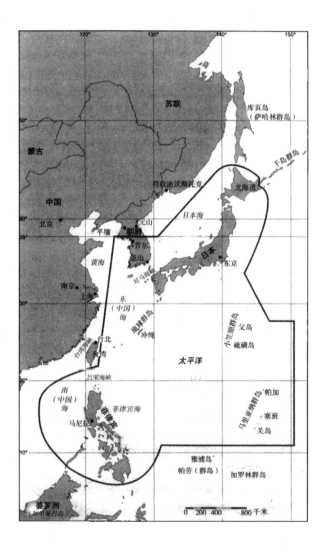

地圖來源：阿蘭‧米勒特，《一觸即發：朝鮮戰爭，1945–
1950》，頁 71。

緣跨度最長的防禦線。若將 1494 年的教宗子午線與美國在 1951 年建成的西太平洋防禦線連起來看，一條發人深省的政治史弧線就在近五百年的世界大歷史中脫穎而出。與此同時，美國—法國革命給全球世界帶來的「民族自決」「獨立自由」的政治想象又讓這條歷史弧線不易為人覺察，即便大西洋革命之後整整 100 年歷史已經充分表明，無論是革命後的美利堅合眾國還是法蘭西帝國，都無不以「自由民主」的名義在佔取全球化地緣政治的戰略要津和經濟資源。與《威斯特伐利亞和約》（Peace of Westphalia）以來的諸多「和約」相比，《托爾德西利亞條約》不過是一紙空文。人們很難提出這樣的政治史學問題：何謂美國所代表的「大西洋（政治）品性和歐洲（政治）品性」？美國憑什麼文明德性把自家的防禦線劃在了太平洋西岸的大陸邊沿？

　　毛澤東有一句話說過不止一次，它表達了普通美國人也會有的常識性正義感——如果他們天生善良、正派且沒有因清教意識而變得偏執的話：美國的「手伸得太長了，手伸到哪裏，哪裏都不高興它」。[1] 中國文明的古傳政治德性與美利堅人被「揀選」的清教式普世文明訴求之間的衝突可以避免嗎？如今的美國政治家宣稱，大國之間的「歷史性競爭絕不僅僅只是關於權力、領土甚或是物理意義上的安全」——毋寧說：

---

[1] 中共中央文獻研究室編，《毛澤東年譜（1949–1976）》，第二卷，北京：中央文獻出版社，2013，頁 517。

　　歷史上最偉大的競爭也關乎對道德和正義的定義，關乎對個人與社會所扮演的角色的爭論，關乎傳統和變革，關乎對上帝形象的描述和詮釋。[1]

　　這話聽起來公允得無可挑剔，但這位美國戰略學家在一開始就把如今美國面臨的競爭定義為一個「世界最強的集權國家」與一個「世界最強的民主國家」之間的競爭，無異於預先從理論上判了這場競爭的輸贏。如此修辭暗含的邏輯是，「集權國家」不可能對道德和正義下正確的定義，大西洋革命早已對此做出了歷史裁決。羅伯特·卡根（Robert Kagan, 1958– ）自己意識不到，他的「集權國家」與「民主國家」的二元修辭不過是典型的清教式「冷戰」修辭，這已經讓他的邏輯緊緊咬住了自己的尾巴。一旦從世界政治史和政治思想史層面就他所說的重大問題展開論爭，情形會怎樣呢？「我們時代的精神混亂」或不斷有人在「嘮叨的文明危機」，真的「絕不是命中註定的事情」？[2]

作為世界史悖論的大西洋革命原則

　　修昔底德稱自己的戰爭紀事是「永世瑰寶」，它展示了

---

① 羅伯特·卡根，《雄心和焦慮：中美之爭》，見加里·斯密特主編，《中國的崛起：美國未來的競爭與挑戰》，韓凝等譯，北京：新華出版社，2016，頁11，比較頁23–30。

② 沃格林，《沒有約束的現代性》，張新樟、劉景聯譯，上海：華東師範大學出版社，2007，頁27（以下隨文註頁碼）。

實力政治（強權政治）在世界歷史中的現實邏輯。但是，修昔底德並未否認超越實力政治博弈的自然正義，儘管要把自然正義與現實政治的實際關聯講清楚極為困難。[1] 如今，政治史學難以應對的棘手問題依然在於，「自由主義大國經常用自由主義言辭來包裝它們精明務實的行為，它們說話是自由主義的，行事則是現實主義的」。[2]

修昔底德的紀事書中出現了大量政治人物的演說辭——言辭也是一種政治行為。按照修昔底德的政治史學眼力，觀察歷史時尤其應該關注同樣屬於歷史事件要素的政治修辭，它反映了一個政治體（更不用說作為個體的政治人）的倫理品質。[3] 對於我們考察美國行為來說，這一史學原則尤為重要，畢竟，捍衛和傳播「美國價值」向來是美國行為的顯著修辭。

晚近半個世紀以來，西方的政治史學家喜歡使用「大西洋革命」這個術語，作為一種政治史學修辭，它有多重含義。突顯盎格魯—美利堅成長的世界史意義，改變史學界長期以來更多把法國大革命視為世界歷史新紀元標誌的習慣，是這一術語最為基本的含義之一：儘管《獨立宣言》

---

[1]　參見 Thomas L. Pangle and Peter J. Ahrensdorf, *Justice among Nations: On the Moral Basis of Power and Peace*, University Press of Kansas, 1999, pp. 13–50；陳玉聃，《人性、戰爭與正義：從國際關係思想史角度對修昔底德的研究》，上海：上海人民出版社，2012，頁 83–103。

[2]　約翰·米爾斯海默，《大幻想：自由主義之夢與國際現實》，李澤譯，劉豐校，上海：上海人民出版社，2019，頁 2（以下簡稱《大幻想》，隨文註頁碼）。

[3]　參見斯塔特，《修昔底德筆下的演說》，王濤譯，北京：華夏出版社，2012；歐文，《修昔底德筆下的人性》，戴智恆譯，北京：華夏出版社，2015。

（1776）和《人權宣言》（1789）是世界性歷史變革的共同標誌，但法國革命的直接動力因素並非是法國啟蒙運動，而是英屬美洲殖民地的「獨立」革命。[①]

2006年，以《拷問法國大革命》享譽學壇的政治史學家雅克·索雷（Jacques Solé）在其新著中寫道：

> 從年代上說，1776年的美國革命，是18世紀末大西洋世界的第一場革命。它的早熟使它得以創造出一些行動方式和基礎性原則。這種模式的傳播為其他革命提供了眾多的參照標準，如1780年代的荷蘭革命和法國革命。[②]

十九世紀末，奧地利的公法學家格奧爾格·耶利內克（Georg Jellinek, 1851–1911）已經對法國革命的《人權宣言》源於盧梭（Jean-Jacques Rousseau, 1712–1778）的社會契約論這一流行成說提出過異議，他認為盎格魯—美利堅各州清教徒的權利宣言才是《人權宣言》的來源，由此引

---

① Wim Klooster, *Revolutions in the Atlantic World: A Comparative History*, New York University Press, 2009, pp. 3–5; Jacques Godechot, *France and the Atlantic Revolution of the Eighteenth Century, 1770–1799*, New York: The Free Press, 1965, pp. 28–45; Daniel K. Richter, Troy L. Thompson, "The American Revolution in Atlantic Perspective", in: Nicholas Canny, Philip Morgan (eds.), *The Oxford Handbook of the Atlantic World: 1450–1850*, Oxford, 2011, p. 517–532.

② 雅克·索雷，《18世紀美洲和歐洲的革命》，黃豔紅譯，長春：吉林出版集團，2008，頁7；比較 Thomas Bender (ed.), *Rethinking American History in a Global Age*, University of California Press, 2002。

發了一場沒有結果的論爭。[1] 畢竟，僅僅憑靠辨析宣言文本
中的觀念或言辭，很難有什麼結果。政治史學的調查參與
進來就不同了，索雷甚至質疑，1789 年前夕，法國人是否
「存在革命心態」：

> 直到 1787 年，公眾輿論的政治色彩仍然非常有限，它
> 更關注其他問題，很難將其和革命心態畫上等號。由於內
> 部的分歧，人民雖然對政府無法順應社會進步進行改革心
> 存不滿，但並未提出具體要求。由於被美國革命重創，長
> 久以來享有盛名的英國模式也無法得到普遍的贊同。[2]

1756 年，歐洲爆發了「七年戰爭」，丘吉爾（Winston
Churchill, 1874–1965）稱之為現代世界史上的「第一次世
界性大戰」，更為準確地說，是英國崛起為世界大國的國
際性戰爭：輝格黨少壯派議員威廉・皮特（William Pitt，
1708–1778）出任國務大臣後，「運籌帷幄，策劃了東起印
度西至美洲的戰爭，並贏得了勝利」，它「將對北美的歷史

---

① 格奧爾格・耶利內克，《人權宣言論——近代憲政史研究析論》（1895），
王建學主編，《1789 年人權和公民權宣言的思想淵源之爭》，北京：法律出版
社，2013，頁 15–52。按施特勞斯的看法，人權訴求的正當性並非直接來自英
國的清教徒精神，而是來自霍布斯的自然權利論，但無可否認，「英國清教徒
令人類權利首次在實踐和大眾方面變得重要」。就此而言，「耶利內克把人類權
利追溯到英國清教徒，這種做法更正當一些」。施特勞斯，《自然正當》（葉然
譯），見列奧・施特勞斯，《蘇格拉底問題與現代性》（第三版），劉小楓編，劉
振、葉然等譯，北京：華夏出版社，2022，頁 250–253。
② 雅克・索雷，《拷問法國大革命》，王晨譯，北京：商務印書館，2015，頁
24。

產生深遠的影響」。[1] 然而，這場戰爭的真正導火索是 1754
年發生在北美的英法衝突，有史學家因此認為，這場戰爭應
該被稱為「九年戰爭」——甚至應該把這場英法衝突與英屬
殖民地的「獨立戰爭」視為「一場連續的戰爭」，這才是「大
西洋革命時代」來臨的標誌：「危險的世界中」一個全新的
國家誕生了。[2]

　　法蘭西王國在這場與英國的全球爭霸中遭受重大損失，
當英屬美洲殖民地出現分離主義叛亂時，法國人便自願組成
志願軍前往北美支援叛亂。正是這一意外的行動，美國革命
的理想從北美來到了當時的歐洲心臟——法國。一位參加
過美國獨立戰爭的法蘭西公爵在參與《人權宣言》論辯時呼
籲：「美國在新的半球樹立了偉大的榜樣，讓整個（歐洲）
世界也有一個榜樣吧。」[3]

　　法國伯爵聖西門（Henri de Saint-Simon, 1760–1825）
17 歲那年憑親戚關係進入法蘭西王國都蘭步兵團當上少
尉，兩年後，他主動申請前往英屬美洲殖民地，在那裏他
「參加過五次戰役、九次海戰，兩次負傷」，親臨過由華盛

---

① 　丘吉爾，《英語民族史（卷三）：革命的年代》，薛力敏、林林譯，海口：南
方出版社，2004，頁 109、115；比較 Eliga H. Gould, "Fears of War, Fantasies
of Peace: British Politics and the Coming of the American Revolution", in:
Eliga H. Gould, Peter S. Onuf (eds.), *Empire and Nation: The American
Revolution in the Atlantic World*, Johns Hopkins University Press, 2005,
pp.19–34。
② 　參見托馬斯・本德，《萬國一邦：美國在世界史中的地位》，孫琇譯，北京：
中信出版社，2019，頁 97–131。
③ 　林恩・亨特、傑克・森瑟，《法國大革命和拿破崙：現代世界的鍛爐》，董
子雲譯，北京：中信出版集團，2020，頁 47。

頓（George Washington, 1732–1799）和拉法耶特（Gilbert du Motier, 1757–1834）指揮的那場決定性的約克郡戰役（1781 年 10 月）。這場戰爭「在他的心理、道德和政治觀點上劃下了一道無形的界限」——如他自己後來所說：

> 當我在美國為實業自由的利益而戰鬥的時候，我多麼希望看到另一個世界的這種植物也能在我的祖國開花結果；從此以後，這個願望一直在我的思想裏縈繞。[①]

聖西門後來成了「空想社會主義者」，並建立起自己的組織。拿破崙戰爭之後（1817），他對追隨者們說，自己早就「預感到，美國革命標誌著一個新的政治紀元的開始，必然決定整個文明的重大進展，並將在短時間內使歐洲當時存在的社會制度發生巨變」。因為，「美國人在自己前進的道路上沒有跟著歐洲走」，他們「為自己建立的制度比歐洲人民實行的制度要自由和民主得多」，而即便「在 1789 年，法國人民也遠遠沒有能夠建立起這樣的社會制」。[②]

如果美國的確是聖西門心目中的理想政制，那麼，他的社會主義理想確實是一種空想。事實上，連聖西門的學生們也覺得自己的宗師對美國的盲目崇拜太過分，不免有些憤慨：

---

① 阿・列萬多夫斯基，《聖西門傳》，孫家衡、錢文千譯，北京：商務印書館，1992，頁 47–48；比較夏爾—奧利維耶・卡博內爾，《聖西門的歐洲觀》，李倩譯，北京：北京大學出版社，2016，頁 11。
② 聖西門，《給一個美國人的信》，《聖西門全集》第一卷，王燕生等譯，北京：商務印書館，2011，頁 149–151。

但是美國，這個極好的國家，據說它不會以政府的需要作為庸俗的藉口，那麼它做了些什麼？使它慚愧的應該說，它同土耳其人簽訂了關於供給他們軍事給養的條約！南美的一部分民族希望擺脫仍然在它們身上的西班牙枷鎖，那麼對於自己的宗主國充滿痛苦記憶的合眾國──不久前還聽到要打碎鎖鏈呼聲的合眾國，它是否能幫助自己的同胞在某些方面得到解放呢？不能，不能。最後，它是否向海地共和國提供了償還贖金的財政援助？沒有，也沒有。據說，這個自由的民族擺脫了一切舊歐洲的偏見，然而，這個在文明道路上走在一切民族前面的民族，卻聲明反對被釋放而自由的民族的存在，反對黑人民族的存在。[①]

現代的獨立主權國家的觀念並不是「威斯特伐利亞體系」的產物，也不是博丹（Jean Bodin, 1530–1596）或霍布斯（Thomas Hobbes, 1588–1679）的絕對君主論之類理論的產物，而是北美殖民者脫離宗主國獨立建國的實際影響：19世紀以來，世界上模仿《獨立宣言》的新政治單位何其多！政治史學家有理由說，「我們現在這個由國家組成的世界的源頭在美洲，尤其是美國革命。」[②] 維也納會議期間，「德意志人的普遍願望是，哈布斯堡皇室應該恢復皇帝尊號，並給予它更廣泛和更實際的權力」。儘管如此，即便

---

① 巴札爾、安凡丹、羅德里格，《聖西門學說釋義》，王永江譯，北京：商務印書館，1986，頁51–52。

② 大衛‧阿米蒂奇，《獨立宣言：一種全球史》，孫嶽譯，北京：商務印書館，2021，頁85。

是梅特涅（Prince Metternich, 1773–1859）和弗里德里希·根茨（Friednch von Gentz, 1764–1832）這樣的保守分子也看到，無論以何種方式重建神聖羅馬帝國，「對德意志和歐洲都沒有好處」，因此支持德意志的巴伐利亞王國和符騰堡公國提出的「主權獨立」訴求。[1]

民族獨立和普遍人權理念與歐美大國的全球擴張構成的內在矛盾，僅僅是大西洋革命理念的世界史悖論的外在方面，它引發的不過是反帝、反殖民情感。一方面，人權、民主、自由等價值觀念給世人帶來偉大的政治想象——人類將創造出一個自由、公平的世界，「革命者不僅在革命中宣示了個人權利，還證明了天時地利並非偉大革命的必要條件」；另一方面，拿破崙戰爭「所殺害的歐洲人的數量堪比第一次世界大戰」。[2] 在整個西歐大陸，革命後的拿破崙戰爭給諸多地區帶去強制性的現代式共和政制要素，導致的結果是「對法國大革命的積極和消極抵制」。[3]

反帝、反殖民情感同樣來自大西洋革命理念，以至於大西洋革命理念的雅努斯面相迄今讓不少史學家感到困惑。房龍有一句話說得倒是不乏智慧，他說「沒有比拿破崙戰爭時期的世界政治之水更渾濁的了」（房龍，頁 124）。如今人們

---

[1] 阿爾傑農·塞西爾，《梅特涅：1773–1859，對他本人和時代的一個研究》，復旦大學《梅特涅》翻譯小組譯，上海：上海人民出版社，1974，頁 163。
[2] 邁克·拉波特，《1848：革命之年》，郭東波、杜利敏譯，上海：上海社會科學院出版社，2019，頁 21、6。
[3] 雅克·索雷，《18 世紀美洲和歐洲的革命》，前揭，頁 144–203。

有理由說：沒有比美國主導的世界政治之水更渾濁的了。[①]

　　大西洋革命作為一個世界政治史符號意味著，自然權利原則逐漸取代傳統的自然正義觀念，並支配了晚近兩百多年的世界歷史，塑造了普世性的西方形象：「西方的（也就是大西洋兩岸的）特性，就是所有那些沿著十八世紀末的政治理念發展的總和。」[②]

　　　　當法國人與英屬北美殖民地結盟反對英國的時候，它引發了一場橫跨大西洋的觀念傳播，這些觀念包括了權利、代議制和共和主義。法國革命的爆發為這些隨後席捲世界大部分地區的觀念提供了新的形式和流通媒介。革命者和反對他們的君主制之間的戰爭改變了歐洲的邊界和政治體制，為自由、平等和民族獨立等觀念傳遍全歐洲並傳入南美和亞非部分地區開闢了道路。（亨特、森瑟，頁 XX）

　　這一革命理念隱含著一個與生俱來的世界史悖論，它在誕生之初就引發勢不兩立的爭議。法國革命者圍繞《人權宣言》展開激烈辯論時，

　　　　由於布列塔尼俱樂部（Club Breton）及其盟友坐在會場主席團成員左側，那些反對激進措施的人開始坐到右側，

---

① 比較妮科勒‧施萊、莎貝娜‧布塞，《美國的戰爭：一個好戰國家的編年史》，陶ँ雲譯，北京：生活‧讀書‧新知三聯書店，2006；諾姆‧喬姆斯基，《以自由的名義：民主帝國的戰爭、謊言與殺戮》，宣棟彪譯，北京：中信出版集團，2016。

② 海因里希‧溫克勒，《西方的困局：歐洲與美國的當下危機》，童欣譯，北京：中信出版集團，2019，頁 9。

現代政治中「左」與「右」的概念誕生了。（亨特、森瑟，
頁 47）

　　兩百多年來，世界歷史中的「左」與「右」有了難以列
舉的新變體，激進與保守的對立格局始終沒變，鬥爭尖銳得
不可調和，直到今天仍然如此。不過，這並不是大西洋革命
理念成為一個世界史悖論的真正原因，毋寧說，如根茨已經
看到的那樣，悖論來自革命理念本身所攜帶的政治自由這個
吐火女妖（Chimäre Freiheit）的內在能量。自 1990 年代
以來，正當人們以為大西洋革命理念已經取得普世性勝利之
時，其「最有價值的遺產」即西方的自由民主體制卻面臨
「來自內部」既峻急又致命的威脅：

　　　　那些民粹主義的運動和政黨聲稱它們才是民主的真正
　　代表，因為它們，並且只有它們才為「人民」說話。（溫克
　　勒，《西方的困局》，頁 335）

　　溫克勒（Heinrich August Winkler, 1938- ）是當今德
國的世界史學者，名氣很大，但他的這一說法未必符合歷
史實情。作為史學家溫克勒如果有智性真誠的話，他就得
承認，民粹主義的基本動力恰恰來自自由民主的權利觀念
本身。[1] 大西洋革命的自由民主激進理念威脅到這場革命的
成果，或者說政治自由這個吐火女妖威脅到自由民主政體本

---

① 　比較約翰・朱迪斯，《民粹主義大爆炸：經濟大衰退如何改變美國和歐洲政
　　治》，馬霖譯，北京：中信出版社，2018。

身——這就是大西洋革命的世界史悖論。

　　法國爆發大革命的頭幾年，美國的立國者們十分振奮，為「美國自由的火花」已經濺到大西洋對岸的歐洲欣喜不已。可是，當雅各賓專政出場時，托馬斯・傑斐遜（Thomas Jefferson, 1743–1826）這樣的革命家也開始擔心，「（法國）革命的目標有可能超出法國人民的政治才能」。約翰・亞當斯甚至把雅各賓專政視為「法國革命的惡例」，非常憂慮它會對美國同胞產生「煽動性影響」，因為他心裏清楚，美國人的性格「喜歡造反」。讓人費解的是，美國的立國者們雖然看到「法國革命的龍牙已經露了出來，就要變妖怪了」，於是開始壓制國內對法國革命的同情，「限制美國國土上被懷疑為是『雅各賓黨人』的公民權利」，他們卻沒有意識到，美國革命的口中隱藏著同一個妖怪的龍牙。[1]

　　第一次世界大戰結束後不久，德國的思想史家特洛爾奇（Ernst Troeltsch, 1865–1923）已經指出，歐洲所經受的「最為內在的戰栗和最深層的變革」，已經讓「我們令人驕傲的時代開始暴露出明顯的罅隙和斷裂」。

　　　歐洲人文理想以及相關的國家和社會秩序被相對化，乃至被批判地瓦解了，於是屈服於林林總總的未來計劃、

---

[1]　邁克爾・亨特，《意識形態與美國外交政策》，褚律元譯，北京：世界知識出版社，1998，頁 100–104。

悲觀主義或者純粹需要暴力來實現的物質興趣。①

第二次世界大戰剛剛結束，政治思想史家沃格林（Eric Voegelin, 1901–1985）就重提這一話題：如今人們都相信技術文明和人道精神帶來的進步可能性，但在科學技術和商業生活獲得偉大進步的同時，人們也看到了一種新的野蠻主義的誕生。令人匪夷所思的是，這種新的野蠻主義誕生於相信文明進步的十八世紀，而且直到 20 世紀還「散發出一種腐臭」。②

1955 年，時年 36 歲的哈茨（Louis Hartz, 1919–1986）出版了反省「美國主義」的書，如今已經成為美國的政治史學經典。該書在朝鮮戰爭停戰協定簽署那年動筆，可謂意味深長。他在書中問道：

> 你可把威爾遜主義的問題反過來問：美國何時曾較為深刻地估價過它自身提供給其他國家的文化範式的局限性？你還可把麥卡錫主義的問題反過來問：何時對公民自由意義的理解比現在更透徹？③

在這位哈佛大學政府系教授看來，「得到強化的『美國

① 特洛爾奇，《新教對現代世界形成的意義》，見特洛爾奇等，《克服歷史主義》，劉小楓編，陳湛、郭笑遙等譯，北京：華夏出版社，2021，頁 118。
② 沃格林，《政治觀念史稿·卷八：危機與人的啟示》，劉景聯譯，張培均校，上海：華東師範大學出版社，2019，頁 118（以下簡稱「沃格林／卷八」，隨文註頁碼）。
③ 路易斯·哈茨，《美國的自由主義傳統：獨立革命以來美國政治思想闡釋》，張敏謙譯，北京：中國社會科學出版社，2003，頁 11–12（以下簡稱「哈茨」，隨文註頁碼）。

主義』與新啟蒙之間鬥爭的結局依然懸而未決」：

> 　　對我們來說，該問題在歷史上並無先例。它給我們帶
> 來的疑問是，一個國家是否可能通過與外來文化的接觸彌
> 補其國內生活的單一性。進一步講，美國的自由主義是否
> 可通過外部的經歷獲得那種相對意識，即獲得歐洲自由主
> 義通過內部社會變動和社會衝突的經歷得到的那種哲學火
> 花。（哈茨，頁 12）

　　溫克勒沒有理由說，大西洋革命理念在「冷戰」結束
之後才出現危機。他至多有理由說，「冷戰」後的危機遠比
前兩次戰後危機都要嚴峻而且深重得多，因為，「美國這個
跨大西洋西方世界一直以來的領導力量自身也正陷入一場
嚴重的認同危機和系統性危機」（溫克勒，《西方的困局》，
頁 345）。[1] 作為世界史學者，溫克勒還應該想起，十九世
紀的德意志史學家利奧波德・蘭克（Leopold von Ranke,
1795–1886）在「法國大革命史講座」的開場白中就說過，
「無論何時，道德之善惡、實力之強弱以及民族之福祉，皆
屬史家可講論的話題」。[2]

　　晚近二十年來，「探討全球正義的哲學文獻以指數級別
與日俱增」，而「所謂自由主義的民族主義和愛國主義」據

---

[1]　比較 T. R. 里德，《歐羅巴共和國：新超級大國和美國霸權的終結》，宋愛群
等譯，上海：華東師範大學出版社，2008。
[2]　轉引自柯瑟爾，《蘭克的普遍歷史觀念》，見劉小楓編，《從普遍歷史到歷史
主義》，譚立鑄、王師等譯，北京：華夏出版社，2017，頁 313。

說「在當代的研究文獻中已經獲得越來越多的支持」。[①] 如果人們以為這意味著自由主義理念的勝利，那就錯了。毋寧說，這更多證明了一個歷史事實：大西洋革命理念正在接受世界歷史的又一輪審查。如果人們不願陷在共同源出於啟蒙理念的世界主義與民族主義的邏輯怪圈中不能自拔，就有理由讓古典的自然正義觀念恢復話語權——即便在美國學界，這樣的呼聲也已經出現。[②]

無論古希臘羅馬還是秦漢中國的自然正義觀，都還沒有進入當今的思想角力場，但這僅僅是因為它們尚缺乏實在的政治載體支撐罷了。如今我們思考新中國與美國的關係，就得進入另一種世界史視野——古典政治史學的視野。

在這樣的視野中，我們首先撞上的是據說「永不過時的馬基雅維利主義」。[③]

---

① 科克一肖·譚，《沒有國界的正義：世界主義、民族主義與愛國主義》，楊通進譯，重慶：重慶出版社，2014，「中文版前言」頁 3，「導言」頁 2；比較耶爾·塔米爾，《自由主義的民族主義》，陶東風譯，上海：上海社會科學院出版社，2017。

② 約翰·米爾斯海默，《大幻想》，前揭，頁 19、26- 27、34-35；比較克里坦斯基，《〈尼各馬可倫理學〉中自然的正義和正義的自然》，見婁林主編，《彌爾頓與現代政治》（「經典與解釋輯刊」第 58 輯），北京：華夏出版社，2021，頁 134-163。

③ 比較本—艾米·沙爾夫斯坦，《非道德的政治：永不過時的馬基雅維利主義》，韻竹譯，南京：南京大學出版社，2022，頁 17-38。

一　基辛格與馬基雅維利之道

　　新中國立國第二年，就與美國在朝鮮半島爆發了長達三年的戰爭。美國越洋干涉朝鮮半島內戰乃至干涉中國內戰是否正義的問題，迄今沒有得到澄清，甚至內戰狀態也因美國介入還沒有終結。人們有理由說，這是實力政治壓制自然正義的顯著證據。[①]

　　如果人民解放軍當時有足夠的海空實力，美國的干涉斷乎不可能發生——但歷史沒有「如果」。與「權威」這樣的東西一樣，「實力」既可用來行義，也可用來行不義。所謂「實力政治」（又譯「強權政治」或「權力政治」）的含義是，為了實現某種政治目的，不顧正義與不義的區分，憑國家實力行使支配權。在十八世紀，「歐洲政治和強權政治是同義語」，因為「那時只有歐洲各國君王從事的一種強權政治，不存在其他強權政治」。[②]

　　「均勢政治」同樣可以說是現代「歐洲政治」的同義語。「野蠻人定居於（羅馬）帝國的第一個後果是分裂了羅馬強權所統一起來的那些民族」，隨著羅馬教廷的屬靈權力式微，「均勢概念就從意大利城邦體系一直展延至新興的歐洲

---

①　比較梅爾文・萊弗勒，《權力優勢：國家安全、杜魯門政府與冷戰》，孫建中譯，北京：商務印書館，2019，頁 474–487。

②　漢斯・摩根索，《國家間政治：權力鬥爭與和平》，徐昕等譯，北京：北京大學出版社，2006，頁 59。

國際體系」。事實上,「強權政治」與「均勢政治」經常很難區分,「不僅接受均勢觀有時包藏著險惡目的,而且拒絕均勢觀也可能同樣證明是損人利己」。[①]

朝鮮半島戰爭暫停之後,中美關係一直處於冷戰狀態,差不多二十年後,兩國關係彷彿在一夜之間開始走向「正常化」。1971 年夏天(7 月初),基辛格(Henry Kissinger, 1923–)作為美國總統國家安全助理,帶著與新中國和解的使命首次密訪北京,時年 48 歲。當時,美國國內因深陷中南半島戰爭而出現大動亂,「一場被美國總統提升到普世自由和人權原則高度的戰爭,現在被當成美國道德遲鈍的獨特證據」。尼克松宣誓就職總統時(1969 年 1 月),「大規模示威、恐嚇威脅、非暴力反抗等手段已成氣候,逐漸脫離了和平抗議的範疇」。[②] 為了擺脫「國家共識的瓦解」這一困局,美國總統急於從越戰中抽身,不得不向新中國尋求幫助。基辛格經常不願公開承認這一點,他喜歡的修辭是:由於「當時蘇聯在中國北方邊境上陳兵 42 個師」,新生的中國不得不尋求與維護世界均勢的美國聯手(《世界秩序》,頁 212)。[③]

---

① 喬納森・哈斯拉姆,《馬基雅維利以來的現實主義國際關係思想》,張振江、盧明華譯,北京:中央編譯出版社,2009,頁 124–126;比較馬丁・懷特,《權力政治》,宋愛群譯・北京:世界知識出版社,2004,頁 114–125。

② 亨利・基辛格,《世界秩序》(2014),胡利平等譯,北京:中信出版社,2015,頁 390、395(以下凡引此書,隨文註頁碼);比較柯克・帕特里克,《1969:革命、動亂與現代美國的誕生》,朱鴻飛譯,北京:光明日報出版社,2013。

③ 比較亨利・基辛格,《論中國》(2011),胡利平等譯,北京:中信出版社,2012,頁 210(以下凡引此書,隨文註頁碼)。

新中國對美國文明的挑戰

出任國家安全助理之前，基辛格是哈佛大學國際政治學教授（1962–1969），出版了五部著作，其中兩部已經譯成中文。[1] 基辛格前往北京時，他的新著的中譯本也正在準備之中。[2] 我們不難推想，對即將到來的這位美國客人的政治見解，新中國總理周恩來已心中有數。

會談開始時，周恩來總理對基辛格教授強調說：

> 我們是太平洋兩邊的兩個國家。你們有兩百年的歷史，我們創立新中國只有 22 年，因此我們比你們年輕。
>
> （基辛格，《論中國》，頁 241）

在基辛格聽來，這句話沒有實質意義，不過是新中國政治家對美國客人表示歡迎的客套說辭。基辛格若沒有聽出這話隱含著新中國與美國的立國對比的歷史含義，他的耳朵就算不上敏銳。事實上，基辛格心裏清楚，中國已有三千多年的文明史，而他同樣清楚，當周恩來說「我們創立新中國只有 22 年」時，這話實際隱含著世界歷史的現代視野。

美國是世界歷史進入現代之後因歷史的偶然而出現的新

---

[1]　亨利‧基辛格，《核武器與外交政策》（1954），北京編譯社譯，北京：世界知識出版社，1959；亨利‧基辛格，《選擇的必要：美國外交政策的前景》（1961），國際關係研究所編譯室譯，北京：世界知識出版社，1962 / 北京：商務印書館，1972（新版）。

[2]　亨利‧基辛格，《美國對外政策：論文三篇》（1969），復旦大學資本主義國家經濟研究所 / 上海市直屬機關「五‧七」幹校六連編譯組譯，上海：上海人民出版社，1972。

型政治單位，它的建立不僅基於現代文明原則，還植根於近代歐洲文明成長所經受的內在創傷。十六世紀西歐人的航海大發現及其殖民擴張開啟了現代世界的歷史，但直到兩百年後的十八世紀中期，現代文明原則才有了明確表述。1750年，巴黎才子杜爾哥（Anne Robert Jacques Turgot, 1721–1781）寫下《普遍歷史兩論提綱》和《政治地理論著綱要》，系統而又簡潔地描繪了啟蒙哲學的文明進步原則——他甚至「預言（英屬）美洲（殖民地）不可避免地會獨立」（沃格林／卷八，頁148）。[1] 杜爾哥這年才23歲，而且離英屬美洲殖民地的獨立還有20多年，他哪來如此準確的歷史直覺？

　　從杜爾哥的表述中可以看到，啟蒙哲學所說的普遍進步有三個基本標誌：科學技術進步、全球交往的經濟生活進步以及政體進步。十九世紀以來，這種普遍進步論屢遭理論挑戰，以至於直到今天仍然不斷有人為之辯護。[2] 具體而言，科技進步和商業化生活方式的進步雖然不乏爭議，但與政體進步或者說國家倫理的進步論引發的爭議相比，就算不上什麼了。基辛格知道，「對於不同的民族，技術也好像有著不

---

[1]　比較杜爾哥，《普遍歷史兩論提綱》，見劉小楓編，《從普遍歷史到歷史主義》，譚立鑄、王師等譯，北京：華夏出版社，2016，頁49。

[2]　比較喬治·索雷爾，《進步的幻象》，呂文江譯，上海：上海人民出版社，2003；約翰·伯瑞，《進步的觀念》，范祥濤譯，上海：上海三聯書店，2005；Sidney Pollard, *The Idea of Progress: History and Society*, Baltimore, 1968/1971；吉爾貝·李斯特，《發展的迷思：一個西方信仰的歷史》，陸象淦譯，北京：社會科學文獻出版社，2011；戴維·多伊奇《無窮的開始：世界進步的本源》，王豔紅、張韻譯，北京：人民郵電出版社，2014；史蒂芬·平克，《當下的啟蒙：為理性、科學、人文主義和進步辯護》，侯新智等譯，杭州：浙江人民出版社，2018；詹姆斯·伯恩斯，《啟蒙：思想運動如何改變世界》，祝薪閒譯，上海：文匯出版社，2019。

同的意義」，這取決於一個政治體「在什麼時候獲得它以及怎樣獲得」，而「民族國家」這個概念更是如此。[①]

杜爾哥在提出「建設新世界的計劃」時，自覺到自己有一種世界歷史使命，甚至帶有「與此使命相匹配的自信所激發的興奮感」。正因為如此，他不可能預感到自己的計劃會引發同樣具有普遍歷史意義的生存「迷失感、挫敗感、絕望感和毀滅感」。[②] 基辛格秘密訪華之前，歐美發達國家因普遍的「迷失感、挫敗感、絕望感和毀滅感」爆發了大規模動亂，堪與 1848 年的歐洲動盪媲美。[③] 美國的動亂尤為嚴重，「軍隊在越南的叢林中陷入困境」，「社會為人們的反抗所分裂」，頭腦清醒的美國人不得不開始思考這樣的問題：

> 為什麼國家正在從內部被分裂？它在商業上的傑出才能為什麼正在衰退？它的強大軍事實力又為什麼發揮不了作用？[④]

---

① 亨利・基辛格，《美國對外政策：論文三篇》，前揭，頁 31。
② 沃格林，《現實性的銷蝕》（胡繼華譯），刊於陳恆、耿相新主編，《後現代：歷史、政治和倫理》（《新史學》第五輯），鄭州：大象出版社，2006，頁 95；比較亞當・查莫斯基，《幻影恐懼：政治妄想與現代國家的創建（1789–1848）》，袁野譯，北京：社會科學文獻出版社，2018。
③ 比較伊伯特・聖阿曼德，《1848 年革命：席卷法蘭西的大風暴》，華靜譯，北京：華文出版社，2020；安琪樓・誇特羅其・湯姆・奈仁，《法國 1968：終結的開始》，趙剛譯，北京：生活・讀書・新知三聯書店，2001；馬克・科蘭斯基，《1968：撞擊世界的年代》，程洪波等譯，北京：生活・讀書・新知三聯書店，2009；卡萊爾・科西克，《現代性的危機：來自 1968 時代的評論與觀察》，管小其譯，哈爾濱：黑龍江大學出版社，2014；讓 - 克勞德・卡里耶爾，《烏托邦年代：1968–1969，紐約—巴黎—布拉格—紐約》，胡紓譯，北京：新星出版社，2018。
④ 唐納德・懷特，《美國的興盛與衰落》，徐朝友、胡雨譚譯，南京：江蘇人民出版社，2002，「前言」，頁 2。

在這樣的歷史語境中，周總理說新中國比美國年輕得多，明顯不僅指科學技術和經濟生活的進步，而是更多指政治體的進步，它實際決定了某個現代國家的科學技術和經濟生活的倫理品質。科技發達和商業繁榮僅僅是現代式的好政治的必要條件，而不是充要條件。畢竟，在提高世人生活水平的同時，它們也給文明政體帶來倫理品質上的損害——甚至帶來人為災害。如何管控科技和商業，使之受到必要的倫理約束，迄今是發達國家不得不面對的嚴峻挑戰。[1] 美國已經有兩百年歷史，科學技術和經濟生活相當進步，不等於美國政體的文明品質「好」，除非美國政制的歷史已經證明自己是世界上的最佳政制，而這即便在今天也極具爭議。[2]

周恩來總理心裏很清楚，新中國雖然年輕，尤其在科學技術和經濟能力方面還相當孱弱，但新生的中國有信心在這些方面取得進步後形塑倫理品質好的現代文明政體。換言之，周總理的優雅外交辭令實際暗含文明觀念的挑戰，即挑戰美國對何謂好的現代文明的解釋權。他緊接著就向基辛格教授重申了新中國早就提出的有關國際秩序的兩項基本主張：第一，所有國家無論大小一律（主權）平等；第二，即便新中國取得了巨大的經濟進步，也不會加入「超級大國」

① 比較斯賓塞·韋爾斯，《潘多拉的種子：人類文明進步的代價》，潘震澤譯，桂林：廣西師範大學出版社，2013；約翰·格雷，《動物的沉默：關於進步和其他現代神話》，許常紅譯，北京：新華出版社，2017。

② 比較格雷戈·伊斯特布魯克，《美國人何以如此鬱悶：進步的悖論》，黃海燕、喻文中譯，北京：中國商務出版社，2005；阿齊茲·拉納，《美國自由的兩面性》，王傳興、趙麗娟譯，上海：上海人民出版社，2021。

之列爭奪世界霸權。第二項宣稱表明了新中國對國際秩序的理解所具有的中國文明意涵：一個政治體有獨立自主的決定自身文明樣式的權利，即便認為自己的文明樣式是世上最好的，這種權利也不能變成普世性的權力訴求。國際秩序的普世性原則應該是「和而不同」，而非「自由民主」，因為後者僅僅是極具爭議的文明樣式之一。

基辛格可能會說，周總理提到的第一項主張其實來自基督教西方——確切地說，來自十七世紀的威斯特伐利亞和約所確立的新政治原則：

> 昔日尊卑分明的等級制度被悄悄地拋到了一邊，代之而起的是主權國家無論強弱、無論實行何種制度都一律平等的體系。新湧現的大國，例如瑞典和荷蘭共和國，得到了諸如法國和奧地利等老牌大國享受的禮遇。（《世界秩序》，頁 22）

基辛格當時沒在周恩來面前這樣說，他心裏清楚，這種說法只能用來蒙騙對歐洲近代歷史缺乏深度了解的普通知識分子。基督教歐洲的政治單位在歷史上長期受封建王權親屬關係支配，從來沒有過什麼國家間「尊卑分明的等級制度」——相反，基辛格倒是認為，古代中國建立的區域國際秩序才基於這種等級制度（《世界秩序》，頁 277）。所謂威斯特伐利亞和約終結了「尊卑分明的等級制度」，純屬無稽之談。這次和會僅僅表明，羅馬教廷已經沒有權威調停基督教政治單位之間的封建式地緣政治衝突，一切都服從於「各

方勢力不斷分化組合，結成敵友關係錯綜複雜的聯盟」（《世界秩序》，頁 21）。事實上，德意志三十年戰爭之後，基督教政治體之間並沒有出現實際上的主權平等，倒是實現了大國勢力決定秩序的馬基雅維利式（歐洲）國際政治原則。

1815 年的維也納會議期間簽署的一份條約中，歐洲人首次使用「大國」（great power）一詞。[①] 1833 年，德意志史學家蘭克在他主編的《史學—政治學雜誌》上發表了題為「諸大國」的長文，首次從政治史學角度描繪了十六世紀以來現代歐洲成長史的基本脈絡。此文如今已成為政治史學的經典文獻，自此以後，「大國博弈」就成了描述國際秩序變化最為常見、也最為有效的視角，這無異於確認了德意志三十年戰爭以來歐洲秩序變動的支配性法則。[②]

周恩來總理對於現代歐洲的政治成長經歷了如指掌，因此，他在提出新中國主張「所有國家無論大小一律平等」之後特別強調，新中國不會做「超級大國」，這讓基辛格教授聽來有如芒刺在背。1974 年，時任副總理的新中國領袖人物之一鄧小平代表新中國首次在聯合國大會發表演說時，再次強調這一宣稱，明顯刻意針對十六世紀以來西方基督教王

---

① 亞歷山大·喬治、戈登·克雷格，《武力與治國方略：我們時代的外交問題》，時殷弘譯，北京：商務印書館，2004，頁 12。
② 原題 Die Größen Mächte（中譯篇名有多種：「論列強」「列強」或「大國」），中譯見列奧波德·馮·蘭克，《世界歷史的秘密》，羅格·文斯編，易蘭譯，上海：復旦大學出版社，2012，頁 160–202；比較 Rudolf Kjellén, *Die Großmächte vor und nach dem Weltkriege*, Leipzig und Berlin, 1930。

國爭奪霸權的國際政治舊習。①

基辛格如何理解新中國

基辛格非常聰明，他看出周恩來總理所表達的兩項基本主張與儒家傳統的道德觀念有關，只不過被說成了來自共產主義思想（《論中國》，頁 241）。基辛格相信，新中國雖然身著現代意識形態觀念外衣，骨子裏卻是儒教文明國家。如果我們承認基辛格在這一方面的眼力更有經驗、更具穿透力，那麼問題就來了：基於基督教歐洲的歷史經驗，基辛格會相信周恩來總理代表新中國做出的莊嚴承諾嗎？

聽了周總理的申明後，基辛格教授當時心裏是這樣想的：

> 馬基雅維利會說，如果一個國家想得到一項保證而又不願乞求，那它就應搬出一個概括性的提法，然後將它適用於具體情況，這樣做符合該國利益。這也就是周恩來這麼說的原因之一。（《論中國》，頁 241–242）

我們很難設想基辛格教授不熟悉西方的古典政治教誨，但他看待周恩來代表新中國所表達的國際政治主張，不是憑靠柏拉圖或亞里士多德或西塞羅甚至托馬斯・阿奎那的政治

① 比較佩里・安德森，《原霸：霸權的演變》，李岩譯，北京：當代世界出版社，2020；佩里・安德森，《大國協調及其反抗者：佩里・安德森訪華講演錄》，章永樂、魏磊傑譯，北京：北京大學出版社，2018。

教誨，而是憑靠馬基雅維利（Nicholas Machiavel, 1469–1527）。按照這種政治理解，根本就沒有國家間的政治平等這回事，重要的是有實力的大國支配下的均勢。基辛格年輕時一度沉迷於康德（Immanuel Kant, 1724–1804）和斯賓格勒（Oswald Spengler, 1880–1936），但在對現代歐洲政治成長過程中大國更迭的歷史做過一番研究後，他完全服膺了馬基雅維利之道。[①]

　　對基辛格而言，現在由歷史生成。現在的政治因此是由以往的政治塑造而成。事實上，後者「代表了我們賴以生存的最不可動搖的必需品」，其最顯著的特徵就是它的「無情」。[②]

　　憑靠這種馬基雅維利式的政治理解，基辛格把新中國的國際關係主張理解為一種陰柔之道：新中國總理「向美國保證，中國不是個潛在的威脅」，不過是狡猾地想要美國「不必用軍力與之抗衡」（《論中國》，頁 242）。基辛格曾評論說，斯大林「靠無情、多疑的馬基雅維利主義的統治方法治國」（《論中國》，頁 105–106），而我們在這裏看到，他在處理中美關係事務時同樣如此。既然「中國人民的老朋友」基辛格都這樣，我們若以為今天的美國政治人會相信新中國

---

① 沃爾特・艾薩克森等，《基辛格：大國博弈的背後》，劉漢生等譯，北京：國際文化出版公司，2008/2012，頁 53–54。

② 傑夫・貝里奇等，《外交理論：從馬基弗利到基辛格》，陸悅璘、高飛譯，北京：北京大學出版社，2006，頁 201。

的發展對美國不會是「潛在的威脅」，那麼，這即便不是一廂情願的想法，也只會是自己哄自己——文明德性品質的差異又會多了一個顯著例證。

基辛格以馬基雅維利式的多疑心態繼續說：

> 中國不以炫耀武力為榮的國際行為準則源自孔子的學說。要考驗這種新關係，就要看這些準則在動亂壓力之下是否還能站得住腳。（《論中國》，頁 242）

這一說法讓我們看到，基辛格的政治言辭在涉及政治道德時如何閃爍。因為，不炫耀武力與「在動亂的壓力之下」憑靠並使用武力克制動亂並沒有矛盾。用武力做正義的事情與做不義的事情，有倫理品質上的差異——美國憑靠武力把釣魚島交給戰敗國日本「託管」，就是再明顯不過的行不義。基辛格顯然不能說，當美國把戰火燒到中國邊境時，新中國動用哪怕是孱弱的武力克制威斯特伐利亞和約式的非法干涉有違孔子學說。

不過，基辛格的這一說法也表明他多少意識到，新中國與美國這個從基督教歐洲的宗教叛亂衍生出來的新國家有倫理品質上的差異，而他是在同一個並未與自己的古典文明傳統斷絕關係的政體打交道。雖然都基於科技和商業文明的進步論，新中國仍然出於文明本能地恪守自己的傳統德性。與此不同，美國的誕生基於近代歐洲文明與西方古典文明原則的決裂，它憑靠新的「自然主義」原則相信，政治「超越了善惡」，在實際政治中應該竭盡全力不擇手段地扼制機

運——不擇手段成了一種政治德性。

基辛格不會公開讓自己顯得服膺馬基雅維利之道，畢竟，即便在西方基督教的政治傳統中，馬基雅維利之道也名聲不佳，難免招惹道德非議。1569 年，「馬基雅維利主義」一詞第一次出現在一本英語字典中時，其含義就被定義為「在權術或一般品行上耍陰謀」。[①] 當有記者問及基辛格是否深受馬基雅維利影響時，他斷然否定，並說真正影響自己的哲人是斯賓諾莎（Baruch Spinozo, 1632–1677）和康德。基辛格若在政治思想史方面下過的功夫再深些，多少了解斯賓諾莎與馬基雅維利思想的內在關聯，他就不會這樣說了。[②] 弗里德里希二世（Frederick II, 1712–1786）在他的《駁馬基雅維利》一書的開篇就說：

> 馬基雅維利的《君主論》在道德領域的意義，近於斯賓諾莎作品在信仰領域的意義。斯賓諾莎逐漸摧毀了信仰的根基，他試圖做的恰恰是要一股腦兒推翻宗教。馬基雅維利敗壞了政治學，所做的是消滅健康道德的規訓。前者的錯誤僅僅是玄想的錯誤，而後者的錯誤則涉及實踐。如果說斯賓諾莎的作品已經在所有形式上受到駁斥，而且，面對這位不信神者的攻擊，神性卻得到證明，那麼，神學

---

① 邁克爾・懷特，《馬基雅 維里：一個被誤解的人》，周春生譯，哈爾濱：黑龍江教育出版社，2016，頁 236。

② Edwin Curley, "Kissinger, Spinoza, and Genghis Khan"，見 Don Garrett 編 *Cambridge Companion to Spinoza*, Cambridge University Press, 2006, p. 315；比較尼爾・弗格森，《基辛格：理想主義者》，羅輝譯，上海：東方出版中心，2015，頁 27–28。

家已經敲響了針對斯賓諾莎旋風的警鐘並提出了警示。然而，提及馬基雅維利的倫理學家只有寥寥數人，除此之外，人們罔顧他災難性的道德，迄今為止，馬基雅維利仍然霸佔著政治學的講習。[①]

即便到了耄耋之年，基辛格仍然相信，馬基雅維利之道堪稱世界歷史的永恆法則。他在評說公元前四世紀摩揭陀國孔雀王朝大臣考底利耶（Kautilya, 350 B.C.–275 B.C.）時，準確而又清晰地表達了他對馬基雅維利之道的理解。據說，考底利耶「與馬基雅維利一樣」，「提出了務實的行動指南，而不是制約性的規矩」。正如法國崛起時路易十三的大臣黎塞留（Cardinal Richelieu, 1585–1642）信奉的那樣，其原則是「國家領導人無權根據個人良知謹守道德而危及國家生存」，或者說如普魯士王國崛起時的君主弗里德里希二世的行為所體現的那樣，國家「自我保護的內在邏輯無關道義」（《世界秩序》，頁 250–251）。

英王亨利八世（Henry VIII, 1491–1547）是馬基雅維利的同時代人，他的首席大臣托馬斯·克倫威爾（Thomas Cromwell, 1485–1540）在歷史上一直被看作是「一位馬基雅維利式的權謀家」，但也有現代史學家為他翻案，說他其實是「一個博學、盡責、忠心耿耿的皇室僕人」，為人「聰明、睿智、熱情好客」，廣受朋友喜愛，也「令對手敬佩」。

---

① 弗里德里希二世，《駁馬基雅維里》，溫玉偉譯，北京：華夏出版社，2022，頁 3。

有一次，樞機主教波爾（Cardinal Pole, 1500–1558）與他談起如何最有效地增加君主的尊榮，克倫威爾建議波爾閱讀馬基雅維利的新著《君主論》，並說明了理由：

> 政治家唯一最實用的本領是透過君主製造的假象看清他真實的願望，在不違背道德和宗教的基礎上找到最好的方法以滿足君主的願望。這一點頗具諷刺意味，因為克倫威爾恰恰在追逐權力的過程中「顛覆」了英格蘭的道德和宗教生活。[1]

基辛格教授不僅廣受朋友喜愛和「令對手敬佩」，還十分博學，熟悉歐洲歷史上的著名國務大臣或卿士，他肯定知道這個故事。因此人們不難理解，基辛格若要與中國這個從未與古典文明斷絕關係的文明政體打交道，還需要另一套政治說辭。

基辛格如何解釋「世界新秩序」

1994，新中國的改革開放舉步維艱之際，已經 73 歲高齡的基辛格出版了一部政治史學大著──《大外交》。該書結尾時，基辛格這樣預測世界歷史的未來走向：

---

[1] 特蕾西・博爾曼，《托馬斯・克倫威爾：亨利八世最忠誠的僕人鮮為人知的故事》，郭玉紅譯，北京：社會科學文獻出版社，2019，頁 1、4–5；比較羅伯特・哈欽森，《托馬斯・克倫威爾：亨利八世佞臣沉浮錄》，徐秋蘭譯，北京：新世界出版社，2021。

美國發現自身的處境十分近似於十九世紀的歐洲，我們可以希望類似於梅特涅體制的某一體制能夠演化，借由共同的價值觀增強勢力均衡。在現代世界，這些價值必然是民主理念。[①]

基辛格這樣說的時候，正是「冷戰」降下帷幕之後，美國獨領全球風騷的歷史時刻。奇妙的是，僅僅二十年後——或者說當基辛格發現新中國經改革開放迅速崛起之後，他卻又重申，德意志三十年戰爭已經「徹底打碎了天下一統或同一信仰的人團結一致的假象」，而他所推崇的歐洲式均勢觀念「意味著意識形態上的中立和針對情況的變化不斷做出調整」（《世界秩序》，頁 21、24）。這意味著，即便為了「增強勢力均衡」，也不可能藉助某種共同的價值觀——即便它是自由民主的價值觀也罷。顯然，基辛格沒可能說，自由民主的價值觀不是一套使「天下一統或同一信仰的人團結一致的」意識形態觀念。

究竟是哪種情形？為了「增強勢力均衡」究竟需要還是不需要「天下一統或同一信仰的人團結一致的」共同價值觀？如果的確需要，那麼，它應該是一種什麼樣的共同價值觀？顯而易見，這樣的問題迄今沒有定論。由於美國一向憑靠經濟和軍事優勢把自己信奉的自由民主價值觀說成天下一統的共同價值觀，按照基辛格所信奉的馬基雅維利之道，他

---

① 基辛格，《大外交》，顧淑馨、林添貴譯，海口：海南出版社，1998，頁 733（以下凡引此書，隨文註頁碼）。

僅僅需要針對情勢變化提供不同的政治修辭。借用「冷戰史」權威學者加迪斯（John Lewis Gaddis, 1941-　）的歸納，基辛格屬於歐洲人「大戰略」思維傳統的一種類型，這種人「謙遜有加，知道未來的不確定性，從而有做出相應調整的靈活性，以及接受甚至讓矛盾為我所用的聰明才智」。[1]

　　政治史學家告訴我們，梅特涅服膺實力政治原則，他「英雄般勇敢地去行動、不擇手段地（即馬基雅維利主義地）推行既定政策」。[2] 基辛格在撰寫博士論文時就清楚，梅特涅是「馬基雅維利式的權謀政治家」──拿破崙已經說過，他「混淆了政策與陰謀詭計」。[3] 基辛格「希望類似於梅特涅體制的某一體制」能夠增強美國主導的全球均衡，表明他並不避諱馬基雅維利之道。

　　儘管如此，基辛格追仿梅特涅仍然會讓人感到奇怪，因為梅特涅聯合歐洲的君主制國家重建歐洲秩序時，代表的是歐洲傳統的王權神聖的價值觀，而英屬美洲殖民商人的《獨立宣言》和法國第三等級的《人權宣言》所宣示的人民主權論與神聖王權論勢不兩立。革命軍人拿破崙（Napoleon Bonaparte, 1769-1821）稱帝後，雖然強化了君主式的絕對

---

[1]　約翰‧加迪斯，《論大戰略》，臧博、崔傳剛譯，北京：中信出版集團，2019，頁 331。

[2]　沃爾弗拉姆‧希曼，《梅特涅：帝國與世界》，楊惠群譯，北京：社會科學文獻出版社，2019，頁 25、316、844。

[3]　亨利‧基辛格，《重建的世界──拿破崙之後的歐洲：革命時代的保守主義政治》（1964），馮潔音等譯，上海：上海譯文出版社，2015，頁 15；比較頁 407，基辛格在那裏評論說：索雷爾（Albert Sorel）的《歐洲與法國革命》（1904）「大體上是一部優秀的研究著作」，其中的第八章「描寫了馬基雅維利式的權謀政治家梅特涅利用陰謀詭計打敗了英雄人物」，儘管「稍顯誇大」。

主權，卻並沒有砍掉共和主義這面普世大旗，反倒利用它剝奪鄰國「主權」，憑此「還（不無道理地）自視站在了啟蒙運動的頂峰」，成了「代表全球權力的領袖」（《世界秩序》，頁 45、48）。[1] 換言之，基辛格應該推崇拿破崙而非其敵人梅特涅，才會讓人覺得他在邏輯上保持了一致。

基辛格不可能拒絕拿破崙的普世共和主義，他至多只能批評拿破崙沒有致力於通過讓歐洲保持勢力均衡來維持法國的安全，而是企圖通過軍事行動讓法國成為歐洲霸主。基於美國利益及其戰略需要的立場，基辛格的聰明才智想到的絕妙之策是：最好莫過於將梅特涅與拿破崙捏合在一起，即採用梅特涅這位「歐洲首相」設計的國際體制來實現《獨立宣言》和《人權宣言》所宣稱的「共同價值」。這意味著，十九世紀初的梅特涅憑靠馬基雅維利之道設計的「歐洲協調」（Concert of Europe）應該轉換為美國主導的「世界協調」（Concert of World），在各國間的衝突發展成戰爭之前就解決紛爭。

2011 年，新中國的改革開放取得的成就已經舉世矚目，基辛格教授應邀參加了一場題為「21 世紀屬於中國嗎？」的國際性公開論壇。他在這個場合說，「從地緣政治角度而言，中國歷史上一直被一些較小的國家包圍」，它們沒有哪個能單獨威脅中國，但如果它們聯合起來就不同

---

[1]　比較布魯斯·拉塞特，《世界政治：供選擇的菜單》，張傳傑譯，北京：人民出版社，2018，頁 73。

了。[1]人們若沒有從這樣的言辭中聽出，基辛格實際上在向中國周邊的國家教唆馬基雅維利之道，只能說明人們對基督教歐洲的政治成長經歷過於缺乏了解。

　　基辛格繼續說道，「從歷史角度來看，中國的對外政策可以被描述為『蠻夷管理』政策」，而如今「世界上有很多國家與中國實力相當，中國從來沒有應對過這樣的世界」，對中國而言這「本身就是一個深刻的挑戰」。奇妙的是，基辛格同時又承認，「在這樣一個世界中，中國在過去的 20個世紀裏都沒有謀求過霸權」。可見，他清楚知道，即便是「『蠻夷管理』政策」也與「霸權」政策是兩回事。既然如此，他何以可能說，「中國任何一個主導世界的企圖都會激起周邊國家的過度反應，這將為世界和平帶來災難性的後果」（《舌戰中國》，頁 19）？

　　不難推想，基辛格實際上想說，文明中國雖然古老，卻從來沒有應對過從基督教歐洲尤其美國的政治成長中演化出來的那種世界政治。事實上，基辛格已經這樣說了，只不過他用某種「普遍觀念」掩藏了馬基雅維利之道。

　　　　作為我的結論，我認為，問題不在於二十一世紀是否
　　屬於中國，而在於我們能否讓中國在二十一世紀接受一個
　　更加普遍的觀念。（《舌戰中國》，頁 20）

---

[1]　基辛格等，《舌戰中國：21 世紀屬於中國嗎？》，蔣宗強譯，北京：中信出版社，2012，頁 19（以下簡稱《舌戰中國》，隨文註頁碼）。

什麼是「更加普遍的觀念」？是他在《大外交》結尾時說的「類似於梅特涅體制」的均勢秩序觀念，還是「普世民主」觀念？鑒於基辛格在 1994 年就承認，「關於一般所宣稱的民主，世界各地用詞未必就一樣」（《大外交》，頁 733），他就不能說「普世民主」是「更加普遍的觀念」。既然如此，他在《大外交》結尾時信心滿滿的如下言辭，不過是在表達一種披上道德外衣的強權邏輯：

> 美國在歷史上根本未嘗遭到威脅其生存的外敵，當此威脅在冷戰時期終於出現時，又被徹底擊敗。美國的經驗因而鼓舞美國人去相信，美國在世界各國中是唯一無可撼動的強國，並且只憑靠道德和善行就能無往不利。（《大外交》，頁 774）

如果美國是「只憑靠道德和善行」而「無往不利」的話，按照基辛格的政治言辭，那人們就得說，美國憑靠的是馬基雅維利主義式的「道德和善行」。既然如此，如果人們在今天說中美關係是一種「競爭關係」，那麼，這場競爭就並非僅僅關乎科技和經濟進步，而是更為關乎國家的政治德性品質。因此，若要真正認識美國的「道德和善行」，人們就得搞清楚，美國的政治成長如何把馬基雅維利之道與自由民主理念結合在一起。

二 太平洋東岸的行為特徵

　　既然基辛格說,「美國的經驗鼓舞美國人去相信,美國在世界各國中是唯一無可撼動的強國」,我們就有必要認識美國人所相信的「美國經驗」的歷史特徵。

　　基辛格的《大外交》一書既是一部現代世界政治史,又是一部美國政治史,兩者緊密地交織在一起。我們不難看到,基辛格以描述美國在二戰後如何建立「世界新秩序」開篇(第 1 章),繼而描述西奧多·羅斯福(Theodore Roosevelt, 1858–1919)和伍德羅·威爾遜在第一次世界大戰前後如何致力於建立「世界新秩序」(第 2 章),然後才回到十六世紀,從西方基督教歐洲形成均勢的時代講起(第 3 章以降),沿著世界現代史的時間脈絡一直講到「冷戰」結束。

　　美國在十八世紀才立國,但基辛格有理由把「美國秩序」放到現代世界的大歷史中來看待,因為它畢竟緣於十六世紀初的地理大發現,而這正是古老的中國開始落後於西方的歷史時刻。歷史社會學家保羅·肯尼迪(Paul Kennedy, 1945–)的《大國的興衰》非常著名,他在開篇就說,十六世紀時還「根本看不出」歐洲必然會超過世界上的其他地區,尤其是中國:

　　　　在中古時期的所有文明中,沒有一個國家的文明比中

國更先進和更優越。①

　　然而，在接下來的五百年裏，基督教歐洲越來越比中國更先進和更優越。肯尼迪講述了五百年來世界歷史中的大國興衰，中國在其中幾乎沒有佔據值得一提的位置——即便講到了二十世紀，肯尼迪也沒有給中國抵禦日本入侵長達十四年之久的抗戰哪怕一個小節的篇幅。在記敘日本以「一種極為獨特的風格」「對現狀發起挑戰」的小節中，肯尼迪僅僅從日本的角度提到中國的抗日戰爭，篇幅不足兩頁（《大國的興衰》，頁 378–379）。對長達三年的朝鮮半島戰爭，肯尼迪差不多是一筆帶過——他甚至說，「由於不使用原子彈，美國人被迫進行了一場類似 1914–1918 年的塹壕戰」（《大國的興衰》，頁 474）。似乎美國若動用了原子彈，就會乾淨利索地贏得這場戰爭。在肯尼迪筆下，我們不難感覺到，基督教歐洲崛起的晚近五百年歷史充分證明，馬基雅維利之道行之有效，它滌除了古老的文明中國在德性上的「先進」和「優越」。

　　從 1898 年到 1919 年的二十年間，是美國崛起的時刻，也是美國的自由民主觀念得以定型的歷史時刻，這時的美國甚至出現了平民主義的進步運動。② 但要真正認識美國的這一歷史時刻，還得如基辛格所說的那樣，認識兩位美國總

---

① 　保羅·肯尼迪，《大國的興衰》，蔣葆英等譯，北京：中國經濟出版社，1989，頁 4（以下隨文註頁碼）。
② 　比較理查德·霍夫施塔特，《改革時代：美國的新崛起》，俞敏洪、包凡一譯，石家莊：河北人民出版社，1989。

統：西奧多·羅斯福和伍德羅·威爾遜——後者年長前者兩歲，他們是同時代人，並曾競爭總統職位。

西奧多·羅斯福的言與行

荷蘭裔美國人西奧多·羅斯福比著名的「海權論」者阿爾弗雷德·馬漢（Alfred Thayer Mahan, 1840–1914）小 18 歲，卻比馬漢早八年發表了關於現代海軍史的專著《1812 年海戰史》（*History of the Naval War of 1812*），時年（1882）方 24 歲。當時，結束「南北戰爭」後的美國經濟一片繁榮，商界人士急於獲得海外市場，但一些政治人士擔心，美國的海外商業擴張會引發與歐洲大國的衝突。[1] 針對這類擔憂，西奧多·羅斯福的少壯之作發出血氣方剛的「軍國主義呼籲」，主張美國應該大力擴建海軍，為海外商業擴張護航，引來「如潮好評」。西奧多·羅斯福一生出版了十八部書，每一部都多次再版，尤以這部軍國主義性質的書「再版次數最多、獲評價最高」，而且成了數代美國政治人的教科書。[2]

七年後，已經 30 歲出頭的西奧多·羅斯福開始陸續發表四卷本史著《贏取西部》（*The Winning of the West*，

---

[1] 徐棄郁，《帝國定型：美國的 1890–1900》，桂林：廣西師範大學出版社，2017，頁 7–29。
[2] 黃砥中、劉昕，《羅斯福：開闢「美國世紀」的總統》，長春：長春出版社，1999，頁 45–46、60–61；比較亨利·亨德里克斯，《西奧多·羅斯福的海軍外交：美國海軍與美國世紀的誕生》，王小可等譯，北京：海洋出版社，2015，頁 18–22。

1889–1896），從 1774 年著名拓荒者丹尼爾‧布恩（Daniel Boone, 1734–1820）翻越亞利加尼山脈（The Allegheny Mouotain Range）寫起，一直寫到 1836 年 2 月大衛‧克羅克特（Davy Crockett, 1786–1836）在阿拉莫（Alamo）要塞為德克薩斯從墨西哥分離出來戰死。西奧多‧羅斯福「以他自己在前線戰鬥的經驗為基礎，用到了法律允許範圍內的所有資料，充分發揮了他個人的創造力」，尤其津津樂道地「展示帝國主義掠奪殖民地時所使用的軍事裝備」。此書同樣獲得巨大成功，西奧多‧羅斯福甚至因此贏得了美國史鼻祖「喬治‧班克羅夫特（George Bancroft, 1800–1891）的繼承者」這樣的聲譽，為後來被推選為美國史學家協會主席奠定了基礎，而此書與《1812 年海戰史》一樣，「都在鼓吹美國做好戰爭準備」。①

　　西奧多‧羅斯福相信，美國的擴張是「上帝賦予這個國家必然的道德使命」，這讓他對未來的世紀是美國的世紀深信不疑，並「決心盡一切努力去實現這一目標」。② 歷史給他提供了機運：1897 年，威廉‧麥金萊總統（William Mckinley, 1843–1901）任命西奧多‧羅斯福為海軍部副部長。「新官上任才僅一周」，西奧多‧羅斯福就提醒總統可

---

① 　埃德蒙‧莫里斯，《領袖的崛起：西奧多‧羅斯福》，李俊、楊京鵬譯，北京：新世紀出版社，2015，頁 379–380、402（以下簡稱《領袖的崛起》，隨文註頁碼）；埃德蒙‧莫里斯，《巔峰過後：西奧多‧羅斯福》，傅強、鄒毅譯，北京：新世紀出版社，2015，頁 334–336、549。比較威廉‧黑澤爾格魯夫，《西奧多‧羅斯福：西部狂野時代》，朱林勇譯，北京：北京航空航天大學出版社，2020。
② 　格雷厄姆‧艾利森，《註定一戰：中美能避免修昔底德陷阱嗎？》，陳定定、傅強譯，上海：上海人民出版社，2019，頁 136–138。

能出現「古巴危機」，迫不及待地想要把一個「最熱情的擴張主義者」圈子的念頭傳輸給總統。這個圈子中「既有參議員、眾議院代表，海陸軍官員，也有作家、律師、科學家及社會名流」，他們相信「美國有權且有義務擴張到整個北美大陸」，並「武力解放古巴，吞併夏威夷，讓星條旗在整個西半球升起」（莫里斯，《領袖的崛起》，頁 564–565）。半年後，西奧多・羅斯福向麥金萊總統正式提交了入侵古巴的作戰方案。史學家不得不承認，政治家的個體德性品格對歷史的影響不會因美國是一個民主制國家而消失：

> 世界政治的歷史性轉變通常很緩慢，甚至多年之後才開始顯現。美國作為一個世界強國的崛起卻並非如此。它發生得相當突然，就在 1898 年的春天和夏天。在此之前，很多美國人似乎滿足於將自己的實力範圍限制在美洲大陸。他們的領導人之前數次不願意掌控夏威夷。1868 年當古巴首次爆發革命時，他們原本可以控制住古巴，卻對此不予考慮。1870 年代，他們也沒有嘗試佔領多米尼加共和國，雖然當時看起來唾手可得。[1]

西奧多・羅斯福主導的「美西戰爭」開啟了美國崛起的歷史時刻。出任美國總統（1901）後，他首先致力取得對西半球——拉丁美洲的支配權。在 1904 年底的一次國會演

---

[1] 斯蒂芬・金澤，《顛覆：從夏威夷到伊拉克》，張浩譯，上海：華東師範大學出版社，2007，頁 68。

說（12 月 6 日）中他宣稱，「堅持門羅主義的美國不管自己有多麼不情願」，都可能被迫在西半球「行使國際警察的權力」，這是「門羅主義的必然推論」。其實，在提出這一「推論」之前，他「已先有行動」：1902 年，他迫使海地解決與歐洲各銀行的貸款問題，1903 年，他「煽動巴拿馬動亂，使之成為全面叛亂」（基辛格，《大外交》，頁 22）。

西奧多·羅斯福為實現美國夢而肆意霸凌美洲鄰國，這「激怒了西半球的許多人」（艾利森，《註定一戰》，頁 152–153）。不僅如此，為了壓制掌握世界霸權的英國和正在崛起的俄國，西奧多·羅斯福還積極涉足東亞。1905 年 7 月，在西奧多·羅斯福授意下，時任美國陸軍部長的威廉·塔夫脫（William Howard Taft, 1857–1930）在東京與武士出身的日本首相桂太郎（1848–1913）交換了一份秘密備忘錄（《桂太郎─塔夫脫密約》），雙方互相承認對方佔取菲律賓群島和朝鮮半島。

兩個月後（9 月），在西奧多·羅斯福撮合下，日本與俄國在美國的海軍基地樸茨茅斯（Portsmouth）簽署終戰和約，結束了雙方為爭奪中國東北及朝鮮半島的控制權而打了一年半的「日俄戰爭」（1904–1905）──史稱二十世紀的開端之戰。[1] 在基辛格眼裏，美國主導的日俄條約算得上是

---

[1]　查攸吟，《日俄戰爭：開戰背景及海戰始末》，武漢：武漢大學出版社，2012；和田春樹，《日俄戰爭：起源和開戰》，易愛華、張劍譯，北京：生活·讀書·新知三聯書店，2018；西德尼·泰勒，《日俄戰爭：現代最激烈的軍事衝突》，周秀敏譯，北京：華文出版社，2021。

「羅斯福均勢外交的典型體現」，因為它「抑制了日本的擴張，防止了沙俄的崩潰」，「突顯了美國作為亞洲大國的角色」──西奧多·羅斯福因此而「被授予諾貝爾和平獎，成為獲此殊榮的第一位美國人」（《世界秩序》，頁 329）。作為康德的信徒，基辛格閉口不提，正是憑靠這份條約，日本「取得中國東北長春以南的『勢力範圍』，取得旅大租借地和南滿鐵路，並以保護日本權益及鐵路為名，派駐軍隊」，同時宣稱朝鮮王國為自己的保護國。[①]

某些日本的政治史學家認為，日俄戰爭的世界史意義在於，它表明非歐洲國家「只要妥善實行從歐洲諸國學得的改革」，「也可以挑戰歐洲諸國並戰勝之」──這場戰爭打破了現有的大國均勢，甚至成為「將列強導向第一次世界大戰的觸媒」。這位史學家沒有忘記提到，日本在此戰之後「吞併朝鮮（1910），進而向中國尋求在東北的特殊『權益』」，中朝兩國「激烈反彈，卻無力阻止」。[②] 與基辛格的說法對觀，人們不難看到，日本真正從歐洲諸國那裏學到的是馬基雅維利之道，而兩人都刻意避免提到：當時的美國和日本都在積極模仿或者說追趕老牌帝國主義。

一個世紀後的今天，美國的政治史學家仍然竭力迴避當年美國協助日本吞併朝鮮半島的歷史醜聞。美國著名軍史作家米勒特（Allan R. Millett, 1937– ）獲得過不少圖書大獎，

---

① 馬曉娟，《石原莞爾與侵華戰爭》，南京：江蘇人民出版社，2021，頁 139。
② 橫手慎二，《日俄戰爭：20 世紀第一場大國間戰爭》，吉辰譯，北京：社會科學文獻出版社，2019，頁 140–141。

他這樣寫道：

> 1882 年美國和朝鮮簽訂第一個條約時提出在朝鮮設立「友好機構」，「如果其他列強不公正對待或壓迫朝鮮」，美國就向朝鮮提供幫助。但直到 1945 年 9 月，接著在 1950 年 6 月，當其他國家計劃吞併朝鮮時，美國才甘冒風險，迎接挑戰。（米勒特，《一觸即發》，頁 6）

作為朝鮮半島戰爭史的專家，米勒特當然知道，波茨坦會議召開（1945 年 7 月 17 日）之前的兩週，杜魯門剛剛批准美軍參聯會提交的攻擊日本九州的登陸作戰計劃。這需要蘇聯大力配合，出兵日本佔領的中國東北和朝鮮，以壓制「駐紮在中國大陸的大約 180 萬日軍」。否則，日本若從中國戰場抽調三分之一兵力回防本土，美國人也吃不消。時任美國陸軍部長的史汀生（Henry L. Stimson, 1867–1950）上將在日記中寫道：

> 我們必須小心謹慎，不捲入試圖打擊駐華日軍的任務。那將是一個可怕的任務，我極其懷疑我國能夠受得住。[1]

僅僅三天之後，美國政府高層對是否讓蘇聯加入制服日本的作戰又產生了疑慮，因為，這意味著美國在戰後將與蘇

---

[1]　轉引自邁克爾‧內伯格，《1945：大國博弈下的世界秩序新格局》，宋世鋒譯，北京：民主與建設出版社，2019，頁 253–254（以下簡稱「內伯格」，隨文註頁碼）。

聯分佔日本：

> （1945 年）7 月 6 日召開的國務院、陸軍部和海軍部會
> 議，標誌著討論的焦點首次從如何讓俄羅斯加入太平洋戰
> 爭轉變成如何阻止他們插手。（內伯格，頁 256）

波茨坦會議剛開始不久，斯大林就主動告訴杜魯門，「俄羅斯軍隊將不晚於 8 月進攻滿洲」。杜魯門隨即承諾，美國「不在朝鮮和庫頁島採取軍事行動」，這意味著「默認這些地區成為蘇聯的勢力範圍」，戰後由蘇聯處置（同上）。斯大林並不滿足，他除了要求索回俄國在日俄戰爭中的全部所失，還暗示要與美國對日本「實行聯合佔領」：

> 如果我們堅持無條件投降，日本佬不會投降，我們
> 將不得不像消滅德國那樣消滅他們。（轉引自內格爾，頁
> 258）。

斯大林刻意用「我們」強調蘇聯與美國的夥伴關係，而且提到德國。言下之意，俄國與美國應該像在中歐那樣，共同在東亞重新劃分地緣政治版圖。正是基於這樣的預設，斯大林才爽快地接受了美國隨後在朝鮮半島劃出的「三八線」，這意味著此線以北的日本國土將由蘇聯佔領。因此，蘇軍在 1945 年 8 月底進至朝鮮半島南端之後，按約定又退回到「三八線」以北。可是，由於蘇軍未能趕在日本投降前踏足日本各島，「當杜魯門拒不與俄國分享對日佔領的任何實質性權力時，斯大林也只能激烈而徒勞地抗議」（拉費伯

爾，頁 23）。

　　米勒特在他獲得圖書大獎的書中說，蘇聯在 1945 年 9 月「計劃吞併朝鮮時」，美國「甘冒風險，迎接挑戰」──這話除了能證明他的史書筆法深諳馬基雅維利之道，還能證明什麼呢？

　　更為離譜的是，他竟然把金日成將軍在 1950 年 6 月採取的統一祖國的軍事行動說成「計劃吞併朝鮮」。對比另一位美國軍史學家的說法，人們可以清楚看到米勒特作為史學家的德性品質是怎樣的：

　　　　朝鮮在 1948 年 5 月便發現自身在地理和意識形態上明顯分裂開來，恰如 1860 年美國南北兩方的分裂那樣顯而易見。因而，內戰的條件已經成熟。……此時，在一個分裂的家庭裏，唯一贏得統一的手段將是戰爭。[1]

　　米勒特意識到，即便是今天的韓國人也很容易看得出來，他在這裏竭力想要避免提到，崇尚「獨立自由」的美國曾在 1905 年幫助日本「不公正對待或壓迫朝鮮」。因此，他隨後不得不補充了一句：在朝鮮人眼裏，「朝鮮歷史上最大的美國壞蛋是西奧多‧羅斯福，他因滿足日本 1905 年在朝鮮擴張而獲得了諾貝爾和平獎……」

　　多麼智巧的修辭！可惜這段話在中譯本中漏掉（或為顧

---

[1]　貝文‧亞歷山大，《朝鮮：我們第一次戰敗》，郭維敬、劉榜離譯，北京：中國社會科學出版社，2003，頁 15。

及中美關係的面子刪掉）了。米勒特也沒有提到,而我們則不應該忘記,西奧多‧羅斯福不僅認可日本吞併朝鮮王國,還鼓勵日本吞併我國的東北。日本決心與俄國開戰,不僅意在吞併朝鮮,還覬覦我國東北,否則,即便奪取了朝鮮半島,仍然沒有打通向東亞陸地北部擴張的通道。西奧多‧羅斯福懂得日本的心思,在日俄戰爭期間,他就「往往把朝鮮問題和中國東北問題相提並論」,「屢次向日本提及,日本應控制滿洲的一部分」,至少在南滿「獲取立足點,並在那裏保持一個相對不受挑戰的地位」,否則即便佔有朝鮮半島,也不可能實現對俄國的遏制。[①]

西奧多‧羅斯福因促成日本與俄國簽署樸次茅斯終戰和約而獲得了諾貝爾和平獎,在基辛格眼裏,這並不是對現代西方「和平」理念的一大諷刺,毋寧說,它證明了馬基雅維利之道的正確。日俄戰爭剛剛結束,大英帝國國防委員會（Committee of Imperial Defence）和海軍情報局隨即積極物色人選,希望從軍事戰略和具體戰術角度總結這場戰爭的歷史經驗。幾經篩選,受聘擔任海軍部海上戰爭課程講師的「民間」軍史學家科貝特（Julian Corbett, 1854–1922）成了不二人選。基於海軍情報局提供的材料,科貝特用三年時間完成了第一卷（1913）,由海軍情報局秘密出版,數年後,科貝特又完成了第二卷。今天美國的軍事戰略家認為,

---

① 朱衞斌,《西奧多‧羅斯福與中國:對華「門戶開放」政策的困境》,天津:天津古籍出版社,2005,頁153。

如果美國要維持「美利堅式的和平」（pax-Americana），那麼，科貝特對日俄戰爭的研究仍然是「最有用的戰略書籍之一」，因為「20世紀初受過良好教育的觀察家們覺察到，美西戰爭、日俄戰爭代表了人們未來將要面對的戰爭形態」。[①] 這意味著歷史已經證明，西奧多・羅斯福乃至阿爾弗雷德・馬漢的戰略眼光具有前瞻性，他們已經看到，西太平洋以及東亞將成為決定世界歷史未來走向的樞紐性戰場。

　　基辛格告訴我們，西奧多・羅斯福相信，「最講人道主義、最熱衷於國內進步的國家，與不顧及他人利益的國家相比，往往趨向虛弱」，因此他「謹慎果斷地平衡全球勢力，使事態朝有利於（美國）國家利益的方向發展」（《世界秩序》，頁325–326）。這無異於承認，西奧多・羅斯福致力於建立勢力均衡的做派不僅損人利己，還不擇手段。按如今美國民調排名，西奧多・羅斯福的歷史聲譽僅次於華盛頓、傑斐遜和林肯（Abraham Lincoln, 1809–1865），位居前四，因為「他使美國人享受了前所未有的經濟發展與繁榮」，「讓美國成了世界一流強國」（黃砥中，頁2）。因此，美國教育家為青少年撰寫通俗版的西奧多・羅斯福傳記時，隻字不提他的帝國主義面目。為了提高我國高中生的英語閱讀水平，我國教育工作者和史學家引進這樣的教本用作中英

---

① 　朱利安・科貝特，《日俄海戰1904–1905：侵佔朝鮮和封鎖旅順》，邢天寧譯，北京：台海出版社，2019，頁2–13；比較詹姆斯・戈德里克、約翰・哈滕多夫編，《馬漢是不夠的：朱利安・科貝特和赫伯特・里奇蒙德著作研討會論文集》，李景泉譯，北京：上海交通大學出版社，2015，頁3–4、11–14。

對照課外讀物，我們的青少年自然也就看不到美國的實際面目。[1]

西奧多・羅斯福信奉馬基雅維利之道，因為這符合他富有歷史使命感的衝動與情感，而他對上帝的虔誠同樣毋庸置疑。

> 在羅斯福看來，上帝已經在呼籲美國擔負起西方文明守護者和傳道者的角色，並發揮其獨特的作用。在「擴張」文明的使命下，羅斯福還擴大了美利堅帝國的版圖，這讓其全球競爭對手心神不安。（艾利森，《註定一戰》，頁140）

馬基雅維利主義與虔敬的上帝信仰的奇妙結合會讓今天的我們感到費解，但按吉本（Edward Gibbon, 1737–1794）在《羅馬帝國衰亡史》中的描述，這是一種與西方的人性一樣久遠的現象：

> 人的思想若頑固地死抓住一個目標，便會把一種一般的責任變成為一種特殊的使命；出於理解或想象中的熱忱的設想，會讓人感到似乎是上天的啟示；思索的過程將會在狂喜和幻境中消失；內在激情，那看不見的牽線者，將被描繪成具有上帝的天使的形象和屬性。從狂熱分子跨向江湖騙子的一步極易失足，十分危險；蘇格拉底的精靈為

[1] 哈爾・馬科維奇，《西奧多・羅斯福》，周娟譯，北京：現代教育出版社，2005，頁 65–69。

我們提供了難忘的例證：一個聰明人如何可能欺騙自己、好人如何可能欺騙別人、良心如何可能沉睡在自我蒙混和有意行騙的迷濛的中間狀態中。[①]

這段話用在西奧多‧羅斯福身上固然合適，但用在他的繼任者伍德羅‧威爾遜總統身上更適合。

美西戰爭的東南亞戰場

1917 年 4 月，威爾遜總統帶領美國跨洋介入歐洲戰爭，不是因為美國受到戰爭威脅，而是為了實現一個偉大的理想：建立自由民主的世界秩序。與拿破崙馬背上的普世共和主義理想相比，威爾遜的普世民主理想因憑靠現代軍事力量而更具全球化的戰鬥力。

在「一戰」爆發後的最初兩年裏，威爾遜　直宣稱對歐洲戰爭保持「事實與名義上的」中立和「思想與行動上的」公正，但私下裏則「警告自己的心腹」，如果德國獲勝，「我們文明的進程將因此而改變，美國也將變成一個軍事國家」（加迪斯，《論大戰略》，頁 289）。事實上，即便德國不能獲勝，美國也將變成一個軍事國家。美國與歐洲戰場隔著一個大洋，地緣上與交戰地區沒關係，即便不保持中立，戰火也很難燒到自己身上。美國宣稱保持中立僅僅表明，美國

---

① 愛德華‧吉本，《羅馬帝國衰亡史》，黃宜思、黃雨石譯，北京：商務印書館，1997，頁 388。

與遠隔大西洋的歐洲大陸屬於同一個國際秩序——「保持中立」本身就是典型的歐洲國際秩序概念。拿破崙戰爭期間，美國想要保持中立，但無論法國還是英國都拒絕承認這種「中立」。畢竟，當時的法國和英國仍在北美洲爭奪勢力範圍，而英屬美洲殖民商人此前能夠「獨立」，原本就是英法衝突的結果。

1915 年 5 月 7 日，德國潛艇在愛爾蘭海岸擊沉英國客輪「盧西塔尼亞」號，1152 人喪身，其中十分之一是美國人（124 人）。美國國內隨即出現參戰呼聲，威爾遜趁機要求陸軍部提出備戰方案（1915 年底），隨即遭遇堅持孤立主義的國會議員強烈反對。[1]

與拿破崙戰爭期間一樣，美國在「一戰」初期所採取的中立政策，不過就是與交戰國雙方平等地保持自由貿易關係。1916 年夏季，英國加強了對所有中立國貿易的控制，以免敵對國獲益。美國的貸款對象主要是協約國，但也沒有放過與德國和奧地利做買賣的機會。英國為此十分惱火，「不客氣地施行海上封鎖，阻擋了美國把貨物運到德國和歐洲（其他）中立國」。[2] 同年 9 月，美國國會做出強硬反應，授權總統使用武力對付任何阻礙美國搞貿易自由的國家。

為了說服孤立主義的腦筋，威爾遜在為爭取總統連任而發表的競選演說（1916 年 10 月 5 日）中強調：

---

[1]　阿瑟・林克、威廉・卡頓，《1900 年以來的美國史》，劉緒貽等譯，北京：中國社會科學出版社，1983，上冊，頁 208。

[2]　鄧蜀生，《伍德羅・威爾遜》，上海：上海人民出版社，1982，頁 123。

　　美西戰爭給美國帶來了意想不到的結果，當這場戰爭結束之時，美國人已經發現（自己）成了古巴的監護人，擁有波多黎各和菲律賓，美國的邊疆一下子越過 7000 英里到了菲律賓群島一些人跡罕至的森林地區，自此以後，美國已經不可避免地陷入世界政治的羅網之中。[①]

　　威爾遜並沒有把美西戰爭視為不義行為，而按照他所信奉的普世民主理想，他至少應該把美國從西班牙手中奪取菲律賓視為不義行為。因為，美西戰爭爆發之前，年僅 28 歲的菲律賓人阿吉納爾多（Emilio Aguinaldo，1869–1964）已經組織起義軍反抗西班牙殖民統治。這位崇尚「自由、平等、博愛」的法國革命信徒未等取得軍事勝利，就模仿美國宣佈成立「獨立自由」的菲律賓共和國（1897 年 11 月），還通過了一部臨時憲法，儘管僅僅一個月後他就不得不流亡香港。

　　1898 年 4 月 27 日，美國海軍亞洲分艦隊司令杜威（George Dewey, 1837–1917）准將率九艘戰艦，從我國廣東大鵬灣出發。5 月 1 日拂曉抵達菲律賓群島後，杜威下令向蒙托霍（Patricio Montojo, 1839–1917）少將指揮的西班牙亞洲艦隊的十二艘戰艦發起突襲。戰鬥僅幾個小時就結束了，杜威准將隨即封鎖馬尼拉灣，等待美國陸軍到來。這時，美國海軍中將桑普森（William T. Sampson,

---

① 轉引自任李明，《威爾遜主義研究》，北京：中國社會科學出版社，2013，頁 72。

1840–1902）率領的艦隊與西班牙加勒比海艦隊在聖地亞哥灣的海戰尚未開打,「在馬尼拉意料之外的勝利消息傳到美國之前,大西洋沿岸地區都在為西班牙主力艦隊不確定的作戰計劃而緊張」。[1]

杜威准將派人到香港找到阿吉納爾多,遊說他回去菲律賓重新收拾武裝。阿吉納爾多隨即返回菲律賓,並成功再次發動起義（5月29日）,緊接著就發表了《菲律賓獨立宣言》（6月12日）。10天後,阿吉納爾多頒布了地方政府機構組織法令（相當於臨時憲法）,並呼籲各國承認菲律賓獲得獨立以及他的政府具有與西班牙交戰的國體資格。阿吉納爾多以為,崇尚「獨立自由」的美國理所當然會支持菲律賓人獨立,因此他在《獨立宣言》中寫道,菲律賓的「獨立」得到了「強大而人道的北美國家的保護」。[2]

杜威艦隊控制馬尼拉灣等待陸軍到來期間（6月）,西班牙王國曾派海軍上將卡馬拉（Manual de la Cámara, 1836–1920）率領一支遠征軍馳援菲律賓駐軍,但艦隊經停蘇伊士運河北端的塞得港時,因英國迫使埃及拒絕加煤不得不返航。若非如此,西班牙未必會如此輕易地把菲律賓「轉讓」給美國。

當美國陸軍陸續從舊金山抵達菲律賓投入地面作戰時,

---

① 弗雷德里克·帕克森,《新美國:從門羅主義、泛美主義到西奧多·羅斯福新國家主義的蛻變》,劉嵐譯,北京:華文出版社,2019,頁347。
② 阿馬多·格雷羅,《菲律賓社會與革命》,陳錫標譯,北京:人民出版社,1972,頁29。

阿吉納爾多的獨立武裝已經奪取呂宋全島和多個島嶼，並對馬尼拉形成包圍。美國陸軍分三批抵達，首批登陸菲律賓（6月30日）的是安德森准將率領的陸8軍的一個旅，第三支登陸部隊為陸6軍第1旅，7月底（31日）才登陸，指揮官是大名鼎鼎的道格拉斯·麥克阿瑟的父親亞瑟·麥克阿瑟（Arthur MacArthur Jr., 1845–1912）准將。

　　美軍登陸後，阿吉納爾多才感覺不對勁，趕緊宣佈成立菲律賓共和國（8月6日），自任總統，一週後（8月12日）發表《菲律賓獨立宣言》。巧合的是，就在同一天，美國與西班牙在巴黎秘密談判，就媾和達成協議：西班牙放棄古巴，把波多黎各以及西印度群島中的其他島嶼讓給美國。協議沒有涉及菲律賓，因為登陸菲律賓的美軍和西班牙殖民軍指揮官已經達成秘密協定，由美軍而非菲律賓獨立武裝接管馬尼拉，以表明「解放」菲律賓的是美軍。[①]

　　第二天（8月13日），美軍發起了一場假進攻（死8人傷32人），西班牙殖民軍把馬尼拉移交給了美軍。自1832年的洛比茲條約以來，美國駐亞洲各國的代表重複過「千百遍那套老調，即美國既沒有取得殖民地的意圖，也沒有這種合法權利」，現在終於露出本色。西班牙駐守馬尼拉的殖民軍正式宣佈向美軍投降後，英國戰艦向美國國旗致敬，日本

---

① 尤·斯遼茲金，《1898年的美西戰爭》，未冬譯，北京：生活·讀書·新知三聯書店，1959，頁101–103。

和德國的戰艦在一旁悶悶不樂。[1]

阿吉納爾多的獨立武裝包圍馬尼拉近兩個月之久，現在美軍卻阻止他們進入馬尼拉。當天黃昏，約有 4000 名憤怒的菲律賓獨立武裝向美軍進入馬尼拉後建立的防線推進。一旦發生戰鬥，美軍未必能頂住，因為美陸軍登陸後與西班牙殖民軍交手時表現很差。美國任命的軍事總督梅里特（Wesley Merritt, 1836–1910）趕緊找阿吉納爾多談判，希望獨立武裝撤離，美方允許非武裝的菲律賓革命人士進入馬尼拉。[2] 景仰美國的阿吉納爾多妥協了，他並不知道而杜威准將則知道，美國此次進兵的目的不是幫菲律賓人獲得「獨立自由」，而是從西班牙人手中奪取菲律賓。1898 年 12月，氣息奄奄的西班牙王國與美國在巴黎簽署條約，將菲律賓割讓給美國，美國支付 2000 萬美元，這個價格還包括「加勒比的波多黎各在內的西印度公司剩餘部分和太平洋的關島」——美國奪取菲律賓就這樣完成了基督教歐洲式的國際法手續。[3]

1899 年 1 月 4 日，美國佔領軍發佈《開明同化宣言》，正式接管菲律賓。阿吉納爾多次日即針鋒相對地發表宣言，譴責美國對菲律賓的佔領。他原以為「美國曾經是一

① 泰勒·丹涅特，《美國人在東亞：十九世紀美國對中國、日本和朝鮮政策的批判的研究》，姚曾廙譯，北京：商務印書館，1959，頁 114–115、522–523。
② 劉迪輝、金雨雁，《菲律賓民族獨立運動史》，鄭州：河南人民出版社，1989，頁 114。
③ 路易斯·班代拉，《美帝國的形成》，舒建平譯，北京：中國人民大學出版社，2015，頁 15。

個為爭取獨立和廢除奴隸制度而鬥爭的民族」，萬萬沒想到美國竟然是這德性。1 月 21 日，阿吉納爾多宣佈成立共和政府，並聲明若美軍強行佔領當時最繁榮的米沙鄢群島（Visayas），他的共和軍將對美軍開火（劉迪輝、金雨雁，頁 132）。

阿吉納爾多缺乏審慎德性，他以為美國人僅說說而已，並沒有做出警戒性作戰部署。兩週後（2 月 4 日），美軍向馬尼拉近郊菲律賓獨立武裝的營地發動突襲，阿吉納爾多的武裝毫無準備，倉促應戰，「至少有 3000 名菲律賓人被屠殺，而美軍僅有 250 人死亡」（阿馬多・格雷羅，頁 31）。

現在，菲律賓獨立戰爭的對象變了，敵人由西班牙人變成了美國人。美菲戰爭開打，歷時三年（一說「持續了五年」）。[1] 起初，菲律賓獨立武裝重創美軍，一度攻入馬尼拉市內，終因人力和財力不支而失敗。為了鎮壓菲律賓獨立武裝，美國不斷增兵，耗資三億美元，投入總兵力達 126000 人（4000 人被擊斃，負傷近 3000 人）。在整個戰爭期間，菲律賓獨立武裝「近 20 萬人被殺」，「死於饑餓和瘟疫」的平民則高達 20 萬（劉迪輝、金雨雁，頁 134–151）。

美菲戰爭實際上是從菲律賓獨立戰士手中奪取菲律賓，而菲律賓人的抵抗被稱為「暴動」，這場戰爭成了「美國鎮壓暴動的首次經歷」（班代拉，頁 16）。

———————

[1]　韋瑟林，《歐洲殖民帝國：1815–1919》，夏岩譯，北京：中國社會科學出版社，2012，頁 205。

無數菲律賓男人、女人和孩童被屠殺，美國士兵用「水刑」（將水灌人喉嚨）和其他刑罰折磨被抓的菲律賓遊擊隊員，摧毀一個又一個菲律賓城鎮和糧倉，1901 年僅一週時間，就摧毀了 100 萬噸大米和 6000 個家庭，最後，美國強迫菲律賓民眾住在「保護區」。[1]

與此同時，美國國會派出使團前往菲律賓，高唱「『和平』『自治』和『開明同化』等海妖歌聲」，菲律賓知識分子和某些革命軍領導人被「深深地迷住了」（阿馬多·格雷羅，頁 32）。

美國兼併菲律賓的消息在美國各地雖然「廣獲人心」，但仍然在即將來臨的總統換屆選舉中成為論辯話題。1898 年 12 月 5 日，美國國會開會辯論是否批准與西班牙的和約時，菲律賓問題引發的爭辯佔時最長也最激烈。美國進兵菲律賓群島的侵略性太過明顯，這讓一些真誠相信獨立自由信念的美國議員難以接受。畢竟，這涉及到美國的憲法精神和美國的道德形象問題。

國會辯論是否兼併菲律賓時，一位參議員說：

> 東方是銷納美國每一磅剩餘麵粉、玉米和棉花的市場……現在已不難預料，馬尼拉即可成為美國在東方的商業首府。今後我們應在中國進行最大量的貿易。中國是我

---

[1] 布魯斯·卡明思，《海洋上的美國霸權：全球化背景下太平洋支配地位的形成》，胡敏傑、霍憶湄譯，北京：新世界出版社，2018，頁 193–194。

們的天然顧客，太平洋是我們的海洋，菲律賓是我們東方的據點，可以成為東方貿易的樞紐。[①]

有位參議員的口氣更大：

> 哪個國家支配太平洋，也就支配了全世界，而由於取得菲律賓，美利堅合眾國將成為且永遠成為這樣的強國。[②]

懷特洛・里德（Whitelaw Reid, 1837–1912）是西奧多・羅斯福總統欽點的前往巴黎與西班牙談判的美方代表團成員之一，他的言論比這更具雄心：

> 擴大美國對菲律賓群島的控制是要在中國海峽上架起一道防線，確保美國在太平洋彼岸的統治地位 —— 加大美國對太平洋地區的控制，擴大二十世紀美國對大洋彼岸貿易的控制。如果利用得當，它可以使整個太平洋地區成為美國的一個內湖。（轉引自卡明思，頁 191）

針對國內輿論和國會紛爭，美國最高法院院長宣佈，兼併菲律賓或夏威夷的手續一旦完成，在那裏「成立任何形式的政府都無須人民的同意，領土的轉移也無須人民明白表示同意」，國會可以自作主張（泰勒・丹涅特，頁 528）。

為了促使國會通過兼併菲律賓的決議，美國軍方設計了

---

① 轉引自唯真，《菲律賓的「獨立」》，見北京大學歷史系編，《亞非現代史參考資料》，第二分冊（上），北京大學歷史系編印本，1960，頁 588。
② 轉引自謝沃斯季揚諾夫主編，《美國近代史綱》，易滄、祖述譯，北京：生活・讀書・新知三聯書店，1977，頁 760。

一個局：故意挑釁菲律賓獨立武裝，引發軍事衝突。果然，駐菲美軍在 1899 年 2 月 4 日挑起事端，菲律賓人的武裝反抗被說成「暴動」，兩天之後（2 月 6 日），國會以兩票之差的多數批准了美西之間的《巴黎和約》（斯遼茲金，頁 112–117）。

何謂世界歷史的威爾遜時刻

由此來看，威爾遜在 1916 年的競選演說中說，「美國的邊疆一下子越過 7000 英里，到了菲律賓群島一些人跡罕至的森林地區」，作為自由民主信仰的忠實信徒，問題已經遠不止是他沒有意識到自己過於偽善那樣簡單，除非他所理解的自由民主有美利堅式的獨特含義。所謂「美國已經不可避免地陷入世界政治的羅網之中」，聽起來似乎帶有那麼一點兒愧疚或迫不得已，其實，早在美西戰爭結束後的第二年（1900），威爾遜就因美國的成功擴張而欣喜不已：

> 在近三百年時間裏，美國的增長都遵循一個單一的法則，就是擴張到新的領土上去的法則，這個偉大的過程形成了我們的國家，形成了一致的情感，形成了我們的政治制度，從大西洋沿岸穿越整個北美大陸向太平洋海岸挺進，我們歷史上的這一齣偉大的戲劇已經上演到它的最後一幕。（轉引自任李明，頁 130）

威爾遜在 1916 年 10 月的競選演說中用到「世界政治」

一詞，這在今天的我們聽來太過尋常，但在二十世紀初卻並非如此。我們應該問：在威爾遜的心目中，何謂「世界政治」？一旦提出這樣的問題，我們就不難注意到，威爾斯心目中的「世界政治」與美國拓展「邊疆」相關：自由民主的文明進步將使得世界上所有國家的邊疆消失，首先是美國不再有邊界。[①] 威爾遜在約翰‧霍普金斯大學的親密同事之一弗雷德里克‧特納（Frederick Jackson Turner, 1861–1932）以「移動邊疆論」聞名美國學壇，威爾遜的歷史著作如《分離與再聯合》（*Division and Reunion*，1918）和五卷本《美國人民史》「廣泛應用特納的理論」，憑靠自由民主理念為美國的殖民擴展提供正當性論證，儘管這並「沒有使他的歷史著述免於平庸無奇」。[②]

> 1900 年，歐洲人看到了美國人在美洲大陸上不可阻擋的擴張和殖民化進程，他們越過太平洋，把夏威夷和非律賓也納入自己的版圖；在這同一張地圖上，大部分美國人卻只看到自由和民主的廣泛傳播。（卡明思，頁 84）

這樣的效果在相當程度上要歸功於威爾遜的兩面派行為。事實上，1916 年 10 月的競選演說之前，威爾遜曾在德國和英國之間斡旋，積極展開「致力於和平的極為秘密的談

① 王曉德，《夢想與現實：威爾遜「理想主義」外交研究》，北京：中國社會科學出版社，1995，頁 41–44。
② 哈維‧威什，《特納和移動的邊疆》，見楊生茂編，《美國歷史學家特納及其學派》，北京：商務印書館，1983，頁 161–162。

判」，尤其希望與德國合作結束歐洲的戰爭（林克、卡頓，上冊，頁215）。隨著戰場態勢變化，英國越來越覺得自己勝算在握，最終拒絕了威爾遜的斡旋（1916年12月）。這讓威爾遜頗感失落，他在1916年的最後一場競選演說中再次表達了自己的美國理想：

> 世界將再不是以前的世界，美國也將再不是以前的美國，美國曾經陶醉在被她自己稱作光榮的孤立之中，3000英里的大西洋使歐洲事務遠離美國，浩瀚寬廣的太平洋使任何威脅都影響不到美國政治。但現在，跨過大西洋和跨過太平洋，我們已感到即刻的影響。（轉引自任李明，頁89）

一個月後（1917年1月22日），威爾遜在參議院發表演講，提出美國應該承擔起一項世界歷史使命：徹底扭轉歐洲傳統，給世界帶來新秩序，即用「大國共同體」取代「大國均勢」（not a balance of power but a community power），以此實現世界的持久和平。但是，這需要通過即刻介入歐洲戰爭來實現。

這次演說後來以「沒有勝利的和平」（Peace Without Victory）為題留名青史。威爾遜充滿熱情地期許，由於美國的軍事介入，戰爭結束後有望實現國家間「沒有勝利」、沒有賠償和吞併的平等和平：

> 只有平等者之間的和平才持久。如果和平想要持久，必須是權利的平等，它必須既不承認也不暗含大國與小

國、強國與弱國之間的差別。（轉引自任李明，頁 133）

這話聽起來讓人振奮，尤其是小國和弱國的知識人——包括當時的一些中國知識人。與此同時，威爾遜還提出了迄今仍有影響力的自由主義世界秩序原則，即「大國共同體」成員必須是得到「被統治者同意」的民選政體。

在已經組織起來的國家中，還有比權利平等更為基本的東西（there is a deeper thing involved than even equality of right），如果不承認和接受政府的所有正當權力都來自被統治者的同意這一原則，那麼，沒有和平能夠或者應該持久（ought to last）。（轉引自任李明，頁 133，比較頁 101）

這段話提醒我們，若把威爾遜的「沒有勝利的和平」演說看作是「和平主義」宣言，那就搞錯了。因為威爾遜宣稱，應該「持續地反對」不是以自由民主政體為基礎的世界和平，這意味著威爾遜的世界秩序理想包含一項普世性的終極戰爭原則。這場終極之戰會持續多久，唯有上帝知道。至少，直到二十一世紀的今天，美國政治人仍然把這一戰爭原則視為「普世民主」價值觀的基本內容。

民主政治理論雖然在我們關於開戰正義和作戰正義的爭論中作用相對較小，卻為關於戰後正義的理論提供了最重要的原則。這些原則包括自決、基於民眾同意的正當性（popular legitimacy）、公民權利以及共同價值（common good）的觀念。我們希望在戰敗國掌權的政府是由它所統

治的人民選擇的——至少是被該國人民承認為正當的——並且顯然致力於增進該國（全體）人民的福祉。[1]

威爾遜的邏輯是這樣的：世界和平以「大國共同體」為基礎，而這個共同體則以自由民主政體的正當性為基礎，否則，世界和平不僅「不能也不應該持久」。這一宣稱明顯來自康德的「永久和平論」，並非是威爾遜的發明。問題在於，為了實現自由民主的世界和平，戰爭——哪怕是持久的戰爭——就有必要，因為這是結束一切戰爭的終極戰爭。因此，有政治史學家已經指出，威爾遜的「沒有勝利的和平」演說無異於「威爾遜式的大戰宣言」（Wilsonian manifesto of the Great War）。[2]

威爾遜在「沒有勝利的和平」演說中宣示普世民主原則時忘了，就在不久前，他曾希望通過與德意志帝國合作來結束戰爭，而當時的德國還有皇帝，並不符合他的合法大國的政治條件。何況，在協約國陣營中，好些政治單位並非民主政體（俄羅斯帝國、意大利王國、塞爾維亞王國、比利時王國、羅馬尼亞王國和希臘王國）。由此來看，威爾遜的宣稱遠不止是一種謊言。

直到今天，美國政治人還把威爾遜的國際「和平想要持久，必須是（所有國家）權利的平等」這一宣稱掛在嘴邊，

---

① 邁克爾·沃爾澤，《論戰爭》，任輝獻、段鳴玉譯，南京：江蘇人民出版社，2011，頁148。

② Thomas J. Knock, *To End All Wars: Woodrow Wilson and the Quest for a New World Order*, New York, 2019, p. 115.

而在同一個演說中，既然威爾遜宣稱自由民主政體原則「比國家權利平等更加基本」，實際上他已經否定了國家間的主權平等原則——甚至否定了國家的主權本身：如果一個國家不是民選政體，那它就不配擁有主權。

更具諷刺意味的是，在「沒有勝利的和平」演說中，威爾遜接下來還提出了關於建立普遍國際合作的三項具體倡議，其中第一條竟然是一個世紀前的「門羅主義」原則：

> 所有國家應自願將門羅總統的原則作為世界的原則（as the doctrine of the world）；任何國家都不應將其政治體制擴展到其他國家或民族，而且每一民族都有自由決定自己的政治體制（free to determine its own polity），有不受阻礙、不受威脅、不必恐懼地決定自己的發展道路（its own way of development）的自由，無論是小國還是大國和強國。[1]

將這段說法與前面的說法加以對比，常識頭腦也會看出明顯的自相矛盾。既然「任何國家都不應將其政治體制擴展到其他國家或民族，而且每一民族都有自由決定自己的政治體制」，威爾遜又何以可能宣稱，世界和平以普遍的自由民主政體為基礎？修昔底德若讀到這樣的演說辭，他會怎麼看待美國政治領袖的道德品質？

結束演說時，威爾遜不僅把他提出的世界秩序原則稱為

---

[1]　轉引自韓莉，《新外交・舊世界：伍德羅・威爾遜與國際聯盟》，北京：同心出版社，2002，頁97。

「美國原則」（American principles），還逕直把它說成「人類原則」（the principles of mankind）。在他眼裏，所謂「人類」指「每個現代國家」（every modern nation），即「每個已經啟蒙的共同體」（every enlightened community），這即便不是基於「人類」與「非人類」的區分，至少也是基於「文明」與「野蠻」的區分。既然民選政體的國家才算得上「現代國家」或「已經啟蒙的共同體」，非民選政體的國家就屬於「野蠻」甚至「非人類」的邪惡政體──這樣的政治修辭，迄今還是美國政府發言人的口頭禪。

更奇怪的是，既然威爾遜宣稱，自由民主政體原則「比國家權利平等更加基本」，他又怎麼能夠宣稱，門羅原則是「美國原則」，並應該成為「人類原則」？他的普世民主理念難道沒有在阻礙甚至威脅每個國家「決定自己的發展道路的自由」？我們再次禁不住要說，修昔底德若讀到威爾遜的演說辭，他會怎麼看威爾遜的人品，或他所代表的美國行為的德性品質？

美國總統的演說不是學術文章，有自相矛盾甚至混淆是非之處不足為奇。問題在於，威爾遜的這篇演說被視為現代國際政治史上的劃時代文獻，而他本人是美國名牌大學的政治學資深教授，事情就不是那麼簡單了。何況，直到今天，美國政治家仍然宣稱，應該秉承威爾遜的理想，而美國以自由民主的名義發動戰爭還是常事（Knock，頁 xi）。

若說「在威爾遜的和平呼籲背後，隱藏著並非秘密的美國基本政策的一個方面」，即「既不希望德國獨霸歐洲，也

不希望自己的海上競爭對手英國君臨歐洲」，而是「要維持歐洲的均勢」（鄧蜀生，頁 131），恐怕會錯看了威爾遜——基辛格就不會這樣看。畢竟，「沒有勝利的和平」演說明確宣稱，要用「大國共同體」取代「大國均勢」。這一宣稱的基本含義是，以民主價值的普世正當性取代基於主權平等的均勢合法性。

1917 年 4 月 2 日，美國參眾兩院召開聯席會議，通過決議宣佈美國與德國進入戰爭狀態，威爾遜發表了被後世稱為「世界應該讓民主安全」的對德宣戰演說。威爾遜的宣戰理由看起來是德國潛艇的無差別攻擊違反了中立原則，其實不然，因為他把這種攻擊上升到反人類高度：「目前德國潛艇對海上貿易開戰就是對人類開戰」，「我們所抵禦的邪惡不是一般的邪惡：它們要從根本上毀滅人類生活」。威爾遜還特別提到，這一宣戰行動與他在 1 月 22 日的演說中表達的觀點完全一致，即「要使世界上真正自由和自治的各國人民確立一致的目標和行動」。

　　當問題涉及世界和平和各國人民的自由時，當組織起來的勢力支持某些專制政府按自己的意志而非人民的意志獨斷專行，從而對世界人民的和平與自由構成威脅時，中立便不再是可行或可取的了。我們看到，在這種情況下，中立已經消失。我們處在一個新時代的開端，這個時代堅決要求，凡文明國家每個公民的行為準則和承擔罪責的準

則，各個國家及其政府也必須同樣遵守。[1]

這應該就是基辛格所謂「更加普遍的觀念」最早的經典表述──威爾遜接下來還說：

> 只有民主國家相互合作，才能維護世界的長久和平。任何專制政府都不守信用，也不會遵守盟約。這個世界必須是一個講信譽、有共識的同盟世界。陰謀與詭計將會斷送這個世界的前途。（同上，頁29）

歷史的諷刺在於，「不守信用，也不會遵守盟約」的典範國家，恰恰是最符合自由民主原則的美利堅合眾國。用美國史學家的說法，威爾遜「用強烈而真純的民主政治的字眼描繪干涉，披上為上帝而戰的正義法衣」（林克、卡頓，上冊，頁219）。如果把這一宣戰宣言與威爾遜當上總統之前所表達過的政治抱負聯繫起來，人們就不難看到，威爾遜為美國崛起提供的普世主義論證才算得上誠實：

> 由於邊疆的消失，美國在二十世紀的繁榮很大程度上依賴於美國海外出口和投資的擴大。由於美國本身的特性，她在世界上的使命不是獲得財富和權力，而是通過推進和平、世界聯合服務於整個人類，而自由貿易在其中起到關鍵的作用。……
>
> 美國再也不可能關起門來實現自己的理想，除非在世

---

[1]　張鑫編，《美國的夢想：美國總統演講精選》，北京：中國經濟出版社，2008，頁28。

界上實現民主、正義和和平，否則，美國國內的民主、自由就不可能持久地得到保存。（轉引自任李明，頁129）

不僅對於基督教歐洲而且對於整個世界來說，威爾遜提出的這一參戰理由，的確都算得上是世界政治史上的劃時代事件。

　　一個著眼於空間限制的不干涉原則，之所以可能變成一個無空間限制的普遍干涉原則，乃因為威爾遜以自由民主和與之相關的觀念，尤其以「自由的」世界貿易和「自由的」世界市場的意識形態思想，取代了原初的和真正的門羅原則，一場圍繞門羅主義的激烈思想鬥爭就此展開。①

威爾遜在競選總統之前已經做了二十多年政治學教授，出版過多部關於美國政治的專著。威爾遜的和平主義理想看起來是康德的「永久和平」論的實踐版，但若考慮到威爾遜是極為虔誠的加爾文宗（長老會）信徒，「讀爛過數本《聖經》」，且自認為是全能上帝預定的「在塵世的代理人」（王曉德，頁36–37），人們有理由推測，他的理想更像是來自英格蘭的美洲殖民者威廉·佩恩（William Penn，1644–1718）的貴格會和平主義版本。②

---

① 卡爾·施米特，《以大空間對抗普世主義：論圍繞門羅主義的國際法鬥爭》，見卡爾·施米特，《論斷與概念》，朱雁冰譯，上海：上海人民出版社，2016，頁396。
② 比較小約翰·威特，《宗教與美國憲政經驗》，宋華琳譯，上海：上海三聯書店，2011，頁29–30、58。

事實上，「早在美國參戰之前，（美國的）主流教會已經獨立地勾勒出後來為人所熟知的威爾遜主義原則——沒有勝利者之和平、推廣民主和自決，通過國際組織進行合作」等等。[①] 威爾遜的和平主義理想很可能與西方基督教分裂之後出現的五花八門的激進小教派信仰有關。由此看來，若對十六世紀以來的歐洲政治成長史沒有深入的了解，要透徹認識威爾遜言行的根源是不可能的事情。

美國行為的「矛盾」特徵

基辛格在總結美國的國際行為時承認，美國在世人（包括美國人自己）眼裏顯得是個「矛盾角色」——他顯然不便說是「虛偽」角色：

> 以「天定命運」之名在整個美洲大陸擴張，卻宣稱絕無帝國企圖；對重大事件發揮著決定性影響，卻矢口否認有國家利益的動機；最終成為超級大國，卻聲言無意施行強權政治。（《世界秩序》，頁 305）

一言以蔽之：美國行為言行不一。換了別人——比如基辛格曾經的同事亨廷頓（Samuel P. Huntington, 1927-2008）——就會說，虛偽是美國倫理品質的首要特徵。所謂

---

① 安德魯·普雷斯頓，《靈魂之劍、信仰之盾：美國戰爭與外交中的宗教》，羅輝譯，上海：東方出版中心，2015，頁 271。

美國在世界政治中扮演著「矛盾角色」的說法，不過是美國
奉行馬基雅維利之道的遮羞布。

> 實現美國承諾和理想的凱旋圖景，往好了說不過是愛
> 國主義的虛妄，往壞了說則是虛偽。美國政治的歷史就是
> 好開頭與壞結果、希望與失望、改革與反動的循環往復。
> 美國的歷史就是許多團體通過實現美國理想努力促進自身
> 利益的歷史。然而更重要的是並非其成功，而是其失敗；
> 並非實現夢想，而是夢想沒有實現，並且永遠不會徹底
> 地、令人滿意地實現。[1]

鑒於威爾遜是虔誠的基督徒，人們又不能把問題看得如
此簡單。基辛格的解釋似乎不無道理：美國的角色之所以
「矛盾」，是因為美國自美西戰爭崛起以來，就在兩種傳統
的政治理念之間搖擺。一方面，威斯特伐利亞和約及維也納
和約後，基於大國實力的歐洲均衡秩序已經形成，其「基礎
一直是謹慎地將絕對的道德觀與政治區分開來」——基辛格
稱之為考底利耶—馬基雅維利之道。美國在崛起時，自覺
地要成為主導均勢的大國成員，而非被主導的成員。

另一方面，由於自身的政治成長經歷，美國又深信自己
立國時所憑靠的道德原則「放之四海而皆准」，深信不疑地
認為「其他所有民族都渴望照搬美國的價值觀」，熱忱地把

---

① 塞繆爾·亨廷頓，《美國政治：激蕩於理想與現實之間》，先萌奇、景偉明
譯，北京：新華出版社，2016，頁 18（以下簡稱《美國政治》，隨文註頁碼）。

對外擴張和全球支配視為「傳播（普世民主）價值觀的工程」，想盡一切辦法「勸服他人改變信仰」（《世界秩序》，頁 305–306）。

在國際政治學中，考底利耶—馬基雅維利之道被稱為「現實主義（務實主義）」，而「傳播（普世民主）價值觀」則被稱為「理想主義」。這兩種原則明顯相互矛盾，而在基辛格看來，美國崛起時的兩位總統恰好分別代表了矛盾的雙方。西奧多・羅斯福代表現實主義，他「主要以地緣政治為基礎考慮問題」——當有人建議美國應該按和平主義原則行事時，他「援引了考底利耶也會贊同的一些原則」來加以拒絕。威爾遜則是耀眼的理想主義代表，他不時以「自由民主女神」代言人的姿態發表演說，讓人覺得他是這位女神派來的（《世界秩序》，頁 322、332）。

基辛格還說，美國的如此「矛盾」形象與兩個政黨的相互競爭有關：共和黨有現實主義傳統，民主黨則有理想主義傳統。比如，尼克松就推進了西奧多・羅斯福的理念，即美國應該「充當全球均勢的守衛者」，不受意識形態競爭羈絆（《世界秩序》，頁 397）。

基辛格又在打馬虎眼，實際情形並非如此。美國的政治史學家告訴我們，威爾遜執政後，西奧多・羅斯福並沒有反對他的普世民主道德主義，反倒憑此道德立場認為，「威爾遜的表現過於膽怯」，沒有讓「美國站在正義和公正一邊，反對普魯士的獨裁政權」。事實上「西奧多・羅斯福扮演著一個令人生畏的先知角色，要為一項光榮的事業做好戰鬥準

備並忍受困苦」,「還將《新約》中關於地球上公正和永久的主旋律同火與硫黃的預言結合起來」（普雷斯頓,《靈魂之劍》,頁 267–268）。

威爾遜也遠不是什麼道德理想主義志士。在巴黎和會上,我國山東省的歸屬問題讓他的普世民主信念遭遇挑戰時,他選擇了馬基雅維利之道。

> 1919 年 4 月底,(美、英、法)三巨頭把(中國)山東省的控制權授予日本,將威爾遜主義的條款和精神破壞殆盡。儘管威爾遜宣稱,自己被 1915 年的中日協議(引按:即「對華二十一條」)束縛住了手腳,但他知道,那份文件是日本逼迫中國簽署的,只是代表著戰爭時期赤裸裸的侵略。時任威爾遜首席軍事顧問的布利斯(T. Bliss)將軍聽到關於山東的決定後,為避免自己的名字與這個包含如此醜陋之條款的合約發生聯繫,他考慮辭職。美國代表團中的一些低級成員確實辭職了,布利斯、(國務卿)藍辛和其他少數美國高級顧問試圖讓威爾遜轉變態度,雖然這位總統對山東問題感到不舒服,他們還是沒能達到目的。(內伯格,《1945》,頁 249–250)

作者沒有提到,威爾遜的首席軍事顧問布利斯將軍「考慮辭職」(實際上沒有辭職),不是因為這樣的條款讓中國受到不公正的對待,而是因為在他看來,日本獲得山東會有損美國的地緣戰略利益。

1919 年 12 月底,中國學界的自由主義領軍人物胡適之

在一份英文學刊上發表文章，他相當無奈地告訴美國人，「中國青年對威爾遜理想主義的信仰已經化為齏粉，『世界新秩序』蕩然無存」。[①] 從政治史學的角度看，人們會問，既然「從一切邏輯和公平上說，三巨頭將山東歸還其合法主人中國都不應該有任何麻煩」，為何威爾遜不惜讓其自由民主的國際主義原則蒙恥也要附和日本？政治史學家為我們解釋了威爾遜向日本讓步的真實原因：

> 美國、法國和英國需要日本支持他們向俄羅斯的布爾什維克施壓的計劃；那些計劃中有一部分要求日本在西伯利亞出兵干涉，該行動已於 1918 年 8 月開始進行。儘管美國人很快對日本人的目的產生懷疑，但他們不想看到日本撤走自己的軍隊。（內伯格，《1945》，頁 249）

威爾遜同樣派出美軍干涉俄國內政，控制了阿爾漢格爾斯克和海參崴等港口城市，雖然不是為了去與布爾什維克交戰，雙方還是發生過幾次交火。難怪基辛格會說，威爾遜領導的美國「陰差陽錯地扮演了羅斯福所設想的領導角色」——他甚至帶著嘲諷威爾遜的口吻俏皮地說，「美國這樣做卻是為了捍衛羅斯福曾嘲弄的原則，而且是在一位羅斯福鄙視的總統的領導下」（《世界秩序》，頁 332–333）。

無論如何，美國在世界政治中的「矛盾」形象既非兩黨

相互競爭的結果，也不是總統的政治信念不同帶來的結果。事實上，美國的兩個政黨和每一位總統的形象都如此「矛盾」，表現形式有所不同罷了。基辛格本人就是最具說服力的例證，因為美國的政治學者一直在論爭，他究竟「是個不講道德的現實主義者」，抑或「自從政生涯的第一天起就是一個理想主義者」。[1] 顯然，這樣的論爭毫無意義，因為基辛格已經天才地將「不講道德的現實主義」與普世民主的道德理想主義集於一身——用他自己的話說，他「比康德還康德」。

這樣的「矛盾」形象讓美國人民自己也感到費解，以至於不斷有美國人懷疑美國的德性品質，甚至引發公共危機。基辛格注意到，冷戰之初，美國輿論「支持全世界的民主和自由」的號召響徹雲天，但沒過多久，「遏制戰略背後的軍事學說」就開始瓦解公眾意識（《世界秩序》，頁 387）。直到今天，因國際政治行為的「矛盾」形象而引發的公共意識的瓦解，仍然是美國內部巨大的潛在威脅。[2]

如今，美國哈佛大學的政治學家仍在關心「其他國家該怎麼對待美國的權力」問題，並認為「這個問題在過去的十年中從未如現在這般尖銳」：

---

[1]　尼爾·弗格森，《基辛格：理想主義者》，前揭，頁 22、28；比較沃倫·納特，《基辛格的總構想》，齊沛合譯，北京：商務印書館，1976，頁 5–46。

[2]　比較羅伯特·卡根，《危險的國家：美國從起源到 20 世紀初的世界地位》，袁勝育等譯，北京：社會科學文獻出版社，2016；王立新，《躊躇的霸權：美國崛起後的身份困惑與秩序追求（1913–1945）》，北京：中國社會科學出版社，2015。

當這麼多的權力集中在一個國家的手裏，而其公民又一直認為自己具有無與倫比的美德且註定要領導整個世界時，那麼其他國家會怎麼想？美國的首要地位是否是全球穩定的一個來源，是推廣自由、民主和人權等普遍價值觀的一個機會？[①]

這樣的提問取向掩蓋了真實的問題本身，即不斷有美國人懷疑美國意識形態的倫理品質。換言之，普世民主的理想與並不理想的現實之間的矛盾並不真實，它不過是美國政治人的一種政治修辭，因為，美國作為「自由、民主和人權等普遍價值觀」的擔綱者和守護者這一道德形象並不真實，它不過是一個歷史假象。好些美國公民（尤其研究政治哲學的學人）並不認為，美國「具有無與倫比的美德」，遑論認為美國「註定要領導整個世界」。相反，他們會把在全球「推廣自由、民主和人權等普遍價值觀」視為人類道德生活的歷史災難。

華盛頓使用了新式的武器——四處兜售「虛假民主」的非政府組織，蘇聯解體後在世界戰略要地用它們來秘密地扶植親華盛頓的政權。「民主自由」是旗號，但令人難以置信的是，用這個旗號來引進新的「經濟自由市場」，這個由華爾街、歐洲國際銀行和西方跨國公司控制的市場，卻

---

① 斯蒂芬·沃爾特，《馴服美國權力：對美國首要地位的全球回應》，郭勝、王穎譯，上海：上海人民出版社，2008，頁2。

是另外一種暴政。①

的確，「被美國總統提升到普世自由和人權原則高度」
的戰爭絕不僅僅是越南戰爭，而這場戰爭「被當成美國道
德遲鈍的獨特證據」，僅僅是因為它有違普世自由和人權原
則？人們難道不應該問：為何普世自由和人權原則本身能夠
被不斷用來支撐發動絕滅人性的戰爭？「自由、民主和人權
等普遍價值觀」是自然的正義嗎？自由民主是人世生活真正
值得追求的道德目的嗎？

搞清這些問題，才能真正觸及美國行為的根源，但這談
何容易！無論何謂自然的正義還是自由民主政體的優劣問
題，早在古希臘的雅典時代就非常讓人撓頭，人們不可能輕
易獲得答案——或者說，人們並不去尋求獲得答案，也不是
什麼不可思議的事情。奇怪的是，美國高等教育非常發達，
但「很少有人意識到」，無論單純的「平等」觀念還是「自
由」觀念，都「不能充分闡明我們應該如何生活的問題」。②

這也與我們中國學人對自己的理解有關。胡適之當年告
訴美國人，巴黎和會讓「中國青年對威爾遜理想主義的信仰
已經化為齏粉」——這話在今天看來早就過時了。如今，美國
軍機幾乎每天緊貼中國領海基線偵察，也沒有讓不少中國作
家協會成員和大學教授對威爾遜式普世民主的信仰化為齏粉。

---

① 威廉·恩道爾，《虛假的民主》，呂繼先譯，北京：中國民主法制出版社，
2018，頁 IV。
② 克里坦斯基，《〈尼各馬可倫理學〉中自然的正義和正義的自然》，前揭，
頁 163。

　　有一種可以稱為「美國意識」的東西，它讓我們的頭腦喪失了基本的政治常識。我感到十分好奇：什麼是美國意識，竟然有如此神奇魅力？

　　我沒有在美國遊學的經歷，沒把握談論這個問題。二十年多前（1990 年代末），我應邀赴美參加學術會議，結識了一位愛沙尼亞裔美國人萊寧（Laining，化名）教授。他研究美國政治史和思想史，學養深厚、見解不凡，但因自己的學術觀點與主流學界不合，很少發表文章。萊寧先生十年前已經退休，與兒子一起住在波士頓，仍一如既往地健談，像政治史學家布克哈特（Jocob Burckhardt, 1818–1897）那樣，尤其喜歡在私人書信中長篇大論。

　　萊寧先生每次給我寫電郵都洋洋灑灑近似一篇 essay，還喜歡掉書袋。我把何謂美國意識這個問題拋給他，沒想到他很快回覆了一封長電郵。徵得萊寧先生同意，以下我把這封電郵翻譯出來（難免帶翻譯腔），並給其中提到的文獻做了註釋，因為大多已經有了中譯本。為便於閱讀，我還加了小標題。

三　盎格魯—美利堅行為的根源

　　您提出的問題讓我想起自己年輕時的一件經歷。1888年2月，一位美國商人出資在英國建造的彌爾頓紀念館落成，英國詩人阿諾德（Matthew Arnold, 1822–1888）應邀在開館儀式上發表演說。他這樣開始：

　　我們這個世紀最有辯才的人在離世之前不久，曾針對「盎格魯—撒克遜民族擴散的瘟疫」發出過警告。[1] 這位先知怕的是，日漸增加與擴大的盎格魯—撒克遜民族所抱有的傾向與目的、生活觀點與社會經濟制度等將被發現只適宜於人類中的一切平庸粗俗之輩，並將侵略與征服我們整個世界。真正的理想將不復存在；思想與感情的普遍貧瘠將到處氾濫。

　　這位先知在發出這樣的警告時，心中想到的無疑是我們和我們的殖民地，但更重要的是美國。在那裏，盎格魯—撒克遜民族的增長率最大；在那裏，這個民族發展得最快；在那裏，物質興趣最誘人，支配著人的主要精力；在那裏，高尚而稀有的優異成就似乎最有埋沒與喪失的危險。無論人們對世界因盎格魯—撒克遜民族放射瘟疫而遭

---

① 「最有辯才的人」指英國政論家托馬斯·卡萊爾（1795–1881），比較托馬斯·卡萊爾，《文明的憂思》，寧小銀譯，北京：中國檔案出版社，1999，頁145–146。

受危險會有怎樣的想法，我認為我們不能否認，美國日愈增加的強大與影響，會同時給高尚而稀有的優秀品質帶來某種危險。[1]

「盎格魯──撒克遜民族擴散的瘟疫」顯然指「普世民主」觀念，它抱有的「生活觀點與社會經濟制度」指個人自由──資本主義，但什麼是「高尚而稀有的優秀品質」，就不好說了，重要的是它面臨覆亡的危險。由於「物質興趣最誘人」，這種英式觀念對「一切平庸粗俗之輩」具有吸引力並非不可理解。卡萊爾的警告特別指向美國，作為美國人，我在唸研究生時讀到這句話，就像受到電擊一般。你們中國人長期生活在貧瘠之中，無法理解這種感受──尤其是我們還擁有你們羨慕的自由和民主。當你們的物質生活也像我們一樣富裕起來，興許才會對阿諾德的這段話有些微感觸。

請不要誤解我，似乎我在讚美甚至向往清貧乃至窮苦的生活──我既不是佛教徒，也不是苦行僧。追求安適甚至富裕的生活，遠離貧困和局促，是人之常情，我也不例外。問題在於，有了安適甚至富裕的物質生活之後，難道不是更有條件關切生活的德性品質嗎？美國意識的麻煩就在於此：大多數美國人以為，「自由、民主和人權等普遍價值觀」就是人的德性本身，很少有人意識到，它們正是卡萊爾所說的「盎格魯──撒克遜民族擴散的瘟疫」。史學家吉本見多識

---

[1]　托馬斯・阿諾德，《評彌爾頓》，見蒂利亞德等著，《彌爾頓評論集》，殷寶書選編，上海：上海譯文出版社，1992，頁 138。

廣，他說過，從普遍歷史的角度看：

> 傳染是瘟疫的一個不可分割的特性；共同呼吸一個地
> 方的空氣，就能使病人把病菌傳到接近他的人的肺中或胃
> 裏去。有一個現象儘管奇特，哲學家們也相信確有其事且
> 為之戰慄，這就是，明明有實際危險存在，而一個最易
> 於被虛偽的、想象的恐懼所感動的人群，卻會對此視而
> 不見。①

唸完博士課程在大學教書後，我才逐漸意識到，其實，
英國詩人阿諾德紀念彌爾頓演說的開場白就令人費解，因為
他竟然沒有意識到，「盎格魯—撒克遜民族擴散的瘟疫」與
天才詩人彌爾頓有密不可分的關係。他以為，有美國商人願
意出資為彌爾頓建紀念館，足以證明「高尚而稀有的優秀品
質」在美國沒有消失。事實上，這位美國商人紀念彌爾頓，
並非因為他是大詩人，而是因為他有清教式（狄森特式）的
激進共和主義信念。②卡萊爾借筆下人物之口說過：

> 無邊無際的激進共和主義的泥塘，散發著酸味的瘟
> 疫。我們曾在其上輕快地飛翔：不但整個軍隊，而且整個
> 民族都可能陷入此泥淖中。③

---

① 愛德華・吉本，《羅馬帝國衰亡史》，前揭，下冊，頁229（譯文略有改動）。
② 比較阿爾維斯，《彌爾頓與〈獨立宣言〉》，婁林主編，《彌爾頓與現代政治》，前揭，頁2-57。
③ 托馬斯・卡萊爾，《拼湊的裁縫》，馬秋武等譯，桂林：廣西師範大學出版社，2004，頁62。

我們今天所見到的美國政治行為是美國意識和美國歷史雙重影響下的產物。美國的政治人所繼承的文明意識雖然有分歧，但的確都來自孕育英屬美洲殖民者的狄森特運動，以及晚近一百多年來美國權力的增長。要弄清這兩種因素的相互作用及其對美國行為的塑造，可以說非常困難，儘管我們美國學界已經有海量的研究。為了回答您提出的問題，我不得不努力嘗試。不過，我不想直接對您談我自己的個人觀點，以免讓您認為我帶個人偏見，儘管您知道，我既不是「左派」也不是「右派」，甚至不是您喜歡的「古典派」——我研究政治史學和思想史，寧願引用這兩個領域中某些讓人印象深刻的觀點。

狄森特精神與美國意識

沃格林曾說，英國共和革命對美國精神品質的塑造有決定性影響。每一次革命都會產生一批流亡者，不是革命的受害者就是復辟的受害者。但英國共和革命有其獨特之處，即受迫害的狄森特（不從國教者）有了另立新國的歷史機遇。

> 革命分子不是個別地移民，目的也不是藉助海外的有利位置以推動革命事業的發展，而是為了永久脫離宗主國的共同體，以團體的形式遠走他鄉……在新大陸的廣袤空間裏，人格與觀念可以得到更自由的發展，而在英國本

土，它們將遭到來自社會和歷史環境的阻力。[①]

歐洲大陸的政治單位內部若產生信仰衝突，往往只能通過或妥協或你死我活的鬥爭來解決，而英國的宗教分裂導致的衝突則因海外殖民地得到化解。

> 美洲有幅員遼闊的自由空間，這對英國人來說簡直是一種奢侈；他們的小島是那樣局促，以至於異議成了危險，服從成了美德。事實上，這正是英國殖民者來到美洲的原因。[②]

人們所說的自由和獨立或廣泛的民主基礎上的人之尊嚴等等，在美國都帶有狄森特式的獨特政治含義。套用吉本的說法，第一批英屬美洲殖民地的移民，是「一個最易於被虛偽的、想象的恐懼所感動的人群」，因為他們曾經歷過真實的恐懼。

如果英國的宗教分裂產生的移民僅僅是狄森特也還罷了，他們中不少人還是新生的商人——馬薩諸塞灣的殖民就「展現了長老會士紳和商人企業的特有屬性」。

> 馬薩諸塞灣公司最初的形式是一夥冒險家，按照我們今天的說法，就是一夥投機者：他們獲得特許狀的手段多

---

① 　沃格林，《政治觀念史·卷七：新秩序與最後的定向》，李晉、馬麗譯，賀晴川、姚嘯宇校，上海：華東師範大學出版社，2019，頁229（以下簡稱「沃格林/卷七」，隨文註頁碼）。

② 　保羅·約翰遜，《美國人的歷史》，上冊，秦傳安譯，北京：中央編譯出版社，2010，頁49。

少有些見不得人，完全不像新英格蘭議會得到的特許狀那樣。第二個見不得人的手段發生在 1629 年 8 月 29 日，公司特許狀換成了種植園特許狀，並且它在新的殖民地的用法就像一部憲法那樣。公司的管理者很可能事前就已經心知肚明，他們的意圖乃是建立一個寡頭政府，並且用民主信約的措辭作為粉飾，以建立一套符合英國習俗的牢固的士紳統治。（沃格林／卷七，頁 100）

沃格林所說的「冒險家」兼「投機者」指著名的約翰‧溫斯羅普（John Winthrop, 1588–1649），在查理一世決定採取軍事行動鎮壓清教徒那年（1629），他和幾個清教徒領袖利用特許狀的漏洞，將公司業務從英格蘭遷往馬薩諸塞。溫斯羅普領導的清教徒大移民「讓說英語的人永久定居在了北美大地上」，而此前的兩次移民都慘遭失敗，原因首先在於，他們不像這批清教徒那樣具有「一個強大的信念，即堅信這次行動的神聖意義」；其次，「領導這次行動的是有財產、有教養的中產階級」。有史學家甚至認為，約翰‧溫斯羅普的「馬薩諸塞海灣公司的組織結構和運營模式，驚人地預示了美國管理黃金時代龍頭企業甚至股份公司的組織結構和運營模式」。[1]

寡頭政府採用民主信約的措辭作為粉飾，這對你們理解美國的基本政治品質非常重要，因為商業寡頭制與大眾民主

---

[1] 肯尼斯‧霍博、威廉‧霍博，《清教徒的禮物：那個讓我們在金融廢墟重拾夢想的饋贈》，丁丹譯，上海：東方出版社，2016，頁 24–25。

制的奇妙結合是美國政體的基本特徵，而兩者的黏合劑則是
狄森特精神。這種結合之所以可能，得益於獨特的地緣政治
環境。馬薩諸塞灣不是日內瓦那樣的源於中世紀的市鎮，而
是外來商業社團形成的宗法政體，與傳統的城邦式宗教政
體是兩回事。1631 年，馬薩諸塞州將公民權僅限於教會成
員，隨後（1636）又宣佈，未經地方官員和長老批准，禁止
建立新的教會（沃格林／卷七，頁 100）。

　　必須注意到，在英格蘭受到迫害的狄森特移民美洲殖民
地並不是共和革命之後的事情。拿最為著名的「五月花號」
移民船來說，上面的人（包括女人）大多是清教「狂熱分
子」，「加爾文教派信仰使得他們不想再服從英國國教主教
的管轄和天主教的教義」──他們「不妥協、傲慢自負」，
為了「在人間創造上帝的王國」，「他們還精力充沛、百折
不撓、英勇無畏」。這些精神品質的混合「偶爾也有著巨
大的創造力，但有時候卻是社會和政府的危險之所在」（保
羅・約翰遜，《美國人的歷史》，頁 29）。

　　有史學家甚至認為，要說英國的共和革命「為英國和新
英格蘭開啟了變革的可能性」，未必恰當。因為，早在 1630
年代，新英格蘭就開啟了公共生活的變革，這比在英國的類
似改革早好幾年，「只有在新英格蘭，而不是英國，才導致
了這一結果」。如今的史學家這樣講，明顯針對當今美國所
面臨的政治困境，試圖重新喚醒「1630 年代和 1640 年代早

期的一些革新」。[①] 但必須承認，約翰・溫斯羅普將自己在新英格蘭的公司改組成公民政府（civil government），的確企望這個新生政體「成為老英格蘭改革的樣板」。[②]

就歷史細節而言，沃格林的說法未必周全，但他強調狄森特精神與美國式自由民主觀念的內在關聯則是不刊之論。若要深入理解「盎格魯—撒克遜民族擴散的瘟疫」，你們必須記住沃格林在觀察晚近四百年來的歐洲大歷史時所看到的一個重要悖論：宗教分裂（即通常所說的「宗教改革」）給基督教歐洲帶來的大危機讓歐洲人獲得了一種新的文明，而它的新穎之處就在於，其基因攜帶著「反文明的破壞所蘊藏的真正危險」（沃格林／卷七，頁 185）。只要不帶美國意識的偏見，我們的史學家都會承認，「英國的叛逆思想和北美的清教主義」既是「一種支配意識，也是一種強大的使命感，而且這種使命感現在仍是獨特的美國觀念的組成部分」。[③]

你們中國學人喜歡把我們西方人與基督教的關係看得過於簡單，對宗教分裂以及新教興起後滋生出來的大量小宗派（sectarian）的政治作用估計不足，而我們美國就是這類形形色色小宗派的聚集地。「在馬薩諸塞正如同在新教世

---

① 戴維・霍爾，《改革中的人民：新英格蘭清教及公共生活轉型》，張媛譯，南京：譯林出版社，2016，頁 2、4。

② 約翰・法拉格等，《合眾存異：美國人的歷史》，王晨等譯，上海：上海社會科學院出版社，2017，頁 59-60。

③ 加里・納什等編著，《美國人民：創建一個國家和一種社會》（上卷 1492–1877 年），劉德斌主譯，北京：北京大學出版社，2008，頁 82。

界的任何地方一樣，統治者無法保持宗教上的一致順從」，在移民前的政治鬥爭中屬於獨立派的羅傑・威廉斯（Roger Williams，1603–1683），就因不服從海灣當權者而「遭到了放逐」，不得不另尋拓殖地（羅德島）安營紮寨。[①]

這個羅傑・威廉斯值得引起你們特別關注，因為「這位十七世紀清教徒的許多思想，還一直鼓舞著二十世紀俗世中的一大幫自由意志主義者」（莫里森，頁 77）。歷史的複雜性在於，這些小宗派起初不是民主信徒。羅傑・威廉斯正因為認為自己受到多數人暴政的壓制，才提出了著名的「良心自由」口號——「只有認識到威廉斯不關心政治民主這一事實時，他的真實動機才可能被人們理解」。[②]據我這裏的中國留學生說，在你們那裏，「良心自由」也成了一些文人或學者掛在嘴邊的口頭禪，我非常驚訝。可以斷定，他們並不清楚所謂「良心自由」的含義及其來龍去脈。

羅傑・威廉斯對美國意識的塑造有如此深遠的影響，關鍵在於其不從國教（狄森特）的宗派訴求：

> 威廉斯認為，上帝只跟每一個個人訂約。這種觀點所蘊含的邏輯，不僅僅是有資格自己解釋關於宗教的真理，而且，為了公民社會從根本上得以存在，教會和國家之間

---

① 塞繆爾・莫里森等，《美利堅共和國的成長》，南開大學歷史系美國史研究室譯，天津：天津人民出版社，1980，上冊，頁 77（以下簡稱「莫里森」，隨文註頁碼）。

② 約翰・範泰爾，《良心的自由：從清教徒到美國憲法第一修正案》，張大軍譯，貴陽：貴州大學出版社，2011，頁 67。

必須絕對分離開來。（保羅・約翰遜，《美國人的歷史》，頁 51）[1]

羅傑・威廉斯的政治訴求來自英格蘭的宗教分裂現實，與你們的文明傳統毫無共同之處。因此，你們必須看清楚這一政治訴求引出的民主理論的特殊性。沃格林的說法很準確，按照羅傑・威廉斯的政治邏輯：

> 國家領域被縮減成了一種服務型組織的職能，它必須滿足人因其本性不可或缺但在屬靈意義上又不重要的需求。這種態度仍在盎格魯—撒克遜——尤其是在美國的民主中——佔有主流地位，使其根本上區別於歐陸的發展。民有政府（government of the people）和民治政府（government by the people）所引起的反響貫穿於西方的民主運動，但是在這些西方國家中，或許只有在美國才聽得到民享政府（government for the people）的清晰聲音。（沃格林／卷七，頁 103）

「民享政府」這個名稱很容易讓人不假思索地產生向往，很少有人注意到，其實際含義是每個人都擁有抵制國家權力的權利。羅傑・威廉斯被史學家稱為奠立美利堅的第一人，就是指他張揚了憑靠狄森特式的「良心自由」對抗國家

---

[1] 比較 James P. Byrd, *The Challenges of Roger Williams: Religious Liberty, Violent Persecution, and the Bible*, Mercer University Press, 2002; Teresa Bejan, *Mere Civility: Disagreement and the Limits of Toleration*, Harvard University Press, 2017.

權力的權利——晚近有一部政治史學專著的書名就叫做「羅傑・威廉斯與創造美國靈魂」。①

從這個例子可以看到，美國意識來自受迫害的基督教宗派傳統，而非歐洲的民族國家傳統，它給美國式的自由、民主、人權觀念打上了獨特的胎記。由於我們美國成了世界大國，狄森特宗派組成的聯盟政治體對世界歷史的影響才非常之大。「通過各殖民地的清教徒定居點」，基於「良心自由」的民主觀念不僅「已經成為美國聯邦主義的終極宗教內核」，更重要的是，它「通過美國聯邦觀念對於國際政治」產生了極為深遠且不可逆的影響。到了二十世紀末，這種美式民主觀念幾乎成了「世界政府」的代名詞，它看起來已經「既不是清教徒的，也不是美利堅的」，而是以一種普遍的民主教派形態出現在世界上的任何地方。一旦這種「普世民主」觀念把「徹底摧毀舊世界」視為自己的終極使命，「無政府」甚至「反政府」的美國聯邦主義模式便會成為全世界的民主楷模。②

沃格林尤其看得準的地方在於：與其說美國式的民主迴避了國家問題，還不如說它徹底擾亂了國家問題，讓人以為狄森特式的民主政體不僅普遍可慾，而且值得追求。英屬美洲殖民者獲得的廣闊陸上疆域以及地緣孤立的外部安全給他

---

① John Barry, *Roger Williams and the Creation of the American Soul*, New York, 2012; Alan E. Johnson, *The First American Founder: Roger Williams and Freedom of Conscience*, Pittsburgh, PA: Philosophia Publications, 2015.
② 沃格林，《政治觀念史稿・卷四：文藝復興與宗教改革》，孔新峰譯，上海：華東師範大學出版社，2019，頁 218。

們提供了逃避空間，為狄森特式自由民主政體的成功建立創造了獨一無二的條件（沃格林／卷七，頁 99）。直到今天，這個世界上還有不少地方的知識人企望在自己的國土上建立這樣的政體。他們沒有意識到，正因為美國取得了對西方文明乃至世界民主的領導地位，「清教遺產已經成了美國的致命缺陷之一」。

但沃格林接下來的說法就值得商榷了。他說：

> 要使民主思想的珍寶對盎格魯—撒克遜地區以外的有教養階層產生吸引力極端困難，甚至於不可能，除非它在概念上與西方哲學思想的傳統聯繫起來，並因此使生活在這種傳統中的人可以理解它。[①]

我從中國留學生那裏能夠清楚感覺得到，要使狄森特式的「民主思想的珍寶」對你們在改革開放後形成的「有教養階層產生吸引力」，恐怕一點兒都不困難。他們會說：我們這裏還沒有實現自由民主，要我們看到並警惕狄森特式的自由、民主、人權觀天生帶有的反文明－反國家品質，不是很奇怪嗎？我會對他們說，即便是你們傾慕的亞歷山大·漢密爾頓（Alexander Hamilton, 1755–1804）也對狄森特式的自由觀深惡痛絕。當然，他不敢得罪這種自由觀，畢竟，不從國教者的寡頭政體習慣於「用民主信約的措辭作為粉

---

① 沃格林，《政治觀念史稿·卷五：宗教與現代性的興起》，霍偉岸譯，賀晴川校，上海：華東師範大學出版社，2019，頁 108–109。

飾」。在試圖說服本地殖民商人同意各州聯合成國家時，漢密爾頓強調，「要保障自由，政府的力量不可或缺」，並含糊其辭地痛斥民主分子：

> 危險的野心更多地是被那種為人民權利著想的熱情的美麗面具掩蓋了，還有一種熱情是為政府的穩固和效率著想的熱情，但很少有人用這種熱情的可怕外表作掩護。歷史將會教導我們，比起後者，前者更容易導致我們走上專制之路。在那些破壞共和政體自由的人們當中，絕大多數以殷勤地拍人民的馬屁起家，也就是說，他們始於煽動，終於專制。[①]

漢密爾頓對如今所謂的「自由民主分子」下了這樣的斷語，你們會覺得吃驚吧？您也許還記得，早在去年發生衝擊國會事件之前兩年，我就在給您的電郵中說過，我們這個合眾國的地基其實並不穩靠，因為它帶有狄森特式「良心自由」的裂散基因。這既非我的獨到之見，更非危言聳聽，你們熟悉的亨廷頓說過：

> 在美國歷史上，凡是不屬於盎格魯—撒克遜新教白人的人，要成為美國人都被要求接受美國的盎格魯—新教文

---

① 亞歷山大·漢密爾頓等，《聯邦黨人文集》，張曉慶譯，北京：中國社會科學出版社，2009，頁11。

化及其政治價值觀。[1]

　　豈止是不屬於盎格魯—撒克遜新教的白人如此,從世界各國來的新移民都如此——我的祖籍是愛沙尼亞,但我的曾祖父是英格蘭清教徒,因宗教迫害逃到普魯士,祖父成了普魯士容克,祖母是波蘭人,他們在愛沙尼亞買下農莊,我父親在那裏出生長大,後來隨父母移居美國。做「美國人」意味著,把自由、平等、民主視為道德行為的基準,抵制國家公權力被視為理所當然,因為,「反對權力,懷疑政府是權力最危險的化身」乃「美國政治思想的主題」。你們必須記住,「自由、平等、民主」之類的觀念在我們美國都有特定含義:

　　　個人主義的實質,是每個個體依自己良心行事,擁有免於外部限制而掌握自己命運的權利,除非限制對於確保其他人也擁有同樣權利是必要的。平等主義的實質,是否認一個人有權對他人行使權力。民主的實質,是人民通過直接或者間接代表的方式控制政府,要求政府官員對公共輿論負責。總之,美利堅信條的獨特之處就在於反對政府。(亨廷頓,《美國政治》,頁 58)

　　美國在二十世紀的擴張所獲得的經濟和軍事實力,掩蓋

---

[1]　塞繆爾·亨廷頓,《誰是美國人?——美國國民特性面臨的挑戰》,程克雄譯,北京:新華出版社,2005 / 2010,頁 47,比較頁 70-74(以下簡稱《誰是美國人》,隨文註頁碼)。

了由自由民主信約所粉飾的潛在危險，一旦遭遇不可逆轉的經濟危機，我們這個「合眾」之國極有可能分崩離析。1930年代的經濟大蕭條時期，新聞記者出道的教育家艾爾伯特·諾克（Albert J. Nock, 1870–1945）寫過一本書，僅僅書名就會讓你們感到駭然——《我們的敵人：國家》（1935）。此書一出隨即售罄，而「讀者的需求仍然十分旺盛」。[①] 在作者眼裏，羅斯福新政不過是聯邦政府強化社會控制的藉口，因為任何國家形式都會壓制個人自由。作者從世界史角度援引大量「史實」，以證明國家的本質就是「征服」和「戰爭」，讓人以為他的說法有史學上的根據。其實，僅需要讀讀其中「國家的起源」一節（諾克，頁 25–30），稍有文史修養的人都不難看出，作者不過是善於用新聞體修辭胡拼亂湊罷了。令人費解的是，這樣的「自由至上主義者」在今天不僅被視為「保守主義者」，還被視為教育理論家。事實上，他不過是如今所謂自由主義「媒體人」的顯著例證而已。當然，我們的中學教師和大學教授如今大多都成了這樣的「自由至上主義者」，再加上媒體上的寫手，其結果如何就不用我多費筆墨了，你們自己都能看到。

「9·11」事件之後，我們美國感覺到前所未有的危機，亨廷頓發出警告說，美國已到了何去何從的緊要關頭。他正確地指出，美國危機的根源既與蘇聯瓦解無關，也與「9·

[①] 艾爾伯特·諾克，《我們的敵人：國家》，彭芬譯，南昌：江西人民出版社，2015，「第二版序言」，頁 7。

11」事件無關，而是與美國自身的歷史屬性相關：盎格魯—撒克遜清教徒的不從國教意識既是美國的立國之源，也是美國危機的根源所在。

> 「美國信念」植根於盎格魯—新教文化，如果美國人放棄盎格魯—新教文化，「美國信念」也就不大可能保持它的突出地位。若出現多文化的美國，到時候就會出現多信念的美國，不同文化的群體會宣揚他們植根於自己特有文化的獨特政治價值觀和原則。（《誰是美國人》，頁 248）

這就是美國意識的悖論：只有捍衛和發揚盎格魯—撒克遜的清教文化，才能使得美國葆有自己的文明特性，而這又無異於讓國家始終面臨分化甚至分裂的危險。[1] 若其他國家的知識人把這種狄森特式的自由民主信約當作「普世價值」引入自己的政治體，以此置換自身的文明傳統，就是卡萊爾所說的染上了「盎格魯—撒克遜民族擴散的瘟疫」。

最低人性的道德法則

也許您還記得，二十多年前，關於清教主義的問題在我們美國學界再次爆發過爭議，並「一直在激烈進行」，「有時達到了白熱化程度」。即便是試圖用「人文主義」精神為

---

[1] 比較小阿瑟・施萊辛格，《美國的分裂：對多元文化社會的思考》，王聰悅譯，上海：上海譯文出版社，2022。

清教精神洗白歷史污點的論者，也承認歷史社會學的經典學人幾乎一致同意的看法：「清教徒所追求的社會秩序代表著一種決裂」，即一種明顯與我們西方文明大傳統的「徹底決裂」。[①] 你們必須區分「新教」與「清教」這兩個概念，其關鍵差異在於，後者意味著「不從國教」。因此，「盎格魯──撒克遜民族擴散的瘟疫」無論在哪裏都意味著激進政治酵素。若以為只有其他宗教才滋生激進政治，基督教不會，那可大錯特錯。

　　狄森特意識起初給美國帶來的是孤立主義（isolationism）心態，但隨著商業經濟的發展，這種心態越來越成了需要被克服的舊習慣──威爾遜的演說一再證明了這一點。畢竟，孤立主義與商業資本主義的發展沒法協調一致。至關重要的是，狄森特式的自由民主綠洲已經在美國建成，國內外所有的狄森特戰士會珍愛和保衛它，「普世民主」的進步勢力必須為最後決戰做準備。因此，你們中國越繁榮進步，他們就越感受到困擾，絞盡腦汁地不斷設計並實施種種「天鵝絨革命」計劃。你們若以為狄森特這樣做會讓美國在面子上處境難堪，那就錯了，因為他們認為這是「和平」的革命方式。

　　另一個他們認為必須做的事情是，堅守美國在第二次世界大戰之後建立起來的「自由的國際秩序」，並把它稱之為世界史上的一項劃時代「成就」。

---

① 瑪戈·托德，《基督教人文主義與清教徒社會秩序》，北京：中國社會科學出版社，2011，頁 6–7、10。

在「二戰」結束後的幾十年中，美國從事了前所未見的、最具雄心壯志和影響深遠的自由秩序的構建。這是自由的國際秩序的一種獨特類型——自由的主導權秩序。[①]

所謂「自由的國際秩序」（liberal international order）意指它是開放的、以規則為基礎的國際秩序，所謂「自由的主導權秩序」（a liberal hegemonic order，我刻意不用這個詞的貶義即「霸權」）指美國在二戰後肩負起「建立和管理」國際秩序的「責任」，以多樣的建制、同盟、特殊關係和「附從國」（cliente states）來構建自由的國際秩序。這些說法聽起來十分堂皇，而國際政治學的專業人士多半不會去追問這種國際秩序的理念來源，更不用說去搞清這種「自由」觀念的政治哲學意涵。

您一定記得，基辛格在《世界秩序》中表述他所理解的「威斯特伐利亞體系」概念時曾問道：「何種政治理論才能解釋世俗政治秩序的起源並證明其各項職能的合理性呢？」為了回答這個問題，基辛格提到了一系列歐洲哲人，十七世紀的英國哲學家霍布斯被排在首位。儘管霍布斯的《利維坦》（1651）出版於威斯特伐利亞和會之後，基辛格用霍布斯的理論來解釋他所理解的歐洲均勢觀念的形成，仍然有他的道理。因為霍布斯的《利維坦》寫於德意志三十年戰爭和英國

---

① 約翰・伊肯伯里，《自由主義利維坦：美利堅世界秩序的起源、危機和轉型》，趙明昊譯，上海：上海人民出版社，2013，頁 2；比較約翰・伊肯伯里，《美國無敵：均勢的未來》，韓召穎譯，北京：北京大學出版社，2005。

內戰期間，他針對戰爭狀態論證了這樣一個新政治原理：人類的生存世界是缺乏最為基本的生存安全的自然狀態，必須有一個擁有絕對權力的機構才能構建起安全的生活秩序。

基辛格沒有提到霍布斯的思想影響盎格魯—撒克遜人及其美洲殖民者政治品質的兩個關鍵要點。首先，霍布斯所理解的「自然狀態」是他所認定的人性狀態——他稱之為激情（passion）狀態，「自我保存」（self-preservation）的慾望是首要的自然激情，它來自對戰爭及非自然死亡的恐懼。基辛格僅僅看到，「為了防止這種令人難以容忍的不安全」，霍布斯推論出人們必須把自己的部分自然權利轉交給一個絕對的權力機關即國家，「唯有這樣方能消除人們對死於非命和戰爭的無休止的恐懼」（《世界秩序》，頁 26–27）。作為康德信徒，基辛格沒有看到，把實現自我保存的慾望視為政治生活的最高目的，無異於降低了人世生活的道德目的——康德的自由學說讓基辛格以為，這個問題已經得到解決。

沃格林提醒我們，霍布斯在《利維坦》的導論中已經表明，他打算從他的政治思考中略去「老派思想家們」關於至高的善的教誨。「這樣一來，行動就只能表述為是由情感激發的，尤其受到那種意欲征服同胞的侵略慾望所激發」，而社會狀態也就必須被理解為一切人對一切人的戰爭狀態。霍布斯把這稱之為「自然狀態」，其實他心裏想到的是基督教民族國家政治成長的歷史狀態：

　　《利維坦》的作者是在清教徒革命的壓力之下來構造有

關人與社會的形象的。他把清教主義者建立上帝國度的努力診斷為 libido dominandi（統治慾望）的表現，這些革命者想讓人們服從他們的意志。在他看來，那個正在以新世界鼓舞著這些武裝的先知們的「聖靈」，其實不是來自於神的聖靈，而只不過是人的權力慾而已。他對於清教主義的這一診斷相當準確，接著，他把這一觀察普遍化，認為這種 libido dominandi（統治慾望）即人對自己的本性和對神的反叛，乃是人類的根本特徵。每一場精神的運動在他看來都是情感運動的託辭。人類行為根本就不可能通過對上帝的愛而擁有方向，只能通過世界之內的權力驅使而擁有動力。（沃格林，《沒有約束的現代性》，頁 81）

霍布斯所假定的自然狀態或人性狀態其實算不上是獨特發現，在古希臘的城邦時代或你們中國的晚周時期，這樣的狀態不是已經讓你們中國文明和我們西方文明的先賢們觸目驚心嗎？然而，無論是你們還是我們的古代先賢，沒誰把實現「自我保存」視為政治生活的最高目的，因為這種生存本能並不是人類特有的，任何其他動物都會有。人世生活有別於其他動物生活的關鍵在於，人的一生具有道德目的，即人的道德完善。人寧可為此犧牲自己的自然生命，幾乎可以說是文明史的常識，儘管這是人世中品質優異者的行為，而非每個人的行為。霍布斯並沒有說，人類與其他動物不同，人類還有朝向成熟和完美發展的慾望，或者說人類有更高的生存目的，它超過了自我保存。按照蘇格拉底的老師第俄提瑪

（Diotima of Mantinea）在《會飲》中的說法，甚至某些動物也有為了自己的後代而犧牲自己的行為。這無異於說，個體的自我保存慾望是低得不能再低的自然人性。

若僅僅是某些個人持有霍布斯式的觀念，並不會成為什麼問題，自古以來，這樣的非政治人代不乏人。問題在於，霍布斯是在「解釋世俗政治秩序的起源並證明其各項職能的合理性」。換言之，霍布斯是在重新解釋政治秩序的起源，而無論你們中國還是我們西方的古典哲人已經解釋過政治秩序的起源。既然霍布斯用他假設的自然狀態說重新解釋政治秩序原理的直接導因是英國乃至整個基督教歐洲的宗教內戰，那麼，人們就必須說，他的政治原理完全基於歐洲成長的特殊政治經歷。換言之，如果霍布斯的自然人性論排除人的道德目的意在根除宗教內戰的動力，那麼，他由此引申出的一套自然權利論就只能說具有盎格魯—撒克遜品質，或者說體現了後基督教歐洲的政治德性，即從更低的人性慾望出發來規定政治秩序的基礎。

問題來了：憑什麼說這套新政治法理具有普世有效性？難道你們中國知識人願意從更低的人性慾望出發來規定政治秩序，或者說願意承認霍布斯的德性比孔子更高？我相信，卡萊爾絕不會認可霍布斯的德性高過蘇格拉底、柏拉圖，因此，他才會把霍布斯的學說視為盎格魯—撒克遜人製造的瘟疫。

當然，基辛格以霍布斯的新自然法原理來解釋他所理解的「威斯特伐利亞體系」概念，他服膺馬基雅維利之道也就

不難理解了，這也有助於你們理解我們美國的行為為何如此不擇手段。在霍布斯談論自然狀態的章節，您會讀到他關於正義與不義的一段說法。作為古希臘智術師的傳人，他關注的是「這兩個名稱」在「用於人的方面」與「用於行為方面」時的含義並不相同。從「人的方面」著眼，正義與不義指人的倫理品質，而從人的行為方面著眼，「正義取決於事先存在的契約」。[1] 這無異於說，重要的不是人性的德性品質 —— 我們還可以加上國家品質 —— 的「正義與不義」區分。這就好比說，一個除了信奉自由民主毫無倫理品質的人憑仗勢欺人的條約行事，也可以被視為行事正義。因為，由此很容易推論出，即便契約是憑靠不義行為訂立的，執行這樣的契約也是正義的。

我們華盛頓的政治家明知好些契約就是憑靠不義行為訂立的，卻喜歡把「自由的國際秩序」掛在嘴邊。比如，二戰後，東亞戰區並沒有按先前的約定，由美蘇英中四大國與日本簽訂戰後和約。「從 1947 年開始」，美國撇開中國和蘇聯，「集中注意力和日本建立良好關係」，把日本納入自己的勢力範圍：1947 年 3 月，美國國務院遠東司東北亞局局長喬治·博頓起草了對日媾和條約草案（史稱《博頓草案》）。1951 年 9 月，美國趁朝鮮半島戰爭勝負未決，違背同盟國在戰時期間簽署的協定，憑靠《舊金山對日和約》擅

---

[1] 霍布斯，《利維坦》，黎思復、黎廷弼譯，北京：商務印書館，1985 /2017，頁 113–115（以下凡引此書，隨文註頁碼）。

自擴大佔領區域，對琉球群島實施託管，範圍覆蓋台灣島附屬島嶼釣魚島（見第三條款）。[①] 我們的人民並不知道這些不義行為，國際政治學家尤其史學家當然知道，但他們絕少會提及。

關於霍布斯的思想，基辛格應該提到而又沒有提到的第二點，是關於謀求「和平」的說法。按照霍布斯的思想，和平是一種克制自然狀態而建立起來的政治狀態，但需要克制的僅僅是自然狀態中危害自我保存的那些激情，而非人與人之間的自然平等：

> 在單純的自然狀態下，正像前面所說明的一樣，所有人都是平等的，根本沒有誰比較好的問題。現今所存在的不平等狀態是由政治法（civil laws）引起的。（霍布斯，《利維坦》，頁 117）

「根本沒有誰比較好」的「好」包含德性品質上的優秀、卓越，霍布斯這樣說的時候，隨即指名道姓地對亞里士多德提出批評，因為後者在《政治學》卷一中根據人的天性差異將人分為兩類：賢明者宜於「治人」，不賢明者以「役於人」為宜，即便後者身體強壯。據我所知，你們的古代聖人孔子也持有類似看法。

霍布斯認為，按智力或倫理品質差別來確立主僕之分，

---

① 讓－巴蒂斯特·迪羅塞爾，《外交史》，李倉人等譯，上海：上海譯文出版社，1982，下冊，頁 154–155；諾曼·里奇，《大國外交：從第一次世界大戰至今》，時殷弘譯，北京：中國人民大學出版社，2015，頁 262–263。

「不但違反理性，而且也違反經驗；因為世間很少人會愚蠢到不願意自己管自己的事，而寧願受治於人」。如果統治與被統治是政治社會所必需的，那麼，這種關係也應該基於「同意」，理由是：

> 如果人生而平等，那麼這種平等就應當予以承認。如果人生而不平等，但由於人們認為自己平等，只有在平等的條件下，人們才能進入和平狀態，我們同樣也必須承認這種平等。（霍布斯，《利維坦》，頁 118，譯文略有改動）

霍布斯的社會契約論的這一「同意」原則後來成了人們的口頭禪，很少有人去細想其中的法理是否有問題。以往人們以為，盧梭才是「自然平等」的倡導者，現在看來是搞錯了。第二個條件句讓人們有理由推測，霍布斯未必不知道人天生有智力或倫理品質上的差別，從而根本就沒有什麼自然的平等。儘管如此，由於「只有在平等的條件下，人們才能進入和平狀態」，霍布斯寧願假定人的自然平等。因此，霍布斯隨即把「每一個人都應當承認他人與自己生而平等」規定為他制定的新自然法（即道德法）的第九條準則。

自然平等原則成了天經地義的新自然法原則之後，就從根本上鏟除了好之於壞、優之於劣、對之於錯的倫理——政治優勢。取而代之的是著名的自然「人權」論：

> 正如所有尋求和平的人都必須放棄某些自然權利，也就是不具有為所欲為的自由，人們也必須為了自己的生命

而保留某些權利，如支配自己的身體的權利，享受空氣、水的權利，運動的權利，通過從一個地方到另一個地方的道路的權利，以及一切其他缺了就不能生活或生活不好的東西的權利等等。（霍布斯，《利維坦》，頁 118）

　　對於像你們中國這樣的文明古國來說，接受這樣的「人權」說難道不是在接受「盎格魯—撒克遜民族擴散的瘟疫」？傳統道德的倫理—政治優勢難道不是因此而被徹底廢黜了？從世界歷史來看，即便在所謂「專制」政體的國度，霍布斯在這裏所列舉的「自然權利」也沒有喪失。嚴格來講，人們僅僅會在一種狀態中喪失這些「自然權利」，這就是戰爭狀態 —— 無論是國際戰爭還是國內戰爭。即便我們美國這樣的政體，一旦爆發內戰，人們還會保有這些自然權利嗎？

　　這個例子讓我們看到，霍布斯從自己親眼目睹的內戰狀態出發，重新解釋政治秩序的起源並證明其各項職能的合理性，徹底刪除了政治社會的道德差序。從自我保存的權利引申出的種種自然人權取消了智愚優劣之分、好壞對錯之別，進而要求訂立與此相應的 civil laws（政治法），以保障每個人自由選擇屬於自己的自我保存的權利內涵。「支配自己的身體的權利」尤其應該得到延伸，如今的我們則看到，這類權利意識已經延伸到何種地步：一個人有權利憑靠自己的主觀意願決定自己的性別，無需顧及自己天生的自然屬性。事實上，從我們美國的現實來看，霍布斯的自然平等論只會

引出不可收拾的自然權利紛爭，根本不可能有什麼「社會和平」。

在國際政治層面，美國能夠從霍布斯的「和平」論中得到這樣的好處：基於自己的自我保存的權利，憑靠自己的經濟—軍事優勢獲得國際支配權：

> 美國的全球性權威實際上是以霍布斯主義為理論基礎的，即其他國家，特別是西歐和東亞的國家，將權力的支配權轉交給了華盛頓，正如霍布斯所說的，自然狀態下的個人自願地創立了一個利維坦，並將權力轉交給利維坦。（伊肯伯里，《自由主義利維坦》，頁 8；比較頁 63 註 15）

這樣的類比相當可笑。哪個主權單位（國家）會「自願」「將權力轉交給」美國這個「利維坦」呢？真正的主權平等恰恰只能基於一種社會道德原則，即相互尊重的禮尚原則，而按照自然原則，只可能是實力至上的霸道原則。

霍布斯的確很睿智，但人們也不得不說，與古典哲人相比，他的理論不僅有嚴重缺陷，重要的是他的理智理性缺德。古典哲人在考慮人世問題時，出發點不是人的自然生命，而是人的道德生命。霍布斯的政治理論從自私的自我保存慾望出發，其結果必然如沃格林所看到的那樣：

> 人及其生命縮減至功利性生存的層面，這是西方文明因人的理智和屬靈實體的退化而出現的嚴重垮塌症狀，「人」僅僅指跛足的功利性碎片。（沃格林／卷八，頁 116）

　　美國的政治理論家迄今抱著霍布斯的學說不放，僅僅表明我們美國人的不安全感太過強烈。這種特有的極度不安全感並未因任何盎格魯‧撒克遜的妥協傳統而有所改變，因為它來自同樣屬於盎格魯‧撒克遜傳統的祖傳經歷。由於太過刻骨銘心，滿含恐懼，我們美國人不可能設想任何長久的國際政治的分權狀態。

寬容與不寬容

　　現代歐洲政治成長的第一個重要拐點是擺脫羅馬教會的道德約束，這就是基辛格所說的論證世俗政治秩序的合理性。霍布斯為此設想了「自然狀態」論，從理論上講，它已經收窄了政治思想的視野，聚焦於戰時狀態的人性論。洛克（John Locke, 1632–1704）給自然狀態的人性論又添加了一項自然權利——財產權，自我保存成了「舒適的保存」（comfortable preservation），使得世俗化的人性論帶上了更為明確的時代色彩，即沃格林稱之為「得勝的清教徒資產者」所喚起的倫理品質（沃格林 / 卷七，頁 169）。

　　　　洛克的政治秩序觀念是一幅革命的諷刺畫……他的伶牙俐齒中呈露出財產擺脫社會義務約束的擴張慾望。（沃格林 / 卷七，頁 186）

　　洛克的政治理論在十八至十九世紀連續遭遇盧梭、黑格爾等大思想家的尖銳批判，但由於英國和美國相繼成為世界

上的支配性強國，洛克所描繪的「新人圖景」仍然對後來的西方政治思想產生了決定性影響，迄今是我們的自由民主制最重要的理論依據之一，以至於當今的政治思想史家多半看不到洛克的政治理論具有這種「革命諷刺畫」性質。[1]

基辛格沒有提到洛克，這讓我感到奇怪。因為他極力推薦的「均勢秩序」論或「政治現實主義」論背後，有一套據說基於自然法則的道德哲學，而非如他經常宣稱的那樣「無涉道德」。否則，在解釋他所理解的威斯特伐利亞體系時，他提到霍布斯、孟德斯鳩（Montesquieu, 1689–1755）、達朗貝爾（Jean le Rond d'Alember, 1717–1783）、康德之類的道德哲學家幹什麼呢？

洛克的政治理論對形塑美國政體產生過重大影響，似乎與國際秩序問題沒什麼關係。其實，我們的國際政治理論家承認，「自由的國際秩序」論在某種程度上「可追溯至洛克關於權利和法治的著作」（伊肯伯里，《自由主義利維坦》，頁 51）。何況，既然基辛格承認增強均勢秩序得藉助民主價值觀，同時又承認這僅僅是盎格魯—撒克遜—美利堅人所理解的共同價值觀，他就不能說，洛克的政治理論與其均勢秩序論沒關係。畢竟，美國是二戰後國際均勢的主導者。我想要提出的問題是，如果洛克的自然權利論如今已經讓我們美國的民主政制危機四伏，那麼，基辛格還能說美國的民主

---

[1]　比較 C. B. 麥克弗森，《佔有性個人主義的政治理論：從霍布斯到洛克》，張傳璽譯，杭州：浙江大學出版社，2018；詹姆斯·塔利，《論財產權：約翰·洛克和他的對手》，王濤譯，北京：商務印書館，2014。

價值觀有助於增強美國主導的國際秩序的正當性嗎？抑或它不過是「盎格魯—撒克遜民族擴散的瘟疫」的又一顯著例證？

　　至於洛克的自然權利論如何讓我們美國的民主政制危機四伏，為了長話短說，我僅提到洛克的宗教寬容論所做的貢獻。

　　1643 年初春，羅傑·威廉斯為了替他的新拓殖地搞到特許狀回了一趟倫敦。當時，共和革命已經爆發，倫敦成了「一個極端自由主義者的城市，最激進的新教觀點也能在那裏傳播，威廉斯抓住這個機會，撰寫並出版了為宗教自由辯護的小冊子《迫害的血腥教旨》（*The Bloudy Tenent of Persecution*）」。威廉斯還與當時的革命議會簽署了他親自起草的拓殖地《政府約法》，宣稱他的拓殖地「政府體制是民主的」，因為它得到「所有（或大部分）自由居民的自由且自願的同意」。實際上，「馬薩諸塞的公眾輿論」一致認為，羅德島「是一個流氓無賴出沒的地方」。查理二世復辟（1660 年）後，羅傑·威廉斯又回了一趟倫敦（1663 年），希望從國王那裏得到對他的拓殖點的再確認。返回殖民地時，他不僅帶回了國王的特許狀，還帶回了彌爾頓在革命初期為言論和良心自由辯護的小冊子《論出版自由》。就這樣，羅傑·威廉斯不僅「引入了完全的宗教自由和政教分離原則，還開創了宗教競爭的實踐」（保羅·約翰遜，《美國人的歷史》，頁 52–53）。

　　沒過多久，時年 35 歲的洛克寫下了《寬容短論》

（1667），儘管沒寫完，其中的觀點卻直接影響了英屬美洲殖民者的《卡羅萊納政府基本憲法》（1669）——或者說「幫助卡羅萊納起草了州憲法」。[①] 我們美國人引以自豪的宗教自由原則不僅來自羅傑·威廉斯，也來自甚至主要來自洛克。畢竟，羅傑·威廉斯掌控的羅德島太小，實際影響不大。卡羅萊納政府的這份《基本憲法》規定，無論屬於基督教的哪個教派，只要公開敬拜上帝，就是這個殖民地的公民和「自由人」，任何人宣稱或踐行自己的教義都會受到政治保護。顯而易見，這一規定刻意針對某些拓殖地的教派專制政體及其宗教迫害（羅傑·威廉斯本人就是受害者之一），雖然沒有實施，卻開啟了所謂「宗教自由主義」（religious liberalism）的先河。1685 年，流亡荷蘭的洛克寫下了《論宗教寬容》的第一封信，於「光榮革命」後的第二年（1690）在荷蘭匿名發表，當即引起輿論界的轟動，其中所申述的宗教自由論或政教分離論構成了他的政治理論的基石（沃格林／卷七，頁171）。

按照洛克的觀點，國家職能僅限於保護個人的生命、自由、健康以及各類私人財產，教會屬於人們「自願結合的團體」，政府無權管轄。[②] 這裏所說的「政府」特別針對宗主國英格蘭的王政，因為它從羅馬教廷那裏奪取了國家對宗

---

① 格瑞特·湯姆森，《洛克》，袁銀傳、蔡紅豔譯，北京：中華書局，2002/2014，頁123。

② 約翰·洛克，《論宗教寬容：致友人的一封信》，吳雲貴，北京：商務印書館，1982/2009/2017，頁5（以下簡稱《論宗教寬容》，隨文註頁碼）。

教的支配權。基督教政治傳統要求世俗領域從屬於教會，即便路德和加爾文的宗教改革訴求也僅僅反對羅馬教會的普世支配權，並不反對世俗領域從屬於教會組織。他們都沒有料到，宗教改革竟然會引發進一步的宗教分裂，新生的小宗派層出不窮，到處引發武裝衝突甚至內戰。針對這樣的歐洲亂象，「宗教自由」或「宗教寬容」論就出場了。

　　你們中國人有理由說，嚴重的教派衝突是基督教歐洲政治成長過程中出現的特殊問題，政教分離論是歐洲基督教分裂的結果。宗教自由針對歐洲基督教國家內部的宗教戰爭和宗教迫害，不失為一劑解藥，但若把它說成是一種「普世價值」原則就荒唐了。伏爾泰就說過，你們中國根本就沒有這樣的問題：

> 　　從天涯地角派到中華大地來的耶穌會修士、多明我會修士、嘉布遣會修士、教區神甫，他們彼此爭吵不休，雍正皇帝當然早有所聞：他們是來傳播真理的，可是彼此之間卻互相詛咒。因此，雍正皇帝只不過是打發走一些外國騷亂分子，而且是多麼仁至義盡地把他們送走的！為了他們起程上路，並且防止路上有人辱罵他們，他又多麼關懷備至啊！驅逐他們這件事本身，就是寬容仁慈的例證。[1]

法國第三等級在 1789 年頒布的《人權宣言》中提出的

---

[1]　伏爾泰，《論寬容》，蔡鴻濱譯，廣州：花城出版社，2007，頁 28，比較頁 140–141。

自由原則包含「寬容」原則,從根源上講與歐洲基督教國家內部的宗教戰爭和宗教迫害直接相關。換而言之,信仰自由的個人權利源於歐洲宗教分裂的歷史,從而是具有特定含義的權利。因此,即便是 1948 年 12 月在巴黎頒布的《世界人權宣言》使得 1789 年的《人權宣言》具有了准國際法性質,「在國際範圍內」,這種帶特定含義的人權觀念仍然「不像所討論的那樣得到承認」。①

> 如果寬容是現代性的基本原則之一,那麼這種現代性就不是在全球範圍內得到一致同意的現代性。(吉蘭‧瓦特洛,頁 102)

事實上,這種「寬容」含義的人權觀不僅必然危及非基督教文明的國家秩序,甚至最終會從內部嚴重危及後基督教文明的歐洲國家秩序。如今在歐美教育領域流行的所謂「寬容」原則,就是再明顯不過的例證。中國留美學生告訴我,你們的法學界也有年輕學人希望移植洛克的「宗教寬容」論,以為那是什麼普世性的好東西,還談論什麼「憲政寬容論」「宗教自由之憲法圖像」之類的話題,老實說,我大為驚訝。難道你們的法理學家們不知道,宗教自由論或宗教寬容論實際上給我們西方文明帶來了致命損害,其歷史後果迄今難以估量?你們的知識人究竟是怎樣在認識我們西方的現

---

① 吉蘭‧瓦特洛,《人權與寬容的命運》(新慰譯),見《第歐根尼》,1998 年第 1 期,頁 94–95、98、101。

代文明呢？沃格林早就說過，人們「無條件地讚許抽象的寬
容，卻忽視了這樣一個事實」，即這種政教分離的新社會模
式不過是西方文明在「具體的歷史處境下」的產物，它「充
滿了各種可怕的革命危險」（沃格林／卷七，頁172）。沃格
林不止一次如此明確地發出警告，你們的學界沒有聽說過？

　　沃格林所謂的「革命危險」不是指針對政府的革命，而
是指針對西方文明本身的革命：西方社會從此不再有正當的
公共權威可以抵禦任何反文明的行為，寬容的社會給危害社
會健康的形形色色主張和行為大開方便之門。

> 政府在宗教改革之後的世俗化，意味著人的精神生活
> 從公共地位中被排除出去，而這種排除構成了一種文明的
> 崩潰；一旦接受了這個事實，各種災難性的失序遲早會發
> 生。（沃格林／卷五，頁19）

　　您一定聽說過，晚近二十多年來，我們這裏出現了形形
色色的所謂「白左」現象。若要說什麼是卡萊爾所謂的「盎
格魯—撒克遜民族擴散的瘟疫」，在我看來，宗教自由論或
宗教寬容論算得上是最為主要的毒株之一。

　　彌爾頓和洛克的智商都非常高，我很難設想他們不明白
這樣簡單的道理。其實，彌爾頓在主張言論自由的同時，
也「希望藉助一些強制力」讓他信奉的教派信仰成為國家宗
教，沃格林稱為「民族國家的（唯）聖經主義」（National
Scripturalism）。一旦狄森特建立起屬靈的國家，彌爾頓的
「寬容」馬上會變成「徹底鎮壓」所有不順從他的信仰理解

的精神現象。[①]洛克與此一脈相承，因為他「一開始就從國家的需要出發限制了寬容」。如果說「彌爾頓從正面定義了什麼樣的精神應該具有公共地位」，那麼，「洛克則從反面定義了什麼樣的現象應該受到完全壓制」（沃格林／卷七，頁 174–175）。之所以有如此差異，明顯是因為洛克與彌爾頓處於英國清教革命的不同歷史階段。這意味著，「寬容」什麼不「寬容」什麼，實際由國家來決定。

因此，沃格林提醒我們，不能僅僅看到洛克主張宗教寬容，也要看到他同樣主張宗教不寬容。洛克甚至開列了不予寬容的對象清單，其中包括「暗中服從外國統治者並將其視為屬靈領袖的宗教」。你們一定會對此感到詫異，因為據說你們的一些文人或公共知識分子在思想上「暗中服從外國統治者」，並因此而被尊為「屬靈領袖」。對於洛克來說，「在自己的國家內承認一個外國管轄權的存在」，這樣的現象絕對不能「寬容」（《論宗教寬容》，頁 41）。你們的自由知識人一方面尊洛克為精神教父，一方面又「在自己的國家內承認一個外國管轄權的存在」，不是很奇怪嗎？

一個政治體（國家）不可能沒有凝聚和規範人民的宗教——如今更多被稱為國家意識形態。歐洲自十六世紀進入後基督教紀元以來，政治宗教或公民宗教問題就出現了，

---

① 比較麥克格萊爾，《彌爾頓與政治正確》，見婁林主編，《彌爾頓與現代政治》，前揭，頁 115–131。

直到今天這還是一個問題。[①] 你們中國和我們西方的古代先賢都很清楚，對於任何一個有德性的政治體來說，強制性的政治宗教（或稱 state religion〔國家宗教〕）必不可少，畢竟，法律是不充分的。公民宗教的建立需要一套政治學說和共同體的歷史敘述，乃至慶典活動和紀念儀式等等，尤其還需要相應的教育制度。即便在我們美國，學校教育就是「一種無法脫離國家的『宗教』」，這「對一個國家的繁盛和穩定至關重要」，因為國家必須通過教育對其公民施加影響。因此，公民宗教「只有在國際社會中相互寬容，而不是在單一的國內體制中」講究寬容。[②]

馬基雅維利看到，絕對王權政體沒有宗教也能施行統治，而共和政體若沒有宗教則不可能。宗教若要具有法律力量，只能源於主權者的法令，英格蘭國教的誕生特別說明問題。這種宗教由英國國王的法令或者國會授權，與它可能具有的任何內在真理的真實性不相干。它僅僅表明主權者有權決定，什麼宗教適合立為國教。這當然意味著，如果合宜或必須的話，主權者有權改變它。

我們的憲法「第一修正案」把狄森特原則推到了極致：每個自由的個體都是主權者，人人都可以建立或反對任何宗教，隨他喜歡，唯一不可的是建立清一色的（uniform）宗

---

① 比較薩繆爾・普芬道夫，《就公民社會論宗教的本質與特性》，俞沂暄譯，上海：上海三聯書店，2013；羅納德・貝納，《公民宗教：政治哲學史的對話》，李育書譯，北京：人民出版社，2018。

② 邁克爾・沃爾澤，《論寬容》，袁建華譯，上海：上海人民出版社，2000，頁 75–76。

教。表面看來，第一修正案的核心含義僅僅是「政府不能懲治政治異議者」，它並不關乎共同體生活的德性品質問題，而我們的憲法史學者提供的諸多案例似乎也證明了這一點。[①] 其實，為憲法第一條修正案竭力喝彩的政治家引以為豪地說，「言論自由條款長期受惠於宗教自由條款」，因為，「縱觀歷史，作為審查言論的動因之一，宗教扮演了令人生畏的角色」，而「美國人民對政教分離的信仰不但浸潤著宗教自由，同時也排除了政府裁決宗教爭端的可能性」。事實上，第一修正案不僅保護「政治異議者」的權利，它還保護從製作宗教教義到傳播「極可能引起暴力犯罪的」血腥或色情文藝的權利，因為政府既「不得充當宗教教義的裁判者」，「也不得充當道德水準的裁判者」，或對文藝作品是否有「高雅清趣品頭論足」。[②] 你們的法學家八成會對這類盎格魯—美利堅式的自然權利傾慕不已，希望趕緊移植到中國。殊不知，英國清教徒張揚的宗教自由所引導出的這些自然權利給我們美利堅埋下了國家分裂的種子。原籍美國的英國詩人艾略特（T. S. Eliot, 1888–1965）就說過，作為英國內戰的歷史象徵人物，彌爾頓所象徵的是「內戰並未終止」，因為那場內戰讓「英國社會受到那樣大的震動，並那麼分裂，以至於這種影響一直延續到今天，人人都還感覺得

---

① 戴維·斯特勞斯，《活的憲法》，畢洪海譯，北京：中國政法大學出版社，2012，頁 43–64。
② 小哈里·卡爾文，《美國的言論自由》，李忠、韓君譯，北京：生活·讀書·新知三聯書店，2009，頁 6–7、14。

到」。①

　　為了政治共同體的福祉，國家需要政制性的統一宗教，並且可以正當地要求每個公民服從國家的宗教。問題不在於是否應該有支配性的政治宗教，而是有怎樣的政治宗教。如今的問題是，自由主義知識人既不尊重傳統的宗教，也不支持國家意識形態，而是推崇絕對的個人道德自主，這成了所謂「宗教自由」的實際含義。宗教分裂爆發之前那年（1516），莫爾發表了小冊子《烏托邦》，在他設想的這個完美國家中，仍然有一種官方宗教——自然的或理性的宗教。看來，莫爾的卓越智識對人世的認識十分通透，他預見到基督教對歐洲政治生活的支配地位將成為歷史的過去，因此不得不考慮這樣的問題：在基督教喪失政制法權之後，歐洲如何可能仍然是一個具有道德約束的政治體。

　　人們是否能藉助自然的理性把政治體或社會統一起來，這是啟蒙時代遺留給我們的問題，但迄今沒有定論。你們必須看到，支撐「宗教自由」論的關鍵要點是個人良心（conscience）的自由權利，但良心不是哲學概念，而是源於基督教神學的信仰論。個人理性可能會出錯，個人良心同樣如此，這是政治常識。既然如此，「良心自由」在邏輯上必然意味著出錯的個人良心也有自由的權利。若某些基督徒憑偶然的出生稟有的難免出錯的個人良心與國家宗教作對，

---

① 艾略特，《論彌爾頓》，見蒂利亞德等著，《彌爾頓評論集》，前揭，頁438。

麻煩甚至動亂就來了。麻煩在於，由於清教徒自認為個人良心能與上帝直接交通，他們絕不會認為自己的良心會出錯，從而也就不會認為良心自由可能出錯。

> 在這種情況下，良心不再意味著以理性的倫理原則來檢驗自己的行為，而是相反，它意味著切斷理性的論辯，邪惡地固執那由情感所激起的行為。（沃格林，《沒有約束的現代性》，頁 87）

我們的憲法「第一修正案」把宗教自由規定為一種政治權利，就帶有這種含義，它已經超出了宗教分裂引出的結果，可以稱為「盎格魯—撒克遜擴散的瘟疫」的一種變異。根據「第一修正案」的解釋，宗教自由包括非宗教的自由（freedom of irreligion）或非道德的自由。在彌爾頓和洛克那裏，基於宗教分裂背景的寬容主張指對任何宗教教派的寬容，但並不寬容任何非宗教，因為非宗教意味著非道德。同樣，宗教自由的主張指所有宗教教派的自由——比如清教徒的自由，而非指有擺脫宗教的自由（比較沃爾澤，《論寬容》，頁 66-70）。在我們美國，寬容成了對非宗教和非道德的寬容，而宗教自由成了擺脫任何宗教的自由，這必然意味著廢除任何公共權力對涉及個人行為道德的約束。

如今我們看到，這種要求擺脫任何公共權力的道德約束的自由論已經成了一種宗教式訴求，甚至有了傳統宗教自然地有過的那種專制權力。因為，良心自由在我們美國具有法定的公共地位，它有權力壓制一切不遵循良心自由而是遵循

傳統道德的行為。現在的年輕人大都受過高等教育，這意味著接受了良心自由信條的洗禮。晚近在我們這裏乃至歐洲盛行的所謂「白左」倫理，足以讓你們體認到這一點。我們已經不能說，這是托克維爾（Tocqueville, 1805–1859）所謂的「暴民專制」。

始於十六世紀的宗教分裂在一開始並沒有將政治從宗教背景中分離出來。宗教及其所包含的道德何時開始被逐出公共代表領域，人們很難找到一個確切的歷史時間節點。不過，可以肯定的是，1787 年的美國憲法標誌著政教分離「首次在制度上完全得以實現」。就歐洲國際秩序的形成而言，如果真要確定一個重要日期的話，就得提到威斯特伐利亞和約。羅馬教廷的代表沒有被允許參與這次談判，諸大國對羅馬教廷的抗議書視若無物。從這一天起，精神秩序的公共代表就從歐洲的國際舞台上被趕走了（沃格林／卷五，頁 20–21）。

現在你們可以理解，基辛格的「世界秩序」論為何因難以自圓其說而自相矛盾：既宣稱「無涉道德」，又宣稱需要藉助「普世民主」價值的支撐。如果你們懂得，「無涉道德」本身就是一種道德主張，你們就能明白，我們的國際政治學家為何能以一種所謂「道德的現實主義」姿態為美國主導的世界秩序辯護。基辛格沒有意識到而我們必須意識到，把美國式的個人自由論推崇為「普世價值」無異於在擴散瘟疫。美國政體的確為自由和寬容的生活狀態提供了保障，但正因為如此，美國這個國家缺乏高尚的文明德性，無論就國內還

是國際層面而言都如此。既然個人的良心自由論已經讓我們
美國的社會危機四伏，通過美國掌控的「世界新秩序」普世
地推廣這種價值，不是在擴散瘟疫又是什麼呢？

孟德斯鳩與政治自由

在回答什麼是「世界新秩序」的哲學基礎這個問題時，
緊接著霍布斯之後，基辛格提到了啟蒙運動的年輕才俊。他
首先讓數學家兼文人達朗貝爾出面代表啟蒙精神的共識，稱
它「反映了一種共同的歐洲觀所包含的道義觀念」，並顯示
出歐洲由此獲得了「前所未有的團結和生機」，因為「新的
科學和哲學成就開始取代已經四分五裂的歐洲傳統和信仰」
（《世界秩序》，頁 36–37）。基辛格的這些說法印證了沃格
林在 1950 年代初針對達朗貝爾的倫理學做出的論斷：

> 美國沒有國家宗教，但我們要留意大眾對這麼一種信
> 條的接受：在這種信條中，進步和功利科學主義的觀念，
> 包括中世紀的黑暗以及技術的價值，都取得了教條地位。
> （沃格林 / 卷八，頁 107）

沃格林已經看到，由於美國在二戰後成了世界上「最強
大的國家」，它在「精神和理智氣質上」將「會給西方危機
的進程帶來什麼後果，仍難以預料」——基辛格正好成了顯
著例證。既然基辛格認為，新的歐洲秩序「反映了一種共同
的歐洲觀所包含的道義觀念」，他就不能說他所推崇的威斯

特伐利亞體系沒有攜帶道德訴求和某種信仰。毋寧說，與啟蒙哲人一樣，基辛格用新的道德訴求和信仰更替了舊的道德訴求和「已經四分五裂的」信仰。但是，若說啟蒙哲學的信仰讓歐洲獲得了「前所未有的團結和生機」，就是在世界歷史面前公然撒謊。拿破崙戰爭之後，基督教歐洲的內部分裂明顯加劇，與共和革命結合在一起的民族主義運動風起雲湧，接下來人們看到的不是什麼歐洲的「團結和生機」，而是讓歐洲人生靈塗炭的兩次總體戰爭。「新的科學和哲學成就開始取代已經四分五裂的歐洲傳統和信仰」倒是真的，但如果基辛格沒有看到新的科學和哲學同樣已經四分五裂，而且讓整個世界秩序也隨之四分五裂，那麼，人們就不能說這位二十世紀的黎塞留或梅特涅的目光有多敏銳。

　　基辛格的言辭讓我們看到，他實際上是一個樸素的啟蒙信徒，對啟蒙信念並無反省意識。據說你們已經把他的書做成有聲讀物，以便讓更多的年輕人變成樸素的啟蒙信徒，這除了說明你們的政治知識人對啟蒙信念同樣缺乏反省意識，還能說明什麼呢。

　　說過達朗貝爾之後，基辛格才提到孟德斯鳩（《世界秩序》，頁 37–38）。其實，他應該先提到孟德斯鳩才符合思想的歷史時間順序。畢竟，達朗貝爾自稱孟德斯鳩精神的傳人。

　　就傳播「盎格魯—撒克遜擴散的瘟疫」而言，孟德斯鳩確實重要得多，他是《聯邦黨人文集》多次援引的權威作

家。[1] 按當今在世界史學界名氣很大的德國學者溫克勒的評價，孟德斯鳩是連接英國革命與美國革命的橋樑：

> 孟德斯鳩以歐洲大陸的絕對王權為對立面所構造出來的理論模型，可以解釋英國憲政史中眾多事件的結果，而且特別能夠解釋 1688–1689 年「光榮革命」之後發生的事情。而孟德斯鳩的書在英屬北美殖民地所造成的反響，比在其他任何地方都要強烈……《論法的精神》大大增加了（歐洲移民）這幫人的底氣。（溫克勒，《西方的困局》，頁6）

人們通常認為，《聯邦黨人文集》看重孟德斯鳩，首先是因為他主張聯邦主義，其次是因為他提出了權力分立的主張，為美國聯邦政體的構建提供了有益的指導。從留美唸博士的中國年輕人那裏我經常感覺得到，你們對這兩樣東西非常羨慕，以為是萬靈妙藥。我經常對他們說：你們不是喜歡威爾遜嗎，連他都認為，美國國會不過是一種「委員會體制」，它的確限制了領導者的權力不致落入少數人手中，但也分散了國會的立法作用，使得國家機器的運作缺乏效力。立法權與行政權的相互制約僅僅是原則上如此，實際上兩者在不同時期互有消長，相互消耗，而基本趨勢是行政權力越來越大──這意味著官僚制的要素在增大。至於聯邦和州之

---

[1] 亞歷山大・漢密爾頓等，《聯邦黨人文集》，前揭，頁 45–48、209–213、229–233。

間的相互制約，效果也並不明顯。我們面臨的問題一直是，「某些有錢有權的勢力」「控制了參議院」，直到 1890 年前後才有顯著變化，即變得更像「一個有成就的黨派經理人團體」。但即便是這樣，也離「真正的政黨領導權」相去甚遠。[1] 人們得把歷史的目光往後挪動 120 年，才能清楚看到威爾遜在這裏說到的制度問題的後果：

> 在美國或法國這樣的總統制民主政體中，行政權獨大的威脅特別大，所以民粹主義運動在這樣的國家可能比議會制民主國家更有機會。但即使是在議會民主制政體中，也有一些這樣自認為是「人民」唯一正統代言人的運動或政黨得勢。（溫克勒，《西方的困局》，頁 335）

我們美國學界研究美國政制史的權威學者布魯斯・阿克曼（Bruce Ackermann, 1943– ）寫過一本小書，僅僅書名就很有意思——「別了，孟德斯鳩」。但不要誤會，阿克曼的意思可不是「告別」孟德斯鳩，而是要沿著他開啟的思路進一步搞制度創新。因為，「與亞里士多德的混合政府理論相較」，孟德斯鳩的理論「代表了根本的進步」，但他的權力分立論並沒有囊括現代民主政治的所有複雜問題，尤其是涉及行政法則的問題：

> 由於孟德斯鳩本人是法官，所以他認為，在法國君主

---

[1]　伍德羅・威爾遜，《國會政體：美國政治研究》（1884），熊希齡、呂德本譯，北京：商務印書館，1986，頁 3-4。

制下對司法獨立的強調具有特別重大的意義，但是，他也由此犧牲掉了洛克抽象出來的「國家外交權」這一獨特的功能。[1]

阿克曼呼籲美國的政制改革應該進一步分權，不能盲從十八世紀的「三位一體理念」——為什麼不能設想「四權分立」？這讓我想起威爾遜在其《國會政體》的第二版導言中說，美西戰爭給美國政體的分權體制帶來嚴峻挑戰，以至於不得不加強總統的君主式權力。畢竟，「總統的抉擇、品德和經驗同未來一些極其重大的問題密切相關」：

> 這次（美西）戰爭最顯著和最重要的後果是：由於投入國際政治和邊遠屬地的治理，總統的權力大大擴大了，發揮建設性的政治才能的機會也增多了。（威爾遜，《國會政體》，頁 5）[2]

與此同時，美西戰爭還讓威爾遜意識到，美國必須「建立起一支更好的文官隊伍」，以「取代那種靠群眾會議來治理國家的政治才能」（威爾遜，《國會政體》，頁 5）。這無異於說，美國的民主政體必須強化傳統意義上的君主制和官僚制要素。阿克曼的主張則與此相反，他呼籲強化民主制要素，「創設新的獨立權力」，即體現民主這一核心價值的「獨

---

[1]　布魯斯·阿克曼，《別了，孟德斯鳩：新分權的理論與實踐》，聶鑫譯，北京：中國政法大學出版社，2016，頁 137。

[2]　比較傑里爾·羅賽蒂，《美國對外政策的政治學》，周啟朋、傅耀祖等譯，北京：世界知識出版社，1997，頁 27–47。

立的選舉委員會」。

　　由此看來，就傳播「盎格魯—撒克遜擴散的瘟疫」或者說美國毒株而言，孟德斯鳩最重要的貢獻是關於「政治自由」的教誨。據說，「如果司法權不同立法權和行政權分立，就沒有自由存在了」。[①] 孟德斯鳩用「法的精神」這個標籤來代替傳統所說的政治美德，而他實際上把政治美德即共和國的美德理解為自由和平等的「激情」。孟德斯鳩儘管追隨霍布斯的自然狀態論，但他覺得霍布斯對自然慾望的理解過於狹窄。在他看來，自我保存的慾望不僅有免於暴死的消極含義，更有積極含義，即還應包括和平相處的慾望、吃飽飯的慾望、兩性相悅的慾望以及在社會中共同生活的慾望。[②]當然，人們可以說，凡此都不過是洛克所謂「舒適的自我保存」慾望。

　　按照歷史常識，任何公共美德都要求社會中的個人有不同程度的自我克制，這難免與種種自我保存的自然慾望相抵牾，如你們的孔夫子所說，「克己」才能「復禮」。但在孟德斯鳩那裏，保障自然慾望的權利成了政制的首要原則，政治自由代替了傳統的公共美德。這是卡萊爾所說的「盎格魯—撒克遜擴散的瘟疫」中最毒的毒株，因為，它不僅徹底剪滅了傳統的抑制慾望的德性，讓克己修身式的美德成了被嘲笑的對象，更為絕妙的是，它被後來的啟蒙信徒稱之為

---

① 　漢密爾頓等，《聯邦黨人文集》，前揭，頁 230，比較頁 360。
② 　比較孟德斯鳩，《論法的精神》，許明龍譯，北京：商務印書館，2011，頁 12–13。

「人道」或者仁慈美德，進而要求廢黜所有針對個人之惡的嚴苛舉措。這意味著，對人的道德要求變成了應該在多大程度上「許可」每個人實現自己的自然慾望。

> 我們應該牢記，什麼是不受約束，什麼是自由。自由是做法律所許可的一切事情的權利；倘若一個公民可以做法律所禁止的事情，那就沒有自由可言了，因為，其他人同樣也有這個權利。（孟德斯鳩，《論法的精神》，頁 184）

這段話很有名，不斷被後人引用，很少有人會想到，讓實現個人的自然慾望的自由成為一種政治權利，無異於在培植一種瘟疫的毒株。法律是人為制定的，為了實現個人的自然慾望，就得修改法律或訂立新的法律。鑒於人的自然慾望實際上多種多樣，甚至千奇百怪，「許可」的法理問題會引出無休止的權利爭議。於是，個人權利的哲學成為顯學，甚至被視為哲學上的一大進步。[1]

孟德斯鳩由此得出的進一步推論更為著名：

> 政治自由僅存在於寬和的政體下。可是，政治自由並不始終存在於寬和的國家裏。只有權力未被濫用時，政治寬和的國家裏才有政治自由。然而，自古以來的經驗表明，所有擁有權力的人，都傾向於濫用權力，而且不用到極限絕不罷休。誰能想到，美德本身也需要極限！（孟德斯

---

[1]　比較加里・赫伯特，《權利哲學史》，黃濤、王濤譯，上海：華東師範大學出版社，2020。

鳩,《論法的精神》,頁 185）

「寬和的政體」或「政治寬和」成了好政制的首要標誌。孟德斯鳩沒有說,「自古以來的經驗表明」懲惡揚善是道德的政治秩序的基礎,反倒說「所有擁有權力的人,都傾向於濫用權力」。由於自然的惡總會存在,又由於懲惡揚善斷乎離不了權力,孟德斯鳩的這句話變成我們的口頭禪之後,懲惡揚善也就沒有可能了。

> 為了防止濫用權力,必須通過事物的統籌協調,以權力制止權力。我們可以有這樣一種政治體制,不強迫任何人去做法律不強制他做的事,也不強迫任何人不去做法律允許他做的事。(孟德斯鳩,《論法的精神》,頁 185)

若按照孟德斯鳩的建議來制定種種法律,難免會一方面禁止某些惡行,另一方面又允許某些惡行,甚至會鼓勵某些惡行。我們美國人接受了孟德斯鳩的教誨,把放任自流的政治自由視為人性不可或缺的權利,無異於在我們的國家埋下了一顆炸彈,隨時可能引爆——如亨廷頓所說:

> 美利堅信條的價值體系包括自由、民主、平等和個人主義,以及由此產生的根本上反政府、反權威特點。其他意識形態能夠賦予既有權威和制度合法性,美利堅信條卻使一切等級制、強制性、權威主義的組織失去合法性——即便是美國特色的政治機構也不例外。

> 就某種意義而言,理想／制度鴻溝註定了美國人要與一

種美國特色的認知失調共生共存。這種認知失調在平時處於蟄伏狀態，當信條熱情高漲時則會猛醒，向著美國政治的承諾引燃熊熊怒火。(亨廷頓，《美國政治》，頁 7–8)

美國政制攜帶著現代西方文明極具隱性深刻的毒株，這與美國擁有強大的政治權力並不矛盾。內在的文明毒株不會使得這個國家不擁有強大權力，清教徒和啟蒙運動的政治效力不僅能增強美國的吸引力，美國因地緣政治優勢和歷史的偶然機運而獲得的繁榮和富強，也會反過來增強這種政治效力。

我們也必須承認，孟德斯鳩與我們今天的自由主義者其實還不一樣。黑格爾已經注意到，孟德斯鳩在闡述民主制的德行（Tugend）原則時強調，民主制度的成敗依賴於個人品質（Gesinnung），而個人品質是非常偶然的稟賦。

> 孟德斯鳩補充說，英國在十七世紀提供了一幅努力建立民主制的美妙景象，而由於領導人缺乏德行，這些努力就變得軟弱無力；此外他還斷定，只要德行從共和國中消失，野心就會侵入到每個有抱負者的心坎，貪婪主宰了所有的人，結果國家成為每一個人的戰利品，而它的勢力也只在某一些個體的權力和一切人的恣情放蕩之中。[1]

這話聽起來是不是很像在說如今的美國？我們美國人因擁有孟德斯鳩所說的政治自由而自視為體現人性進步的蒙選

---

[1]　黑格爾，《法哲學原理》，鄧安慶譯，北京：人民出版社，2016，頁 416。

政治體，要做全人類的道德領導者，二戰尤其冷戰結束之後，我們增強了這種普世自信。於是，我們在國際政治中成了國際性的極權政體，可以憑借「政治寬和」或「政治自由」的名義打擊任何一個不服從這一標準的國家。

顯而易見，孟德斯鳩教育出來的新型知識人已經形成一股極為強大的普世政治力量，直到今天，孟德斯鳩還是我們的美德教誨師。幾年前，英國的一位文化人類學家寫過一本小冊子，向英語世界的年輕讀者介紹孟德斯鳩。他把孟德斯鳩的思想濃縮為兩個主題：「自由與專制」和「捍衛自由」。這不可謂不準確，但在我看來，這是在傳播毒株，不知道是否也傳到了你們中國——但願還沒有。[1]

康德與激進自由主義

在表述新的國際政治秩序的思想原則時，基辛格提到的最後一位啟蒙哲人是生活在東普魯士的康德（《世界秩序》，頁 38–39）。基辛格自己說過，他最崇拜的哲學家是康德。他沒有提到，康德的故鄉柯尼斯堡在二戰後成了俄國的飛地加里寧格勒，對這位國際政治學大師來說，多少有些諷刺。不過，基辛格年輕時讀了康德的《永久和平論》後，曾覺得自己發現了康德在推理上的瑕疵：儘管和平「可能確實是

---

[1]　艾倫‧麥克法蘭，《孟德斯鳩與現代世界的誕生》，彭啟民譯，深圳：深圳報業集團出版社，2019。

歷史的終極目標」，但當「內心直面選擇從而真正體驗自由後，從個體的角度看，任何這種決定論的模式都不對」。由此看來，吸引基辛格的不是康德的《永久和平論》，而是康德所高揚的那種「自由的內在直覺」。[1]

人們經常說，康德是現代自由主義理論的集大成者——但這是什麼意思呢？我一直很好奇：康德的哲學思考很深奧，表述也艱澀得很，何以會有如此大眾化的政治影響力？大量追隨者給出的通俗化解釋，固然是其中的部分原因，但還不是最根本的原因。兩年前我偶然讀到施特勞斯（Leo Strauss, 1899–1973）在課堂上對康德自由主義所做的精彩辨析，才猛然明白這個令人費解的現象：為何深奧的思考得出的原則未必正確，卻會對許多沒讀過甚至沒聽說過康德的人產生吸引力，並因此而對我們的政治知識生態帶來難以估量的嚴重後果。[2]

您知道，很多人即便沒讀過康德的《實踐理性批判》，也都聽說過結尾時的那段話，並為之感動不已。

> 有兩樣東西，越是經常而持久地對它們反覆思考，它們就越是使心靈充滿常新而日益增長的驚歎和敬畏：我頭上的星空和我心中的道德法則。[3]

---

[1] 弗格森，《基辛格：理想主義者》，前揭，頁 244。

[2] Leo Strauss and Joseph Cropsey, *The Political Philosophy of Karl Marx, A Seminar Offered in the Spring Quarter, 1960*, Edited by Gayle McKeen, Estate of Leo Strauss, 2019, pp. 12–15, 16–17, 22–25.

[3] 康德，《實踐理性批判》（註釋版），李秋零譯註，北京：中國人民大學出版社，2011，頁 151。

康德把每一個人「心中的道德法則」看得很高，與「頭上的星空」媲美，讓人覺得他極大地張揚了人的「道德主體性」。但人們知道什麼是自己「心中的道德法則」嗎？他們又是如何知道的呢？

黑格爾已經看到，康德哲學是從理論上「對啟蒙運動的系統陳述」。康德認為，人的認知「可以知道的只是現象，此外沒有什麼真實的東西」。[①] 人的道德行為同樣在經驗世界中找不到根基，人們可以問：憑什麼說我必須這樣做才稱得上是好而非壞、是善而非惡？何況，人的道德法則也沒法從傳統觀點所界定的人性或上帝那裏推導出來，否則，道德法則就不是絕對的——用康德的術語講，就不是範疇性的。為了區分行為的善與惡，傳統的觀點必須假設上帝的存在和靈魂不朽，但人的自然理性有其認識上的限度，根本沒法知道上帝是否存在或靈魂是否不朽。傳統的道德律令不過是一種恐嚇：你如果不遵守這些道德準則，就會遭受可怕的災難性後果。

因此，在康德看來，若要確立人的道德原則就得另闢蹊徑，尋找一個完全不同的開端。於是，康德艱澀地區分了人的知性與理性的差異。知性是自發性的，它基於且受限於感官知覺，因此需要更高的官能即理性的幫助。人的理性才是自由的，而不僅僅是自發的，但必須區分應用於認識自然的

---

① 黑格爾，《哲學史講演錄》，賀麟、王太慶譯，第四卷，北京：商務印書館，1983，頁258。

純粹理性與應用於政治生活的實踐理性，因為後者基於人的意志而不是感官知覺，才完全自由，純粹理性則不然，總離不了感官知覺。由於實踐理性是自足的，它能夠自成一個道德的世界，因此，「作為一個道德的存在，人自身即具有道德法則」，或者說個人「意志的自由和自主就是道德法則的原則」（黑格爾，前揭，頁289）。

這聽起來固然讓人覺得高揚了人的道德自主性，但我們應該想到，實踐理性擺脫了感官知覺，意味著擺脫了任何給定的東西，包括所有預先給定的道德目的。所有傳統的道德學說都從給定的道德目的出發，這一目的要麼是自然（如你們中國人所說的「道」）給定的，要麼是上帝規定的。康德否認這類預先給定的目的可以作為道德行為的起點，因為這需要預設自然的目的是好的或自然本身是好的，在康德看來，由於純粹理性的限度，這必定是一種獨斷論式的假設。何況，人若要自主地接受傳統的道德法則，必須首先知道上帝或自然是好的，而人的純粹理性——哪怕是科學的理性——也沒法讓人獲得這方面的確切知識。用康德的行話來講，人的認知不可能抵達「物自體」，只能認識現象世界。既然人的知性和純粹理性都不能做到這一點，人的道德法則就必須被理解為自我給予的，即所謂的自己給自己立法——康德把這說成將人的道德意志從上帝或自然的監護下解放出來。因此，人若接受上帝或自然給予人的道德法則，無異於否定了人的類似本能的實踐理性——意志自由。要說康德極大地張揚了相當抽象的絕對自由，這沒有錯，但這也意味著

徹底切斷了人與傳統道德的血脈聯繫，開放了人的肆心。

結果會怎樣呢？道德行為與義務不再相干，道德法則也不能產生於人的需要或與這些需要相關，而是必須產生於人的意志自由——由此便推導出人的個體自由的權利。在康德那裏，個人道德與個體自由的權利是一回事，或者說道德哲學與權利哲學是一回事。就公民權利而言，一個特定社會的所有成員為該社會的所有成員立法；就道德而言，個人立下對整個人類都有效的法，因為個人是人類中的一員，他必定不僅超越個體的自愛，而且超越特定的政治共同體的自愛。從這個意義上講，每個人天生是「世界公民」。

康德由此得出的實踐性結論是：自己給自己立法是每個人走向道德生活的開端。一個人的道德行為沒有也不需要外在於自身的原則作為支撐，否則就是他律行為了。同樣重要的是，自己給自己立法作為首要的道德法則沒有實質內容，它完全是形式性的，而內容來自於形式。因此，康德倫理學也被稱為形式倫理學。你通過自己的意志把自己的行動準則上升為普遍法則，這就是聞名遐邇的康德式的絕對律令。

由此可以理解，在康德那裏，道德行為最終成了一種自由的創造活動。道德常識會告訴我們，道德行為意味著做正確的事情，如果你不知道什麼是正確的事情，你就無法做正確的事情。但對康德來說，做正確的事情意味著由你自己自由地決定什麼是正確的事情，從而是一種創造性行為，就像文人藝術家的行為或如今行為藝術家的行為那樣。於是，倫理問題不再是人性的道德完善，因為這得預設人們早就知道

什麼是道德完善，而人們實際上不可能知道。

康德的這些思考來自他偶然獲得的智性思辨稟賦，與其他知識人的思辨所得一樣，不可能沒有爭議，談不上是什麼「普遍真理」。世上絕大多數人在智性上不可能也沒興趣參與這類思辨之爭，但他們完全可能不明就裡地信從康德的思辨結論。這會引出什麼樣的社會結果呢？我們知道，世界歷史上的各大文明傳統無論在具體的道德內容方面有多少差異，有一點卻是共同的，即認定人世中的人和事有高尚與低俗之分：有高貴之人、高貴的事和高尚行為，也有可鄙之人、卑劣的事和低俗行為。康德的自由理性學說最為直接的結果是，這種區分不僅沒有必要，甚至根本就不能成立。對康德來說，人們固然可以把意志分為「卑下的和高尚的慾求能力」，但卑下的慾求能力不過是慾望和嗜好，高尚的慾求能力才是「意志本身」（黑格爾，前揭，頁 288）。這種區分至多只會讓你獲得某種道德的實質內容（如正派），而它們無不是特定社會或特定文明傳統特定的道德內容，並不足以成為普遍的道德原則。畢竟，人的道德意志具有自由的本質，不應該受特定社會的某種實質性道德內容的拘限。按照康德的這套自由倫理邏輯，你若遵循自己身屬其中的文明傳統的道德觀念，反倒是不道德的行為。因為，祖傳的道德觀念與普遍的道德法則（即自己給自己立法）不相容，接受傳統觀念只能證明你是服從他律道德，而這等於不道德。

我們應該意識到，康德的自由倫理學說的出發點是批判霍布斯和洛克的人性論，因為後者從慾望和嗜好來推導人的

道德行為。在康德看來，這種人性論把人的本質看得太低了。康德沒有想到，他的思辨會產生出一種意想不到的結果：從霍布斯到孟德斯鳩乃至盧梭所設想的種種自然權利，經康德之思而被縮減為一種最為基本的權利，即個人自由的抽象權利，它排除了任何預先規定的道德目的。自由不是為了什麼的自由，它本身就是最高的善或值得推崇的首要德性。不難設想，如果高尚之人與可鄙之人的區分是自然的、亙古不變的，那麼，在康德的自由倫理指引下，必定有數量可觀的各色可鄙之人自己給自己立法。我不得不再說一遍：如今在我們西方世界已經隨處可見的「白左」現象就是顯著的例證，你們很快也會親身見證這一點。

康德的《實踐理性批判》（1788）出版僅僅一年後，法國大革命就爆發了。人們通常把這一劃時代事件中出現的激進自由行為歸咎於盧梭的自由思想，其實，康德遠比盧梭激進得多。這並不等於說，法國革命中的激進自由行為是康德道德學說的直接結果，毋寧說，康德的道德學說是十七世紀以來歐洲思想家「離經叛教」最為徹底的結果，它為十九世紀才形成大氣候的激進自由主義運動奠定了最後一塊基石。

卡萊爾在他的《法國大革命史》中曾這樣刻畫 1789 年的 5 月 4 日——這一天，法蘭西王國重開三級會議，隨後爆發的革命實際上是從這天開始的：

　　整個法國、整個歐洲都可以安安穩穩地坐下來觀看，因為這是千載難逢的一天。哦……這是民主的洗禮日，是

病態的時代經過數月煎熬讓其呱呱墜地的日子。這也是為封建時代送終的日子！那是一個過時的社會制度……不可救藥，現在就應該壽終正寢。因此，對死亡和分娩的恐懼，催生出新人的誕生。哦，多麼偉大的傑作！大地和上天，多麼偉大的傑作！浴血戰鬥、九月大屠殺、洛迪橋、莫斯科撤退、滑鐵盧、彼得盧、十鎊選舉權、焦油桶和斷頭台，如果可以預言的話，那麼，從今天起，還需要奮鬥兩個世紀！民主經過多災多難、招搖撞騙的階段，直到瘟疫流行的世界被燒毀，至少需要兩個世紀，才能春回大地，煥發神采。[1]

這段描述同樣適用於標記康德自由倫理學說的誕生。像法國大革命這樣的動蕩，不可能是由幾個知識人的思辨引發的，它只會是各種歷史的政治要素耦合的結果。毋寧說，正是有了這樣的政治劇變的鋪墊，康德的自由倫理學說才會有流佈的機遇。

從今天我們美國的道德狀況來看，卡萊爾的預言未必不準確，因為瘟疫仍在流行。也許正因為如此，基辛格對啟蒙時代的態度頗為矛盾。一方面，他相信啟蒙哲學「反映了一種共同的歐洲觀所包含的道義觀念」；另一方面，他對啟蒙哲學家又沒有好感，認為他們「忽視了一個關鍵問題」，即哲學家的智性思辨是否能「憑空發明治理秩序」。但這一疑

---

[1]　托馬斯・卡萊爾，《法國大革命史：一部歷史》，劉毅譯，長春：吉林出版集團，2017，頁118。

問僅僅針對康德的「永久和平論」，基辛格不相信啟蒙哲學家發明的「把世間萬物合理地統一起來」的理想，他寧可相信，「這個世界太複雜，人類太多元，以致無法僅憑邏輯解答這些問題，而是需要某種本能意識，甚至近乎神秘的治國之術」。由於啟蒙哲學家「不是從國家有機體論的角度看待政治演變」，他們才「無意地，甚至有違本意地促成了一次導致歐洲陷入數十年分裂的大動盪」，而且「餘波至今未平」。基辛格所說的「大動盪」指法國大革命，他甚至用多少帶有一些憤然的語調說，這場革命「宣告了一種與威斯特伐利亞體系大相徑庭的國內秩序和世界秩序」（《世界秩序》，頁 39–40）。

基辛格的指責聽起來像是「復辟時代」的政治家對法國革命的譴責，其實不然。因為，譴責法國大革命還有另一條思路，即區分法國革命與美國革命。畢竟，拿破崙和路易十八都繼承了《人權宣言》，一旦承認這一歷史事實，美國人「就很難保持革命的熱情」。[①] 但是，崇尚自由的無政府主義者巴枯寧（Mikhail Bakunin, 1814–1876）已經說過：

> 所有真正希望歐洲解放的人都應該清楚，我們必須反對法國大革命的那套政治（同時保留我們對大革命偉大的社會主義和人道主義觀念的同情），堅決採納北美人的自由

---

① 布魯斯・阿克曼，《我們人民：奠基》，汪慶華譯，北京：中國政法大學出版社，2013 / 2017，頁 235。

政治。[①]

一旦你們意識到，基辛格所推崇的現實主義均勢秩序論的基礎其實正是康德的「自己給自己立法」原則，那麼，你們就能夠明白，要應對美國的外交行為，比應對諸如黎塞留和梅特涅這樣的卿士，既更容易又更困難。一方面，當覺得敵手的力量太過強大時，他會讓美國做出讓步，在權力的語言和邏輯上都極富彈性；另一方面，他絕不會對敵手力量的增長做出讓步，也絕不會喪失壓制敵手的信心。正如一位美國的地緣政治學家說，美軍「太平洋司令部正在不動聲色地促成一個某種意義上的地區性軍事同盟」，以遏制中國的崛起，對此德意志第二帝國的締造者馮・俾斯麥（Otto von Bismarck, 1815–1898）「一定頗為讚許」。[②] 在我看來，這話很可能是在影射基辛格，因為，康德的自由學說能讓他更為心安理得地接受馬基雅維利之道。於是，我們看到：

> 基辛格絕大多數受人譴責的政策都能夠從「國家理由」中找到藉口。只要讀一讀馬基雅維利的文章，讀一讀馬基雅維利對政治人物們提出的建議，奉勸政治人物按照這個世界的現實，而非理想運作法則去行事，你準保能夠找到一堆理由來為基辛格開脫，認同他對皮諾切特和伊朗國王

---

① 轉引自沃格林，《政治觀念史稿・卷八：危機與人的啟示》，前揭，頁323。
② 羅伯特・卡普蘭，《大國威儀：不為人知的美軍海陸空全球運作》，魯創創譯，成都：四川人民出版社，2015，頁47。

的支持；認同他在背後慫恿蘇哈托入侵東帝汶……①

如今的國際政治學家在關注康德的理論時，往往會忽視其自由倫理學說對卿士人格的影響。基辛格的博士導師威廉·埃利奧特（William Yandell Elliott, 1896–1979）碰巧是一位康德信徒，他「常常身著一件農場主穿的那種白色外套，戴著一頂巴拿馬草帽」，鼓勵自己的得意門生，要把康德的警句「每一個人——包括你自己——都是目的，永遠不要當作手段」作為座右銘。「在那些頭號冷戰戰士中，康德的話尤其吃香，埃利奧特便是其中之一」，但他對康德的理解仍然偏向理想主義一面。博士生基辛格則從現實主義一面來接受康德，即「把康德的存在主義（人是完全自由的觀念）拿來批駁康德的道德觀念」：

> 「我們很難同時做到，」基辛格說道，「既擁有自由，又堅守價值的必然」。換句話說，我們無法同時做到既要完全自由，又要受到道德規範的約束。基辛格承認某些人會發現身處這樣的位置是一種「絕望的忠告」，因為這樣做就等於斷絕了找到任何基礎真理的可能。（格蘭丁，頁44）

基辛格能「在如此之短的時間之內成為美國歷史上最具權力的人之一」，「是因為他幹了不該幹的壞事」，而這「幾

---

① 格雷格·格蘭丁，《基辛格的影子：美國最具爭議的政治家及其遺產》，符金宇譯，北京：新華出版社，2016，頁174（以下簡稱「格蘭丁」，隨文註頁碼）。

乎完美地詮釋了基辛格的歷史哲學」:

> 1968 年秋,基辛格正在把自己一直以來大聲疾呼的一套理論付諸實踐:個人在一定程度上是有自由的,能夠改寫歷史事件;人不一定非得受到「真正的結構」束縛;要想成為真正的政治人物,就必須敢於冒險;只有把握先機,才能創造屬於自己的現實;政治領導人不應該坐等事實,耽誤機會。超越是可能的,失望是能夠避免的,目的可以變成手段,手段也能夠成為目的。(格蘭丁,頁 46)

兩個世紀以來,基督教歐洲大國在全球範圍進行的各色戰爭讓這位美國卿士懂得,考慮周全、靈活和欺詐是非常有用的德性,而西奧多·羅斯福和伍德羅·威爾遜的行為則讓他學會了在追求美國的目標時要既謹慎又靈活而且不惜欺詐。因此,基辛格不會因為在比自己更強大的對手面前退卻而覺得有失臉面。如果美國必須退卻,即便一時驚慌失措,也很快會鎮定下來——你們中國人在朝鮮半島戰爭中已經看到這一點,而基辛格則多次親身經歷過類似情形。正是憑靠康德式的「自由的內在意識」,基辛格的政治行為就像一條永不止歇的河流,不管它怎麼因勢而動,總是朝著一個既定目標前進,即讓美國的權力到達世界盆地的每個角落和縫隙。一旦發現障礙難以克服時,他會泰然接受並盡量適應,但絕不會放棄增加對敵人的壓力,這意味著仍然在朝著他的理想目標邁進。

四 共和愛國主義的悖論

讀完萊寧先生的長電郵，我體會到何謂「斷理必剛，擒辭無懦」，明白了何謂我國古人說的「不義不暱」。由此我也產生了更深層的困惑：基督教歐洲——尤其它的衍生物美國——的政治成長究竟是怎麼回事？

不過，首要的困惑是這樣一個問題：萊寧先生的政治見識如此清醒，他面臨中美關係緊張時該如何自處呢？作為美國人，他自然會站在自己的國家一邊，這沒有問題。問題在於，如今的中美衝突已經被華盛頓的政治家們界定為兩種政制理念的衝突，雙方都宣稱自己的政制好過對方，而政治哲學不會同意說，兩者的德性品質或者說它們最終所依賴並為之獻身的道德目的沒有高低優劣之分。既然萊寧先生如此清楚地看到美國政制的根本痼疾，即它所依賴的自由民主理念無異於潛在的定時炸彈，他作為美國學人該怎麼辦？

我坦率地把這個問題拋給萊寧先生，他沒有像往常那樣馬上回覆。足足過了半個多月，我才又收到他的長電郵。萊寧先生承認，我的問題讓他好些天寢食難安。

下面是我對萊寧先生的第二封長電郵的翻譯，同樣盡可能給其中涉及到的文獻加了註釋，小標題也是我擬的。出於篇幅上的考慮，我不得不有所刪節。

古典學問在美國的困境

我必須承認，思考政治哲學問題的人不可能對這樣的道德難題置之不理，這當然會讓人很煩惱，因為，要思考得很清晰，實在太難了，遑論做出有德性品質的抉擇。不過，既然對我來說思考和做出抉擇都無從逃避，我就把這看作一次學習明智而又有德性的思考和抉擇的機會吧。

一個國家所尊重的東西是其倫理品質的基礎。要分辨某種政制在德性上的高低優劣，首先得依據自然法理知道什麼是正義的，進而把有缺陷的政制視為或多或少偏離了自然正義。無論有怎樣的差異，中國和西方的古典哲人都承認，有獨立於人類意志之外的依據「自然」的標準。英屬美洲殖民地商人的《獨立宣言》和法國第三等級的《人權宣言》憑靠新的「自然」理解，提出了新自然法即人的自然權利理論，徹底更改了我們西方古典傳統所依據的「自然」。我記得施特勞斯有一次在課堂上對學生們說：

> 不妨想一想，當平等原則，當《獨立宣言》在印度成為一種普遍的認識，印度種姓制度將會因此怎樣了？難道不會產生某種可怕的後果？因此你們必須非常謹慎。[1]

這裏的「你們」指施特勞斯課堂上的美國學生，但我讀

---

[1]　施特勞斯，《女人、閹奴與政制：孟德斯鳩〈波斯人信札〉講疏》，潘戈整理，黃濤譯，上海：華東師範大學出版社，2017，頁 116。

到這段話時感到費解：印度種姓制度的存廢與我們美國人有什麼相干啊？我得承認，與你們中國的古典學人相比，我們美國的古典學人面臨的困難大得多，因為我們與古典文明傳統的決裂要徹底得多。當然，直到今天，我們的自由主義學人仍在鍥而不捨地從雅典城邦、羅馬共和國乃至聖經終末論中尋找自由民主信仰的歷史要素。[1] 這類輝格黨式的思想史論或文明史論經不起學理辯難，但它卻能讓不少頭腦簡單的人鸚鵡學舌。我有不少同行研究古典學，他們喜歡宣稱自己是亞里士多德信徒，儘管亞里士多德從來不是什麼民主派，他們卻非要把他說成是成熟的民主思想家。當然咯，這也可能是一種策略，以便修正今天在我們這裏日益走火入魔的自由主義。

比如說，納斯鮑姆（Martha C. Nussbaum, 1947– ）在古典學界名氣不小，她認為羅爾斯提出的道德自由主義遠不及亞里士多德，因為它無法為批判商品拜物教（更不用說今天的拜金融教）提供理論基礎。納斯鮑姆相信，在《政治學》中，通過討論什麼是最佳與最可行的政制，亞里士多德已經提出過一種更民主的政治分配類型，其基本要點是：幸福應當施於政治共同體的全體成員或至少是其中的大多數，而不應該只是由少數人擁有財富或特權。納斯鮑姆沒有用「民主的」這一術語，但她明顯對亞里士多德做出了民主化解釋。

---

[1] 菲利普·尼摩，《什麼是西方：西方文明的五大要素》，閻雪梅譯，桂林：廣西師範大學出版社，2009，頁 3–6。

她甚至認為，在亞里士多德那裏實際上已經有一種大眾民主取向，因為他主張一個好政體「不應該搞精英式教育」，不應該「特別獎勵和關心」特別的天賦，而是應該關心「每一個體的特別能力和需要」——儘管她緊接著又承認，

> 有時亞里士多德似乎採用了精英式的分配構想，而不是基於需要的構想，尤其是涉及到將政治統治權分配給成人的時候。但就我所知，他從未在倫理和智力的基本能力背景下這樣講。……因為他論述說，所有成年男性都應該被認為是「自由而平等的」，而且這樣一來，他們應該「輪流統治與被統治」。[1]

納斯鮑姆的說法表明，她的目光被現代大眾民主信仰致盲到何種程度。事實上，亞里士多德恰恰在倫理和智力的基本能力背景下強調了政治統治權的精英式分配。此外，亞里士多德還尤其區分了兩類少數人：擁有財富或權力的少數人與稟有優異德性品質的少數人，德性差異是顯而易見的。特權掌握在這兩類少數人中的哪一類人手中，政治的德性差異將有天壤之別。在結尾時，納斯鮑姆甚至別出心裁，把馬克思《1844年經濟學哲學手稿》中的某個提法說成是「發展了屬於亞里士多德的兩個論點」（同上，頁280–281）。這種一廂情願的解讀可能對你們有用，因為它表明馬克思

---

[1] 納斯鮑姆，《本性、功能與能力：亞里士多德論政治分配》，見麥卡錫選編，《馬克思與亞里士多德：十九世紀德國社會理論與古典的古代》，郝億春等譯，上海：華東師範大學出版社，2015，頁260–261，獨立引文見頁261註1。

（Karl Marx, 1818–1883）與古典政治哲學有血緣關係。對我們來說，這類別出心裁的解釋則談不上什麼教益，只能說明我們的腦子被民主觀念帶到哪兒去了。我相信，如果納斯鮑姆年輕時讀過一點兒沃格林，她的觀點多半不至於錯得如此離譜，竟然看不到明顯的思想事實：在馬克思那裏，「一切生活都是實踐的，不存在亞里士多德意義上的那種冥想的合法維度」（沃格林，《沒有約束的現代性》，頁 139）。

納斯鮑姆的例子表明，古典學領域內的諸多論爭，嚴格來講與學理無關，而是與是否信仰自由民主理念有關。即便在古典學界，信仰這種理念的學人也佔絕大多數，我們不能想當然地認為，以古典學為業的人就一定明白古典的道理。施特勞斯剛到美國不久就大膽地指出過：

> 十九、二十世紀的大學者們寫過一些書，尤其我們時代的古典學者也寫過一些書，難道所有這些書都沒有清晰而充分地傳達古人的學說嗎？答案必定是否定的。因為只要一個古典學者還是一個古典學者，就不可能指望他理解古代思想。古典學者不是一個古代思想家，而是一個現代人：他的現代偏見必定干預他對古人的理解，倘若他沒有在方法上反思現代前提本身。這樣一種反思會超越古典學術的極限，我們必須把這種反思任務交給哲學的史學家。①

---

① 列奧·施特勞斯，《歷史主義》（葉然譯），見列奧·施特勞斯，《蘇格拉底問題與現代性》（第三版），前揭，頁 192。

納斯鮑姆不屬於我們美國的施特勞斯派，她沒有「反思現代前提本身」並不奇怪。奇怪的倒是，好些施特勞斯派學者也未必能真正做到「在方法上反思現代前提本身」——我不妨稱之為「施特勞斯派困境」。我得承認，在大西洋革命後的政治正確觀的意識形態壓力下，我們的施特勞斯派難免會面臨這種困境。值得慶幸的是，我自己並不屬於這一派。我們的自由主義政治學家指控說，「施特勞斯及其追隨者們」與「最狂躁的左派極權主義者」站到了一起，甚至把施特勞斯與馬克思相提並論，因為他們都「反對美國經驗的隱含價值」即自由民主價值，從而「具有非美國性」。[①] 面對這樣的指控，美國的施特勞斯學生們不得不為他乃至為自己辯護。

如今，施特勞斯的美國學生很可能也會把中國視為美國的頭號敵人。這並非不可理解，因為，從實際政治的層面上講，愛國主義是一種政治美德。但是，施特勞斯說過，熱愛學問之人作為一個愛國主義者會非常特別。熱愛和捍衛自己的祖國，是天經地義的政治正確，而熱愛學問之人還必須關切自然的正義，這要求他用常識道德看待國際關係。因此，熱愛學問之人得學會辨識歷史上或現實中實際的愛國主義，畢竟，愛國主義也有倫理品質差異。比如說，馬基雅維利所理解的愛國主義其實「是一種集體的自私自利」（collective

---

① 列奧·施特勞斯，《古典政治理性主義的重生》，托馬斯·潘戈編，郭振華等譯，葉然校，北京：華夏出版社，2015，潘戈「編者導言」，頁6（以下簡稱「潘戈導言」，隨文註頁碼）。

selfishness），它「對（常識性的）正確與錯誤的區分無所謂」。[①] 我相信，如果美國的施特勞斯學生同時是個愛國主義者的話，那麼，他面臨的政治哲學困難的確嚴峻得多，因為我們的愛國主義很難說不是「一種集體的自私自利」。

施特勞斯的學生承認，蘇格拉底及其最優異的學生們（色諾芬、柏拉圖以及亞里士多德）都是民主制的批判者，施特勞斯不僅接續了這種古典的民主批判，而且將此「用於並擴展到了批判西方自由民主的新形式或者說現代形式」。施特勞斯一再要求自己的學生誠實面對古典政治思想的這一「至關重要的特徵」，哪怕它讓我們美國的讀書人「不那麼舒服」，而他的學生們卻竭力要用某種解釋抹去這一特徵——據說：

> 在堅持突顯並接續古典的民主批判的同時，施特勞斯還堅持認為，這麼做可以表現出這種批判並不敵視民主制，反而有益於民主制，並且的確根植於對民主制的真正依戀——儘管這是一種理性而又清醒的依戀，一種以堅決拒絕諂媚民主制為前提的友誼。（「潘戈導言」，頁9）

如果施特勞斯批判現代民主制是出於「對民主制的真正依戀」，那麼，這種「依戀」的理由又是什麼呢？據說，施特勞斯的最終理由是，民主制能保障思想和言論自由。

---

① 　列奧‧施特勞斯，《關於馬基雅維里的思考》，申彤譯，南京：譯林出版社，2003，頁3。

自由民主的最高潛能就在於，它有能力維繫甚至崇敬蘇格拉底這個典範、蘇格拉底式對話以及蘇格拉底式的生活方式。……（「潘戈導言」，頁 8）

……恰恰是民主制無法避免的相對放任和隨意，允許哲人或年輕的潛在哲人擁有更大的思想自由，也擁有更大的空間以踐行其非正統方式。蘇格拉底、柏拉圖以及亞里士多德全都自願選擇生活在民主雅典，而非生活在道德要求更高的希臘城邦或非洲城邦（例如斯巴達、克里特、迦太基；此處參考柏拉圖對「寬容的」雅典的讚揚，見《法義》，642c-d）。（「潘戈導言」，頁 18）

不幸，這些辯護理由沒有哪一條站得住腳。首先，我們美國的自由民主制「崇敬蘇格拉底這個典範」了嗎？施特勞斯難道不是因為崇敬這個典範而在我們學界背上了種種罪名甚至不斷遭受剿殺？要說唯有民主制才「允許哲人或年輕的潛在哲人擁有更大的思想自由」，從世界歷史上看也難站得住腳。阿拉伯人會說，他們的阿爾法拉比（Alpharabius, 870–1213 或阿威羅伊（Averroes, 1126–1198）「崇敬蘇格拉底這個典範」，但他們都並非生活在無論古代還是現代的民主制下。你們也會反駁說，古代的儒教中國同樣「相對放任和隨意」，並不存在需要「允許哲人或年輕的潛在哲人擁有更大的思想自由」這樣的問題，因為他們實際上擁有這樣的自由。即便在基督教歐洲的王政時期，哲人或年輕的潛在哲人也擁有這樣的自由，反倒是在「啟蒙專制」

（enlightened despotism）時代，這樣的自由會大為縮減。
把某種非常時期的例外政治狀態視為普遍的歷史狀況，不過
是自由民主信仰的一種常見修辭。事實上，施特勞斯更為強
調，民主制無法避免放任雜眾的隨意思想，這難免會帶來社
會層面的德性敗壞。因為，常人並沒有思想的興趣，如我們
所看到的那樣，自由民主制並沒有讓蘇格拉底成為思想的典
範，反倒是福柯（Michel Foucault, 1926–1984）或阿倫特
（Hannah Arendt, 1906–1975）或德里達（Jacques Derrida,
1930–2004）或阿甘本（Giorgio Agamben, 1942– ）成了年
輕學人的楷模。

　　第二，蘇格拉底或柏拉圖在雅典終其一生，恐怕並非是
因為他們「依戀」民主制。「依戀」雅典與「依戀」民主制
是兩回事，在三十僭主時期，蘇格拉底也沒有離開雅典，我
們不能說他「依戀」僭主制。同樣，伯利克勒斯的民主制相
當於僭主制，蘇格拉底那時也並未離開，這不等於他「依
戀」僭主制。

　　第三，建議參看柏拉圖在《法義》中如何讚揚雅典的
「寬容」，讓人感到很奇怪。只要親自看一下原文，我們就
不難看到這樣的文本事實：讚揚雅典「寬容」的不是雅典異
鄉人──據說他是蘇格拉底的化身，而是並非來自雅典的墨
吉羅斯，另一位隨聲附和的對話者克勒尼阿斯，他同樣不是

雅典人（《法義》，642c–d）。[1]

我們還應該注意到，兩位非雅典人讚揚雅典的「寬容」，是因為雅典異邦人提到城邦的文藝和教育問題：「一個孩子或合唱隊按照正確方式受教育，我們會說給城邦帶來什麼巨大好處呢？」這個話題出現在這場夏日談話的開頭（第一卷），而在後來（第七卷），雅典異邦人明確提出，在文藝和教育問題上，城邦衛士對有害城邦健康的東西不應該寬容（《法義》，814c–817d）。

施特勞斯作為美國人同樣主張，在文藝和教育問題上，美國政制對有害政治健康的東西不應該寬容。事實上，論者已經指出：

> 施特勞斯或許比任何人都更清楚地看到美國傳統中的某種不和諧：一種更古老、更高貴，卻不那麼有影響的古典理念或公民理念，與一種新生的、越來越得勢的、放縱的個人主義秩序之間的不和諧。但正因如此，他也更清楚地認識到這不穩定的結合中各要素的特定優劣。（「潘戈導言」，頁 22）

既然如此，為施特勞斯辯護的如下說法就完全站不住腳：

> 特別是，施特勞斯敬慕作為自由主義標誌的對個人自

---

[1]   參見林志猛，《柏拉圖〈法義〉研究、翻譯和箋註（第二卷）：〈法義〉譯文》，上海：華東師範大學出版社，2019。

由的寬容和尊重，不僅因為後者為受迫害的哲學提供了一個避風港，而且因為其允許（即便不鼓勵）出現充滿活力的政治爭論，這些爭論有時遠遠超越當下事務和爭議。（「潘戈導言」，頁22）

我只能把這些頗顯高調的說法理解為佯謬，以便暗中醫治美國政制天生的道德痼疾 ——「盎格魯 — 撒克遜民族擴散的瘟疫」：

於是，現代類型的自由主義為原本或古代類型的自由主義留有餘地。施特勞斯甚至發現，現代自由主義內部原本就為更古老的自由主義的至高要素留有空間 —— 更古老的自由主義取決於心智獲得自由，而這需要學習和論爭偉大著作所提出的關乎人類美德的種種競爭性視角。在最佳狀態下的自由大學中，古代自由教育觀念作為現代自由主義的御寶繼續閃耀著光芒 —— 只要大學抵制民主社會產生的扭曲性壓力（產生於民主社會無止盡地要求人們關注並服務於社會），並阻止人們認可盛行的道德討伐與道德教條。（同上）

我們美國的大學能夠「抵制民主社會產生的扭曲性壓力」嗎？誰都能夠看到，這只會是癡人說夢。所謂「道德討伐與道德教條」顯然指自由主義的討伐與教條，這些說法足以讓你們感受到，施特勞斯的美國學生其實非常擔心自己受到自由民主的道德迫害。

1991 年，施特勞斯的學生出版了《論僭政》的增訂本，編者在「導言」中寫道：

> 深思且愛國的學者們試圖調和古典政治哲學與現代自由民主，但從他們的努力來看，所有這些嘗試要麼最終自認失敗，要麼最終對現代人讓步（比如在自然權利、商業共和主義或技術問題上），而這是施特勞斯堅決拒絕的。因此，施特勞斯暗示自由民主能夠依據古人得到解釋說明，或許最好將此理解為是暗示需要徹底修正我們的自由民主概念。[1]

兩位編者都是施特勞斯的學生，他們這樣說的時候，正值「冷戰」結束之際。你們應該不難從中看到，古典自由主義在美國始終面臨何等尷尬的困境。

何謂「共和愛國主義」

我不屬於施特勞斯一派，但仍然面臨您提出的問題。對我來說，困難不在於大西洋革命後的政治正確背離了西方古典的自然正確，而在於前者的政治正確原則的內在矛盾，我稱之為：第一，馬基雅維利之道的內在矛盾，第二，孟德斯鳩之道與馬基雅維利之道的矛盾。直至今天，我們美國關於

---

① 列奧 · 施特勞斯，《論僭政》，彭磊譯，北京：華夏出版社，2016，編者（古熱維奇、羅茲）「導言」，頁 15。

自由主義與現實主義的政治理論都還沒有消弭的持久衝突，正是這兩個相互關聯的矛盾的反映。[1]

孟德斯鳩 20 多歲時（1716）就在同時代人的影響下閱讀了馬基雅維利的著作，並對其「鼓吹在政治中不擇手段」的教誨不以為然。後來他到英格蘭和意大利旅行時，由於不斷「有人提醒他」，從馬基雅維利那裏「可以學到一些有價值的東西」，他還是買了意大利文原版，以便深入研讀，「儘管他已經有法譯本」。[2] 孟德斯鳩對於馬基雅維利之道的矛盾態度，是很有意思的思想史問題。因為，兩者的思想有一個共同外觀，即都強調愛國主義的政治美德，這並非巧合。

愛國精神作為一種政治倫理在不同的國家那裏有德性品質上的差異，這與國家的成長經歷、文明傳統以及在國際政治中的處境都有著密不可分的聯繫。最為明顯的例證是當今的激進共和主義者所主張的「共和愛國主義」，他們給「愛國」與愛自由、愛平等的權利劃上等號，即宣稱他們所理解的「國家」或「祖國」不是指國土、宗教、習俗，而是自由和平等的權利。據說，「熱愛自由的愛國主義」不會為自己的民族背景以及共同體的歷史感到焦慮，它是「一種高貴的激情」──「對土地的情感依戀」不僅「低級、無知」，而且

①　約翰・米爾斯海默，《大國政治的悲劇》，王義桅、唐小松譯，上海：上海人民出版社，2008，頁 11–14。

②　羅伯特・夏克爾頓，《孟德斯鳩評傳》，劉明臣等譯，北京：中國社會科學出版社，1991，頁 198–199。

狹隘，對自由平等的激情「蔑視」這種「依戀」。[1]

　　與此相對的是所謂「王朝愛國主義」，顯而易見，這兩種愛國主義都是基督教歐洲政治成長的產物。十九世紀的托克維爾在談論「美國的公共精神」時，已經提到這兩種「愛國主義」的區分，他稱「熱愛自由的愛國主義」是「理智的愛國主義」，與之相對的是所謂「本能的愛國心」，即所謂的「王朝愛國主義」：

　　　　有一種愛國心，主要來自那種把人心同其出生地聯繫起來的情感，這種情感是一種直覺，無私但難以界說。這種本能的愛國心混雜著很多成分，既有對古老習慣的愛好，又有對祖先的尊敬和對過去的留戀。懷有這種情感的人珍愛自己的國土，就像心愛祖傳的房產。他們喜愛在祖國享有的安寧，遵守在祖國養成的溫和習慣，依戀浮現在腦海中的記憶，甚至覺得生活於服從之中有一種欣慰。在宗教虔誠的鼓舞下，這種愛國心往往更加熾烈。這時，人們會創造出奇跡。這種愛國心本身就是一種宗教，它不做任何推理，只靠信仰和感情行事。有些這樣的民族以某種方式把國家人格化，認為君主就是國家的化身。[2]

　　托克維爾的如此描述充分表明他自己是個共和主義者，

---

[1]　毛里齊奧・維羅里，《關於愛國：論愛國主義與民族主義》，潘亞玲譯，上海：上海人民出版社，2016，頁 55–56。

[2]　托克維爾，《論美國的民主》，董果良譯，北京：商務印書館，2004，頁 268（譯文略有改動，以下隨文註頁碼）。

在他眼裏，舊的「愛國心」是非理性的，「只靠信仰和感情行事」。尤其重要的是，它體現為對王權的服從——用你們習慣的說法，這可以叫做「封建愛國主義」。

今天的「共和愛國主義者」會把自己的精神源頭上溯到羅馬共和國晚期（維羅里，《關於愛國》，頁 17）。但在他們看來，更為重要的精神源頭無疑是十五世紀的文藝復興時期。因為，「正是在意大利城邦共和國的思想背景下，祖國（Partia）這一經典的羅馬含義才得以完全恢復，並成為鮮明的共和愛國主義的話語基礎」。據說，在馬基雅維利的著作中，「祖國」是個核心詞彙，而「民族」一詞則無足輕重，他也「根本不關注對共和國文化同一性的保護，更不關注對語言純潔度的保護」。因為，他「所談論的美德亦即愛國主義」，是「共和主義的對共同自由的熱愛」，或者說「對共同善與國家的熱愛，事實上是對自由與保護自由的法律的熱愛」，它排除了共同體的歷史要素和血親關係。馬基雅維利的名言「我熱愛我的祖國勝於熱愛我的靈魂」由此才會得到正解：你把「祖國」換成「自由」不會影響其含義，但若把「祖國」換成「民族」，就會顯得非常愚蠢（維羅里，《關於愛國》，頁 26–32）。

這本書的作者是斯金納的擁躉，斯金納親自指導了他的寫作，不然的話，我還真不知道他是從哪裏得來的如此論調。作者還說，在英國共和革命期間，這種愛國精神首次得到發揚光大，並由清教徒殖民者帶到了英屬美洲殖民地。因此，美國人的愛國精神在一開始就意味著反對王權專制、反

對「親英分子」忠於母國，因為這等於是忠於皇室制度。他沒有注意到，托克維爾其實發現，美國的共和愛國主義還基於一種「地方性的愛國主義」，因為，所謂「共和精神」或「自由民族」這樣的「風氣和習慣」最初產生於各州，發展起來後才通行全國：

> 從某種意義上來說，聯邦的秉公精神不外是地方愛國主義的集大成。可以說，每個美國公民都把自己對本小共和國的依戀之情轉化為對共同祖國之愛。（《論美國的民主》，頁 182–183，比較頁 178、340）

聽我們這裏的中國留學生說，托克維爾在你們那裏幾乎是思想史上的聖人，而喜歡托克維爾的學人又幾乎無不是信奉自由民主的共和派人士。因此，與我們的共和主義者一樣，他們恐怕不會注意到托克維爾還說過，美國的這種愛國主義「往往不過是個人自私心的外延」，它「只存在於州，而且幾乎可以說不會及於聯邦」（《論美國的民主》，頁 428）。從今天的語境來看，這種愛國精神正是美國的蛀蟲。要命的是，既然這種愛國主義的底蘊是「個人自私心」，它最終也不可能是堅定的「邦國」（state）愛國主義。用托克維爾描畫舊歐洲的「愛國心」的那些語詞來說，美國人的愛國心其實混雜著很多成分，因「個人自私心」而變得難以界說。

　　一個美國人在專顧私人利益的時候，就好像這個世界上只有他自己；而在他熱心為公務而活動的時候，又好像把私人利益全都忘了。他有時好像是在受強烈的利己主義私欲的驅使，有時又好像是在受崇高的愛國主義推動。（《論美國的民主》，頁 674）

　　美國的愛國主義何以會是一種「集體的自私自利」，托克維爾的說法多少可以給出解釋。但托克維爾算不上是政治哲人，至多與英國的柏克（Edmund Burke, 1729–1797）差不多，即善於觀察歷史的變遷，並從中提煉出某些具有實踐性的道德教訓。我們不可能指望他會從政治哲學層面進一步細看，這種「個人自私心」究竟是怎樣的。施特勞斯在談及馬基雅維利的愛國主義時，像是在推進托克維爾的觀察，因為他說，馬基雅維利的愛國主義產生於「不顧一切的全神貫注」（exclusive preoccupation），而非產生於「個人自己的舒適或榮耀」，才顯得不那麼「令人反感」。言下之意，美國的愛國精神作為「個人自私心的外延」更令人反感。施特勞斯緊接著就說，正因為馬基雅維利的愛國主義體現為「對正確與錯誤的區分無所謂」，它才「更具有誘惑力，因而也就更加危險」：

　　愛國主義是一種對於自己的東西的愛（love of one's own）。對於自己的東西的愛，低於那種對既是自己的東西又是好東西的愛。因此，對於自己的東西的愛傾向於變成

關注自己的東西即好東西或服從權利的要求。[1]

　　施特勞斯的筆法以精審著稱，他在這裏將「好東西」與「服從權利的要求」（the demands of right）作為兩個對立選項，暗含的意思是「服從權利的要求」並不是「好東西」。在今天讀來，這段話就像是對共和愛國主義的駁斥，因為它恰恰把「自由的權利」視為唯一的好東西，而實際上這並非是什麼好東西，如果人們沒有界定是關於什麼的自由的話。施特勞斯隨即指出，那些稱讚馬基雅維利式愛國主義的人，對「既讓愛國主義神聖又限制愛國主義的東西」（which both hallows and limits patriotism）視而不見，他們不可能妥當地處理「惡的外觀」，甚至無視「真正的惡」，也就並不讓人費解了。與托克維爾的觀察相比，我們不得不承認，施特勞斯更為深刻地揭示了美國式愛國主義的德性品質。

　　當今的共和主義喜歡強調馬基雅維利之道形成的「歷史語境」，因此，馬基雅維利33歲那年（1502）作為國務秘書受命出使伊莫拉公國的經歷，理應受到特別關注。在此期間，他親眼目睹切薩雷·博爾賈公爵（Cesare Borgia, 1475–1507）如何施展計謀、攻城略地、斬殺權臣、剪滅對手，由此獲得了在他看來十分寶貴的政治經驗。嚴格來講，在現實歷史中，博爾賈公爵施展的各種手段並不乏見，以至於顯得自然而然。問題在於，馬基雅維利在自己的著述

---

[1]　列奧·施特勞斯，《關於馬基雅維里的思考》，前揭，頁4（譯文據原文有改動）。

中把這些實踐經驗上升到理論高度，而且強調若要施展這些手段，就得心狠手辣、壞事做盡，不能有任何道德上的顧慮。政治上的成功不可能靠德行，只能靠審慎地運用惡行，因此，他將傳統的 virtue（美德）一詞的語義改為「德能」，以至於如今的政治學家們為理解這個語詞的用法傷透了腦筋。即便是馬基雅維利的好友圭恰爾迪尼（Francesco Guicciardini, 1483–1540），在讀過他的作品後也實在忍不住寫信給他說：「您做得太過分，您在踐踏社會上有價值的東西。」[1] 作為諳熟歐洲歷史的大學者，圭恰爾迪尼當然知道，「掌握政權不能僅憑良心的支配」；「以仁慈著稱的偉大統帥，一旦面對有損他們勝利戰果的事情」也不會心慈手軟，「否則就是愚蠢」。[2] 迫於自然的必然性不得不採取某種手段，與公然讚頌這種手段甚至把它提高到某種德性高度，是性質上完全不同的兩碼子事。

英國作家威廉·毛姆（William Somerset Maugham, 1874–1965）十分多產，他曾以馬基雅維利的著述為素材寫過一部歷史小說《此時此刻》（*Then and Now*），記敘馬基雅維利出使伊莫拉的經歷。在我看來，這部小說遠比波考克（J. G. A. Pocock, 1924– ）的那部名作更當得起「馬基雅維利時刻」這一名稱。毛姆讓我們看到，在馬基雅維利眼裏，

---

[1]　福爾克爾·賴因哈特，《權力藝術：馬基雅維利評傳》，刁承俊譯，桂林：廣西師範大學出版社，2016，頁3。

[2]　弗朗西斯科·奎恰爾迪尼，《政治與經世備忘錄》，王憶停譯，杭州：浙江大學出版社，2021，頁30、137；比較莫瑞茲奧·維羅里，《從善的政治到國家理由》，鄭紅譯，長春：吉林人民出版社，2010，頁186–207。

切薩雷・博爾賈公爵是一位愛國者，他志在「創建一個強大、統一的意大利國家」，「讓意大利獲得自由」，「給這片土地上的人民帶來益處」。[①] 我們應該意識到，馬基雅維利所熱愛的意大利共和國當時並不存在，「意大利半島上存在著許多小的城邦，它們之間相互爭鬥，經常成為奧地利和法國侵略的犧牲品」。馬基雅維利相信，只有「超越意大利的城邦體系」，建立起「單一的意大利國家」，才能與奧地利和法蘭西抗衡。為此，他給「未來的意大利君主提出了殘酷而坦率的建議」（米爾斯海默，《大幻想》，頁 198）。三百多年後（1871），馬志尼（Giuseppe Mazzini, 1805–1872）等革命黨人才實現了馬基雅維利夢寐以求的統一的意大利共和國。「意大利愛國者馬基雅維利無疑對馬志尼影響最大」，而馬志尼則「將其道德觀解釋為時代的產物」。他「最愛說的一句話是，新意大利並非是從但丁那裏，而是從馬基雅維利那裏獲得靈感」。[②]

　　馬基雅維利在歐洲能產生如此深遠的影響，根本原因在於他表達了西方基督教歐洲各色封建政治單位形成領土國家的歷史衝動。1631 年，也就是法國致力建立絕對王權國家的時刻，有位人文主義學人用馬基雅維利學說闡述「國家道德」，寫了一篇題為「論君主」的高深論文獻給黎塞留，以

---

① 威廉・毛姆，《彼時此時：馬基雅維利在伊莫拉》，孔祥立譯，劉訓練校，南京：譯林出版社，2013，頁 191–196。

② 博爾頓・金，《馬志尼傳》，馬清槐譯，北京：商務印書館，1997，頁 11、161。

「適應時代的需要和（這位）首相的理想」；黎塞留的繼任者馬薩林（Jules Mazarin, 1602–1661）則用馬基雅維利主義教育路易十四（Louis XIV, 1638–1715），以便讓他盡快成熟。[①] 十九世紀中期，企望德意志邦聯成為統一國家的思想家們，同樣「給予了馬基雅維利第二次生命」。[②] 用德國史學家邁內克（Friedrich Meinecke, 1863–1954）的說法：

> 現在終於在德意志，馬基雅維利找到了理解他，或者至少開始從他的歷史和個體前提出發領悟世事的人們。[③]

你們一定會感到驚訝，在我們這裏甚至有政治學者認為，如今「是為馬基雅維利恢復名聲的最佳時機」。因為，如果要說「馬基雅維利的思想對其他（西方）國家的發展有至關重要的影響」，那麼，「最有意義的例證就是美國政體的創立，其政體的出發點就是馬基雅維利堅持的觀點，即所有人的行為都是自私的，都首先照顧自己的利益」。他還提醒我們不要忘記，英國共和革命時期的政治家如詹姆士·哈靈頓（James Harrington, 1611–1677）、阿爾傑農·錫德尼（Algernon Sidney, 1622–1683）和奧利弗·克倫威爾（Oliver Cromwell, 1599–1658）等人，最早「公開表示支

---

① 傑弗里·特雷休爾，《黎塞留和馬薩林》，趙立行譯，上海：上海譯文出版社，2003，頁 67、132。
② 喬納森·哈斯拉姆，《馬基雅維利以來的現實主義國際關係思想》，前揭，頁 230–231。
③ 弗里德里希·邁內克，《馬基雅維利主義》，時殷弘譯，北京：商務印書館，2008，頁 517。

持」馬基雅維利的政治思想。[1]

由此可以理解，當今的共和主義者會把馬基雅維利的愛國精神理解為對如何建立共和政體的思考，而這些思考已經成為我們的自由民主政治理論的重要遺產。但正是這份遺產包含著一個內在矛盾：統一的共和國與個體的自由和平等權利之間的矛盾。塞繆爾‧亨廷頓的一段話生動地描繪了這種內在矛盾的外在表現：

> 不信仰美利堅信條，美國人就不成其為美國人；信仰美利堅信條，美國人就必定要反對他們自己。美國人越是熱情地投入到這個國家的政治信仰中，就越是敵視、嘲諷自己的政治制度。在理想／制度間的鴻溝作用之下，美國政府的合法性與美國政治理想的信仰之間，存在著一種此消彼長的關係。（亨廷頓，《美國政治》，頁 69）

老實說，這並不是什麼讓人耳目一新的獨到見解，毋寧說，它不過是精煉地表達了我們有目共睹的現象罷了。問題在於，若要深入認識這個內在矛盾，還需要細看馬基雅維利之道與美國政治成長的歷史關聯究竟是怎樣的。亨廷頓從這一問題旁邊走過，他是真沒看見，還是裝著沒看見，就不得而知了。

---

[1]　邁克爾‧懷特，《馬基雅維里：一個被誤解的人》，前揭，頁 5、240、244、248。

美國的君主與人民

　　馬基雅維利的《君主論》這個書名清楚表明了該書要討論什麼主題，但《李維史論》這個書名則不是如此，它沒有透露關於該書主題的任何信息——這是為什麼呢？施特勞斯提出了這個問題，並給出了自己的解答：因為，《李維史論》隱藏著關於為了創建共和政體而需要如何啟動並掌握人民的秘密教誨——

　　　　《君主論》的獨特論題，所涉及的是最受推舉意義上的君主，是新體制和新秩序的創建者或奠基者。《李維史論》的獨特論題涉及的是人民，是作為業已建立的體制和秩序的維繫者的人民，或者說是作為道德與宗教的儲藏淵藪的人民。[1]

　　既然馬基雅維利最重要的兩部作品的主題分別是「論君主」和「論人民」，那麼，接下來最重要的問題必然是兩者之間的關係。君主也好、人民也罷，更不用說兩者的關係，都不是政治哲學的新鮮論題，而是古已有之。馬基雅維利與西方政治哲學的偉大傳統決裂，意味著他與這個傳統中關於「君主」和「人民」及其兩者關係的看法徹底決裂。

　　馬基雅維利談論的是「新君主」和「新人民」。我們必

---

[1]　列奧・施特勞斯，《關於馬基雅維里的思考》，前揭，頁 195（譯文略有改動）。

須注意到，施特勞斯在描述馬基雅維利兩部作品的主題時，給「君主」和「人民」這兩個語詞都加了限定詞。「最受推舉意義上的君主」（the prince in the most exalted sense）意味著不是傳統意義上的君主，他「是新體制和新秩序的創建者或奠基者」。我們美國的立國者可以享有這樣的世界歷史聲譽，而隨後的歷屆總統則承繼了這一聲譽。

如果「受推舉」可以理解為「選舉」，那麼，「最受推舉」就可以理解為直接普選。君主由誰直接普選呢？顯然是人民。人民是「道德與宗教的儲藏淵藪」（the repository of morality and religion），這個界定看起來很平常，其實不然。有心人會在心裏嘀咕：古代的人民是這樣的儲藏淵藪麼？「道德與宗教的儲藏淵藪」不是宙斯或上帝或你們中國人的「天」或「道」嗎？當然，按照「新體制和新秩序」的理解，人民才是「道德與宗教的儲藏淵藪」。既然如此，有什麼樣的美國人民，就有什麼樣的「道德與宗教的儲藏淵藪」，從而也就有什麼樣的被直接推舉出來的美國君主。

美國憲法得到批准後不久，美國就出現了歷史上第一個以「民主」命名的政黨，這得益於詹姆斯‧麥迪遜（James Madison, 1751–1836）的功績，他在政治上一時顯得傾向於平等主義。正是在麥迪遜推動下，美國實現了直接選舉的民主。但在今天的激進共和主義論者看來，麥迪遜仍然「使精英擁有與傳統共和主義相比同樣甚至更多的自由支配權」，從而「用這種方式實現了事實上的精英政治」。這一結果據說與馬基雅維利的公民共和主義構想背道而馳，倒是接近其

友人兼論敵圭恰爾迪尼的貴族共和主義。因此，激進共和主義論者認為，如今應該「針對美國的憲政框架」提出新的改革方案。[①]

　　這無異於說，英屬美洲殖民地成為獨立政治單位時的那場革命實際上沒有完成，因為它沒有實現真正的自由民主理想。1800 年的總統選舉被如今的美國政制史學者視為顯著案例：當時的聯邦黨人認為，這場選舉「揭示出一個非常不同的制度風險──不是濫用敗選期間的權威，而是平民式總統的興起」，但「對於民主共和黨人而言」，他們不得不以「選舉授權以人民的名義進行大清洗」，則是由於「聯邦黨人背叛了 1790 年代的各種建國價值觀」。[②]

　　作為美國的「道德與宗教的儲藏淵藪」，美國的人民具有怎樣的倫理品質？這個問題很難回答，取決於人們站在什麼立場。但有一點誰都得承認：美國人民熱愛個人自由和種種個人權利。在洛克的人民主權論中，「人民」已經是個核心概念。十八世紀的一位英國議員曾這樣解釋「人民」的含義：「我認為它並不是指暴民……而是指英國的中等階層，如廠主、自耕農、商人、鄉紳……」──反種族主義的美國史學家說，其實「美國的情形也是如此」。[③]

① 麥考米克，《馬基雅維利式民主》，康向宇、韓廣召譯，上海：華東師範大學出版社，2018，頁 262。
② 布魯斯·阿克曼，《建國之父的失敗：傑斐遜、馬歇爾與總統制民主的興起》，江照信譯，北京：中國政法大學出版社，2013，頁 206–208，比較頁 22–25；亦參布魯斯·阿克曼，《我們人民：奠基》，前揭，頁 226–261。
③ 霍華德·津恩，《美國人民史》，蒲國良等譯，上海：上海人民出版社，2013，頁 62。

平心而論，隨著美利堅合眾國的政治成長，我們美國人民早已不是如此，它已經「由一個白人統治的分權聯盟轉型為一個吸納了所有種族和宗派的民族」。何況，美國人民「並不是某種超人存在的代名詞，而是指稱一種發生在政治精英和普通公民之間持續的互動過程」。[1] 問題在於，這種過程並不能消除根深蒂固的政治矛盾，即「平權的個體主義」極端倫理與「憑借膚色為首要標誌的歐洲起源和傳統」之間的抵牾。美國人民並非是一個高度整合所有種族和宗派的 nation，這與美國形成的歷史相關：

> 美國社會建立在從歐洲來的移民基礎上，但它也建立在奴隸制以及使用軍事力量吞併墨西哥的領土之上。內戰之後，南部的黑人和被困在西南部的前墨西哥人，成為內部殖民主義的犧牲品，而美國後來的經濟發展又基於持續不斷地從南部招募民族上被界定為低等的階級。美國對待想要成為移民的人也並不公平：古巴人享有不受限制地獲准成為「難民」的權利，而海地人則要遭到遣返，這經常會導致他們的死亡。[2]

「平權的個體主義」可以與任何種族乃至移民群體結合，不難想見，由個人自由和權利觀念養育出來的人民與

---

[1] 布魯斯·阿克曼，《我們人民：轉型》，田雷譯，北京：中國政法大學出版社，2014，頁 224、482。

[2] 約翰·格萊德希爾，《權力及其偽裝：關於政治的人類學視角》，趙旭東譯，北京：商務印書館，2011，頁 266–267。

「最受推舉」的君主之間的關係，非常切合馬基雅維利所揭示過的那種內在矛盾。君主或潛在的君主面臨的與人民的關係問題是：既被人民掌握，又需要掌握人民。競選成了對被推舉者能否善用馬基雅維利之道的最好檢驗，由此引出了美國政治特有的「權力悖論」（亨廷頓，《美國政治》，頁125–134）。晚近的例子是：2000 年，喬治·布什（George W. Bush, 1946– ）憑靠他善於運用馬基雅維利之道勝選，以至於有些人即便「進了墳墓也會堅稱，民主黨人遭到搶劫，或者說大多數美國人的意願被忽視了，民主失敗了」（邁克爾·懷特，頁 245–246）。

馬基雅維利的《君主論》和《李維史論》既為新式君主或潛在的君主獻計獻策，又為如何讓地下的阿刻戎河（Acheron）動起來獻計獻策。在十九世紀的成長進程中，美國的「每一代人都通過政黨體制向總統職位注入新的平民主義意義」，與此同時，十九世紀的政黨又「約束了總統的平民主義驅動」。到了二十世紀，1968 年的民主黨大會最能說明問題，據說它是「悲劇性的」，因為其結果是「讓政黨職業人士聲名狼藉」，「極端主義的總統」成了「最受推舉」的君主。[1]

十七世紀的法蘭西王國爆發投石黨運動（The Fronde，1648–1653）期間，巴黎大主教兼樞機主教德雷茲（Cardinal

---

[1] 布魯斯·阿克曼，《美利堅共和國的衰落》，田雷譯，北京：中國政法大學出版社，2013，頁 16–18。

de Retz，1613–1679）是個關鍵人物。事敗之後，他寫了長篇《回憶錄》，去世後才出版（1717），後來成了「法國文學經典」。與馬基雅維利相比，德雷茲更為清醒地看到了「民眾自由」這個潛在的道德淵藪——這是創造政治權力的潛能。但要讓這種潛能發揮力量，還需要政治知識人的政治技藝，即不擇手段的行動。換言之，相比於「民眾自由」的潛能，政治知識人的潛能更為重要。馬基雅維利向君主獻計時清楚知道，自己推薦的不擇手段的法則具有不道德的性質，因此，他以現實政治的必然性來為此開脫。德雷茲連這樣的藉口也拋棄了，他斷然否認不擇手段的法則具有不道德的性質——政治思想史家沃格林禁不住說：

> 德雷茲完全理解了西方文明的巨大斷裂，理解了從「德性」時代向「利益和偏好」時代的轉變；後一個時代，也就是迷失方向之人（disoriented man）的時代。（沃格林／卷七，頁143）

孟德斯鳩肯定讀過德雷茲的《回憶錄》，他似乎認為，商業化生活方式的發展最終會使得馬基雅維利之道自然而然地變得多餘。《論法的精神》第21章題為「就世界貿易的變革論法與貿易的關係」，其中所展現的世界歷史視野之廣闊，一點兒也不遜色於今天的全球史家。他看到，「在荷馬之前，希臘人的貿易基本上僅限於自己內部和與蠻族之間。可是，當他們組成新的族群時，他們的霸權也隨之擴張」。從此，整個歐洲捲入了連綿不斷的爭奪世界霸權的血腥戰

爭，直到十六世紀的航海大發現之後，出現在歐洲的全球化殖民貿易「衝破野蠻出現在歐洲」（《論法的精神》，頁416、444）。孟德斯鳩隨後寫到，他相信世界貿易會帶來偉大的歷史變革，即政治統治必將變得寬和：

> 君王們在治國時不得不比他們自己所想象的稍微聰明些，因為事實表明，單純依仗權威總是顯得那麼笨拙，以至於得出了一條公認的經驗，那就是：只有施行仁政才能實現繁榮。（《論法的精神》，頁447）

這裏的所謂「施行仁政」，與不論中國還是西方古典的「仁政」教誨都毫無共同之處。孟德斯鳩緊接著還說，「人們開始糾正不擇手段的做法，而且一天比一天見效」——這裏的所謂「不擇手段的做法」即馬基雅維利之道，孟德斯鳩似乎相信，商業化生活方式的形成將一勞永逸地廢除它。

孟德斯鳩用平實的演說風格表達了自由民主前景，這讓人很難不感動：商業化生活方式會培育出一種超政治的力量，服從舒適的生活將取代國內政爭乃至國家間的軍事衝突，消弭政治現實的殘酷無情。直到今天，孟德斯鳩描繪的政治前景依然迷人，尤其能打動一般知識人的心，儘管它在美利堅的立國者那裏就曾遭到過駁斥。

約翰‧傑伊（John Jay, 1745–1829）是聯邦黨人的主要寫手之一，擔任過邦聯時期的美利堅外交部長。為了說服各殖民定居點聯合成「一個全國性政府」，他提出的理由是，必須形成國家並擁有國家化的軍隊，殖民商人才「最可能處

於防禦狀態」，進而「易於制止和阻礙戰爭」——因為，

> 在與中國和印度的貿易方面，我們和好幾個國家存在
> 衝突，因為我們通過這些貿易分享了那些國家以前在某種
> 意義上獨佔的利益。還有，由於這些貿易的存在，對於某
> 些商品，我們能夠自行供給了，而在以前，我們通常要向
> 那些國家購買。（《聯邦黨人文集》，頁 22）

這段話寫於十八世紀後期，不知道你們中國人讀了是否
曾感到驚訝。畢竟，這離十九世紀美國在東亞的行為還相隔
半個多世紀，我們不得不佩服這位立國者敏銳的遠見。

商業化生活方式以及共和政體會給整個世界帶來和平，
不僅孟德斯鳩這樣想，康德也這樣看，而我們美國的立國者
卻認為，這樣的看法有違歷史常識。從歷史上很容易看到，
共和政體並非總是和平的。即便孟德斯鳩認為現代歐洲人
「建立殖民地的目的是開展貿易，而不是建立一個新的城市
或新的帝國」，他也承認，西歐人為此訂立了一項基本法，
即「所有與域外殖民地進行的貿易，一律被視為純壟斷性貿
易，本國的法律可予以懲處」。這條新法引出的結果是，宗
主國需要「用武力保護殖民地，用法律維護殖民地」（《論
法的精神》，頁 449）。既然如此，孟德斯鳩就不能說商業
化生活方式以及共和政體會給整個世界帶來和平。事實上，
在孟德斯鳩之後的時代，各宗主國爭奪經濟資源和貿易市場
的戰爭有增無減。

受「寬和」觀念引導的社會改革，是否能夠徹底清除馬

基雅維利所看到的那些人類身上的邪乎本性，同樣殊為可疑。我們不得不談論美國的愛國主義悖論，最為顯著的例證是 1960 年代爆發的那場「文化內戰」，它迄今「還塑造著我們的政治生活」，或者說「我們仍然陷在 1960 年代不能自拔」。如觀察家看到的那樣，這場美國內戰遺留至今的主要問題首先是民權革命，即「黑人完全融入國家的政治生活和經濟生活」的問題，其次是所謂價值觀念的革命，包括性別主義的興起，以及由此帶來的性觀念和生育觀念的改變，第三才是「關於越戰意義的持續辯論」。人們雖然也爭論美國介入越南內戰對還是不對，但爭論更多涉及「美國人如何看待自己的國家，如何看待美國的領袖，如何看待美國在世界上扮演的角色」，以及「誰承擔了那場戰爭的負擔，他們的承擔是否公平」。與此相伴隨的是，競選君主的候選人為贏得選舉而發明的馬基雅維利式「訣竅」日益五花八門。兩黨都一再重啟「引起分裂的議題」，一遍又一遍攪起舊日的憎恨和憤怒，以激發「選民又一次投下憤怒抗議的選票」。[①]用你們古人的話說，這叫做「民各有心，而鬼神乏主」。

　　有政治理論家乾脆提出，美國的民主還需要「政治本身與國家的分離」，這指的是擺脫兩黨之間為爭奪四年一任的君主權力而提出並竭力實施的意識形態（沃爾澤，《論寬容》，頁 81）。這無異於承認，美國政制歷史地完成了鞏固

---

① 　小尤金・迪昂，《為什麼美國人恨政治》，趙曉力等譯，上海：上海人民出版社，2010，頁 8–10。

過程，華盛頓已經形成權力鬥爭的固定模式。兩黨在美國的內部問題上無論有多少分歧，都不會妨礙雙方在保護美國地位不受外部威脅上的立場趨於一致。他們所信奉的意識形態讓我們的人民相信，外部世界始終是敵對的，他們的責任是推翻這些敵對政治勢力，而且要不擇手段。

美國的歷史與意識形態傳統是支撐這種美國意識的有力推手，而這種意識所產生的不妥協行為往往具有挑釁性。按照美國政治人的信條，將外部世界描繪成絕對敵人以證明自己的政治正確，是美國人無可否認的自然權利。由於美國政治精英的精神世界及其意識形態的這一特點，雖然美國的君主被更換得很勤，但是沒誰會認為反對他們的行為有任何道義和正當性。這種自負心態既見於美國四年一任的君主，也見於美國的人民，它只會來自狄森特心態與充滿信心且帶侵略性的普世民主信念的奇妙融合。

什麼是我們的內憂外患

2007 年，普林斯頓大學威爾遜學院的首位女性院長安瑪麗·斯勞特（Anne-Marie Slaughter, 1958– ）出版了一本小書，書名 The Idea That is America 頗顯修辭技能，副標題則具有激勵性：「如何在一個危險的世界中堅守我們的價值。」作為研究國際關係的專家和對外政策的分析師，安瑪麗·斯勞特在書中一開始就說，「美國以冷戰無可爭議的勝利者姿態出現在世人面前」之後，雖然「實力和財富均舉

世無雙」，但「世界許多地區對我們深惡痛絕，以致凡有美國牽頭的政策，出台即亡。甚至我們民主友邦的公民亦認為美國道德敗壞，而這並非無稽之談」。[①]

面對美國遭遇全球道德譴責這一現實，安瑪麗・斯勞特筆鋒一轉，高調表示自己有責任在承認這一現實的前提下為「美國價值」辯護，以激勵國人堅持「美國的愛國主義和美國的進步精神」。她相信，如果我們美國在國際領域不能也像在國內那樣「成功地堅持自己的價值觀」，那麼，我們就會在這個「更加敵視美國因此也更加危險的世界」中迷失方向，偏離我們的價值理念（《這才是美國》，頁 4）。

安瑪麗・斯勞特清醒地看到，美國的價值觀不是在「9・11」之後才面臨危機：

> 顯然，冷戰以來，我們就已節節敗退。如果嚴肅地看待這一點，即我們最人的優勢不是軍隊、國土和財富，而是我們的價值觀，那麼，就應重新反省目前用以反映和促進那些價值的整套戰略和行動。（《這才是美國》，頁 13）

的確，早在冷戰期間（1960 年代初），美國總統國家安全事務助理、經濟史家沃爾特・羅斯托（Walt Rostow, 1916–2003）就已經提出：

---

① 安瑪麗・斯勞特，《這才是美國：如何在一個危險的世界中堅守我們的價值》，馬佔斌、田潔等譯，北京：新星出版社，2009，頁 2（以下簡稱《這才是美國》，隨文註頁碼）。比較查爾斯・庫普乾，《美國時代的終結：美國外交政策與 21 世紀的地緣政治》，潘忠岐譯，上海：上海人民出版社，2014，頁 31–38（以下隨文註頁碼）。

在亞洲、中東和非洲進行著的權力和意識形態上的鬥爭已危及這個出於本能的假定：美國式的民主無論在哪裏，都必然是未來的潮流，而且在道德上是正確的。[①]

很清楚，美國在國際社會中的道德形象問題，困擾美國政治家已經長達半個多世紀。通過檢討美國的對外擴張史，羅斯托試圖調和美國價值與其擴張行為之間的矛盾，致力於「穩妥地把馬漢的見解和威爾遜的見解結合起來」（羅斯托，《世界舞台》，頁595）。與此不同，安瑪麗·斯勞特以回顧美國歷史的方式重申美國理念無可爭辯的正確性，而這恰恰表明，美國理念極具爭議、亟待辯護。兩相比較，人們很容易看到，冷戰結束後，由於蘇聯瓦解，我們的外患減少了，內憂卻增多了。

至於什麼是美國理念，除「自由、民主、平等、公正」之外，安瑪麗·斯勞特還添加了「寬容、謙遜、信仰」。她的邏輯顯得很奇怪：既然承認我們美國在國際上做了很多不公正也不符合自由、民主、平等理念的事情，她怎麼會想到要說服美國人而非世界上其他國家的人們相信美國理念仍然是普世價值？既然美國國內已經「成功地堅持自己的價值觀」，她費勁地力圖說服美國人堅信美國理念，難道不是無的放矢？

[①] 華·羅斯托，《美國在世界舞台上：近期歷史試論》（1960），北京編譯社譯，北京：世界知識出版社，1964，頁596（以下簡稱《世界舞台》，隨文註頁碼）。

　　作為國際關係問題專家，安瑪麗·斯勞特寫書激勵美國人不要對美國理念失望，但書中談的幾乎都是美國歷史上的國內問題，而不是美國的國際關係問題，這本身就不可思議。即便安瑪麗·斯勞特能證明美國的國內政治符合「自由、民主、平等、公正」的理念，也不等於美國的國際行為符合這些理念。自伍德羅·威爾遜提出「自由民主」是國際秩序的普世原則以來，虛偽就被人們視為美國言行的基本特徵，而這的確又與美國國內的經濟狀況有直接關聯（庫普乾，《美國時代的終結》，頁 93–139）。安瑪麗·斯勞特難道不擔心自己成為美國虛偽的又一個顯著例證，抑或她對此已經道德麻木？

　　「雙重標準」行為恐怕算得上是我們美國的虛偽最顯著的特徵之一，但你們應該注意到，它首先是國內行為，然後才是國際行為。沃爾特·羅斯托早在 1960 年代就已經指出，美國的國內政治慣於採用「雙重標準」，但是——

　　　　美國把它本國的雙重標準（its private dualism）推廣到海外，其結果就和在國內所收的效果大不相同了。在負有全球職責的情況下，美國在申明其道德目的時的那種作風，已成為世界糾紛的一個根源，並給國家利益帶來了損失。（羅斯托，《世界舞台》，頁 599）

　　安瑪麗·斯勞特說，她從自己的美國學生身上看到，他們對「美國的虛偽表達了強烈的不滿」，並為此感到震驚——「儘管如此」，她還是堅持要「適當地指出美國在世

界上的許多善舉」，並提到了「波斯尼亞和科索沃」（《這才是美國》，頁 8）。你們一定會感到匪夷所思：作為國際問題專家，安瑪麗‧斯勞特居然不記得美軍機轟炸中國駐南聯盟大使館。看來，除了讓我們看到一種蒼白的信仰表達之外，安瑪麗‧斯勞特的書還讓我們得以理解，正是美國理念讓白宮認為，自己的外交行為無論怎麼做都一貫正確。憑靠這樣的理念，美國的權力觀絕不會允許任何其他國家引起世界的關注，否則就會危及美國作為國際正義的唯一來源的地位。不少國家因各種歷史或現實的原因成了美國的附庸，但總會有某些國家不會聽命。這些國家會訴諸自然正義，以行動表達自己的意志就有了正當理由，但白宮絕不會允許。白宮領導人無論換得有多快或政策變化有多大，永遠都是正義的化身。沒有自然的正義，只有由白宮領導人根據自己的意願和目的創造出來的美國正義。它可以月月有異，甚至每週不同，白宮發言人所受的智術訓練總能讓他們憑靠已經養成習慣的巧言令辭給出看似合理的解釋。

　　憑靠天然的和通過軍事強力獲取的地緣優勢以及外交政策上的靈活多變，我們美國取得了巨大成功。但我們的政治精英從未酣睡，而是始終惦記著美國理念在世界上僅僅代表了很小一部分人的利益，比美國今天在國際共同體中所能代表的還要少。好在自由民主意識形態使我們相信，世界歷史在我們一邊，我們承受得起等待的代價。美國維持無論是國內安全還是高科技的全球領先地位，都必須以他國人民的犧牲、願望的破滅和驚人的環境消耗為代價，但那是沒有辦法

的事情，我們的理念本身決定了非如此不可。

安瑪麗‧斯勞特的書讓我們看到，美國理念對美國行為具有強制作用。這意味著，既然自由民主是美國的理念，就不能允許美國的權威受到削弱。美國必須時常強調，任何與美國政制不同的國家制度都具有威脅性，這樣才能為自己行使國際獨裁辯護。當然，美國掩蓋自己的國際獨裁行為已經頗有經驗，或者說已經養成掩飾的習慣，如艾森豪威爾將軍說過的那樣，「美國和世界所需要的獨裁式領導行為，應該在暗中進行，這一點很重要」。[①] 出於同樣的原因，美國必須極力突出「普世民主」與「專制」之間的基本對抗，儘管美國在 1941 年之前與納粹德國和日本法西斯政權的合作不勝枚舉。

華盛頓一向強調美國面臨著強大的外部威脅，而誰都知道，這並不是因為美國實際面臨的地緣政治環境有多險惡，而是以此為藉口獲取自己的戰略利益。在人們的印象中，冷戰是蘇聯挑起的。其實，早在「二戰」結束之前（1944年 12 月），「一些美國官員就已經把蘇聯視為下一個敵人」了。[②] 面對美英在「二戰」後的戰略推進，蘇聯明顯處於防禦態勢。「美國捲入歐洲事務」對斯大林的決策影響最大，因為這「不僅可能威脅到蘇聯的戰時所獲利益，還會威脅到

---

① 保羅‧約翰遜，《現代：從 1919 年到 2000 年的世界》，李建波等譯，南京：江蘇人民出版社，2001，頁 567。
② 孔華潤主編，《劍橋美國對外關係史》（下冊），張振江、施茵、王琛譯，北京：新華出版社，2004，頁 247。

它將來的政治發展前景」。[1]

美國的政治領袖在 1948 年僅僅擔心兩件事情：蘇聯空襲美國和進攻西歐。當時的美國陸軍參謀長為此作證說，「這種空襲的可能性和實際性每天都在加強」——其實，他心裏很清楚知道，「蘇聯在經過一場劇烈作戰、國力衰竭之後的三年」，無論如何沒有力氣「進行擴張策略，何況美國還擁有原子彈獨佔優勢，蘇聯亦無遠程空中作戰能力」（基辛格，《大外交》，頁 426–427）。我們的政治史學家有理由說：

> 二十世紀五十年代早期的「大恐慌」是一場由普遍存在的缺少安全感引起的，這是美國人民本身的一種病態心理。這種不安全感體現在對國家安全、美國價值觀以及自由主義體制脆弱性的擔憂上。[2]

因此，維持美國的國際獨裁模式，就得不斷宣傳外國敵視美國的神話，這成功地塑造了你們所熟悉的美國外交行為模式。華盛頓的政治精英從來不會認為美國的未來很安全，十七世紀以來的歐洲衝突經驗讓他們始終堅信，這種安全感只會是致命的自我欺騙。1980 年代的蘇聯人才有這樣的安全感，結果是蘇聯的瓦解。在可見的未來，美國絕不會把任

---

[1]　托馬斯·沃爾夫，《蘇聯霸權與歐洲：1945–1970》，上海：上海人民出版社，1976，頁 18。

[2]　費正清，《費正清中國回憶錄》，閻亞婷、熊文霞譯，北京：中信出版社，2013/2017，頁 382。

何一個新崛起的大國視為夥伴，只會視為你死我活的對手。
白宮若對和平和穩定有真誠的熱愛，太陽就會從西邊升起。
由於不會相信不同政體友好共處的可能性，白宮只會對影響
力日益增長的對手施以長期不懈的壓力，並竭盡全力削弱和
瓦解之。

　　我們美國人的不安全感實在太強了，但真實的敵人不在
外部，而是在我們內心深處。由於來自基督教歐洲的宗教分
裂語境，由於遭受宗教迫害而遠走天涯的經歷，我們美國人
根本懷疑競爭性力量長期和平共存的可能性，這種缺乏信任
的心態早已形成傳統。基辛格教授是德裔猶太人，15 歲才
離開德國，「美國化」以後，猶太人的受迫害經歷與清教徒
受迫害的經歷交織在一起，使他變得本能地「永遠充滿不信
任和不安全感」（艾薩克森，頁 21）。清教徒堅信自己的基
督教教義永無謬誤，加上類似本能的受迫害心態，後來的美
國政治人總是相信，只有徹底降服所有競爭力量，美國才能
獲得安全。所有這些加在一起，我們美國不可能設想任何長
久的多邊式國際政治的分權狀態。

　　直到今天，美國外交的主要任務仍然是不斷強調這樣一
個神話：美國處於被包圍之中。實際上，我們美國包圍俄國
和你們中國已經長達半個多世紀，如今還在竭盡全力縮小包
圍圈：針對中國的軍事前沿部署早已成功嵌入台灣海峽，針
對俄國的前沿部署則有待推進到烏克蘭。

　　被包圍的神話看似來自麥金德—斯皮克曼，其實它深

植於美國理念，因此才對塑造美國行為有強制性作用。[1] 華盛頓絕不會放棄這種神話，儘管美國以這種神話的名義做了太多不義的事情，它仍然是美國理念的標誌之一。半個世紀前，我們的一位思想史家已經看出，斯皮克曼（Nicholas John Spykman, 1893–1943）的《和平地理學》沒有什麼新意，「只不過是把麥金德（Sir Halford Mackinder, 1861–1947）的觀點複製到以美國為中心的制圖學中」，並「大量借鑒（德國）地緣政治學著作和《我的奮鬥》中的馬基雅維利精神」。[2]

由於清教徒心態絕不會放棄你死我活的鬥爭意志，總是夢想著在某個時刻推翻世上所有與美國政體不同的政體，我們已經習慣於敏銳地發現所有與美國理念不同的國家內部的反對力量的蛛絲馬跡，一旦發現便迅速扶植為親美勢力的代理人。對你們中國而言，美國並不急於實現這一目標，除了因為扶植代理人非常困難，還因為我們美國需要你們這個巨大的代工工場和消費市場。

安瑪麗·斯勞特試圖通過回顧美國歷史來鼓勵美國人堅信美國理念，顯然是因為美國國內的政治失序和國際政治的急劇動蕩嚴重損害了美國人民的實際利益，破滅了他們的希

---

[1] 哈福德·麥金德，《民主的理想與現實》，武原譯，北京：商務印書館，1965，頁 124；尼古拉斯·斯皮克曼，《和平地理學：邊緣地帶的戰略》，俞海傑譯，上海：上海人民出版社，2016，頁 62、79。

[2] 克里斯托夫，《地緣政治學的起源及演進》（李世祥譯），見婁林主編，《拉采爾與政治地理學》（「經典與解釋」第 59 輯），北京：華夏出版社，2021，頁 34 註 2；比較佩里·安德森，《美國外交政策及其智囊》，前揭，頁 11–14。

望，而這些人民是美國政制賴以存在的基礎。我們美國的政治學者明顯越來越焦躁不安，因為他們像我一樣心裏清楚，受恐懼感和強迫症支配的美國精英不可能徹底糾正自己國家的深層弊端，因為這些弊端無不來自美國理念本身的道德痼疾——如我在上次的長電郵中描繪過的那樣。由於這些深層弊端不能得到徹底克服，一旦美國在上個世紀儲存下來的經濟—科技—軍事紅利消耗殆盡，其政治上脆弱、經濟上虛弱的本來面目就會暴露出。在這樣的歷史進程中，除了堅持在全球投放軍事力量，美國能夠輸出的至多是自己的「普世民主」熱情，以顯示自己的原始政治生機的奇特魅力——這就是安瑪麗・斯勞特的小冊子所要做的事情。

米爾斯海默（John Mearsheimer, 1947– ）說過，普通美國人不喜歡權力政治，在公開場合他們常常以自由主義口吻談論美國的外交政策，為了迎合民眾，「政策精英的言辭也被塗上了濃重的樂觀主義和道德主義色彩」：

> 美國學術界特別擅長提升思想市場中的自由主義成分。然而，一旦關起門來，籌劃國家安全政策的精英們卻滿口權力語言，而不是什麼（自由主義道德）法則；在國際體系中，美國也在按現實主義邏輯行事。（米爾斯海默，《大國政治的悲劇》，頁 19–20）

作為威爾遜外交學院的院長，安瑪麗・斯勞特算得上是這裏所說的「籌劃國家安全政策的精英」吧，她在閉門會議中會怎樣發言，我不得而知。但我知道，美國政治精英的處

境從來就不好過，除了不敢得罪動輒訴諸自然權利的人民，他們進入政界後會受到兩種利益的鉗制：國家的整體利益和各經濟寡頭的利益。為了平衡各種利益，他們會不顧上帝和人類基本道德的約束而不擇手段，否則就會在政治漩渦中喪失權力。畢竟，政治的不確定性始終威脅著美國的政治生活，這源於國家權力從某個集團或個人到另一個集團或個人的轉移，每隔四年的普選總統節就是這種轉移的節點。在不少美國人眼裏，這不過是「巧妙的欺騙」與「競選集會的暴力展示」週期性復返的時刻。要是出現難以收拾的經濟危機，政治的不確定性就可能從根本上動搖美國政制的基礎。一些中國留學生對這種週期性的權力轉換模式傾慕不已，在我們這裏刻苦學習美國憲政經驗希望今後帶回去，讓我覺得很滑稽。

　　有位中國留學生告訴我，安瑪麗・斯勞特的書很快就被譯成了中文，可見你們比我們美國人自己對美國更有信心。據說在給中國讀者的序言中她寫道，「『美國價值觀』不單單是美國的，也是全世界的」。她甚至提到，2008 年，奧巴馬這樣的黑人當選總統，既向全世界也向美國人民自己表明，「不僅更新政府是可能的，而且還存在著自下而上地徹底改造政府的可能」（《這才是美國》，「中文版序」，頁 3、6–7）。如果這不是說美國需要不斷自下而上地折騰，又是在說什麼呢？

　　我不禁想起，德國作家托馬斯・曼（Thomas Mann, 1875–1955）的著名小說《布登勃洛克一家》（*Buddenbrooks*）中

有一個比喻：一個政治體若已經嚴重衰敗，其外表往往會顯得極為強盛。布登勃洛克一家在極盛時有如一顆向地球發出耀眼光輝的星體，實際上它已經不復存在。誰敢斷言，白宮投向世界的耀眼光輝不是一顆正在消逝的星座發出的餘暉呢？當然了，要證實或證偽這一斷言都非常之難，人們只能說存在這種可能性，即美國理念本身包含了衰敗的種子，而且早已生根發芽。

安瑪麗·斯勞特的小冊子最終讓我們看到，儘管她相信，華盛頓推行的「普世民主」全球化是一種神秘的救世運動，但也認為需要不斷調整戰略以適應事態發展，否則難免遭遇挫敗。不過，有一項戰略除外：遏制任何可能挑戰美國的力量，是美國政治精英考慮的首要問題——無論它來自中國、俄國、歐洲甚至日本。為此他們需要發展豐富的手段（包括意識形態言辭），利用現代技術給美式國際專制主義帶來的便利維持「世界新秩序」。長期以來，的確很少有國家能挑戰美國的權威，即便有的話，在美國的遏制戰略面前也難以取得預期效果，畢竟，我們可用於遏制的手段太豐富了。[1] 為了維持這樣的國際秩序，華盛頓不可能與任何不同政體的大國共同致力於構建國際和諧，只會認為任何大國的崛起都是在削弱美國的利益，哪怕這些利益來自美國過去的不義行為，這沒有什麼不好理解。

---

[1]　比較約翰·加迪斯，《遏制戰略：戰後美國國家安全政策評析》，時殷弘等譯，北京：世界知識出版社，2005。

　　正因為安瑪麗・斯勞特堅信美國理念，她沒法理解為何世界上的大多數國家在和白宮打交道時都被迫保持高度警惕。白宮的對外行為經常到了不顧及自己的國際聲譽的地步，出爾反爾、表裏不一、疑心重重和不懷好意的表現司空見慣。在可見的將來，這些現象還會繼續存在，只是程度和側重點有所變化罷了。當白宮的政治家們有求於其他大國時，他們會暫時隱藏根深蒂固的敵意，如果你們因此而欣喜地認為「美國人變了」，那就太過幼稚。

　　白宮的對外政策慣於出爾反爾，以及由此衍生出的其他類似特徵，充分反映了美國政制的德性品質。只要美國理念不改變，世界各國就得面對這些行為特徵，不管是明示的還是暗含的。白宮政治人心裏當然清楚，當美國政府與某個大國在某個外交協議上簽字時，這不過是對付敵人的策略。在今後很長一段時間裏，世界上所有國家仍將一如既往地發現很難與白宮打交道，因為，白宮從來不會拿已經獲取的利益和權力作賭注，去謀求任何沒有實際意義的理想。

　　基於馬基雅維利之道，雖然白宮總體上敵視任何大國，但當面對正在崛起的大國不得不承認的實力增長時，華盛頓的政治家也善於讓政策保持高度靈活，以免美國的局部弱點削弱美國的總體潛力。這就要求美國對遏制政策有堅定的信心，在美國秩序暴露出的每一個虛弱點上毫不猶豫地做出反擊。

　　作為國際政策分析師，安瑪麗・斯勞特沒有提到這個行當的前輩喬治・凱南（George F. Kennan, 1904–2005）。事

實上，凱南的《美國外交：1900–1950》是「冷戰一代的聖經，重印多次，至今仍受到廣泛的閱讀與尊重」，其影響力既巨大又深遠，因為它「貢獻了近幾十年來在美國外交政策中佔統治地位的觀點」。[①] 安瑪麗‧斯勞特對此保持沉默，顯然是因為喬治‧凱南持有的美國理念與她並不同調。喬治‧凱南雖然是善於誇張的「冷戰」好鬥分子，但他關於「民主」與「專制」的說法肯定會讓安瑪麗‧斯勞特感到極不舒服：

> 無法證實「民主」或者我們想象中的「民主」是大多數人類的天然狀態。它似乎倒是一種政府形式，而且是難以治理、弊病很多的形式。這種政府形式在十八和十九世紀形成於西北歐，主要是那些瀕臨英吉利海峽和北海的國家，並延伸到中歐的一部分。後來，它發展到世界的其他地方，包括北美⋯⋯換言之，就時間和空間而言，民主的基礎比較狹窄。要說它是這個狹窄範圍以外的人們的天然統治形式，還必須拿出證據來。
>
> 各種政權形式的區別，包括人們試圖劃分的「民主」與「專制」之間的區別，當然都是相對而不是絕對的。每一種民主政體都包含有一點陰謀詭計和一點極權主義；而每一種專制政體又都含有一點民主。[②]

---

① 邁克爾‧亨特，《意識形態與美國外交政策》，褚律元譯，北京：世界知識出版社，1998，頁 6；比較喬治‧凱南，《美國大外交》（60 週年增訂版），雷建鋒譯，北京：社會科學文獻出版社，2013。
② 喬治‧凱南，《當前美國對外政策的現實：危險的陰雲》，柴金如、劉覺儔譯，北京：商務印書館，1980，頁 39。

由此可以理解，凱南為何會主張應該切割美國的外交政策與美國的民主進程的關聯，盡量「縮小（民主）道德主義與（自由）法治主義的影響」。人民「只應在偶然的公民投票的情況下表達他們的意見」，制定政策應當是專家們的特權，因為他們既熟悉國際事務、忠誠於國家利益，又不隨著公眾情緒和「受縱容的過度行為以及統治美國政治的集團利益而搖擺不定」（邁克爾・亨特，頁 8）。

我們再次看到馬基雅維利之道的內在矛盾，當然還有馬基雅維利之道與孟德斯鳩之道的內在矛盾。對任何政治體來講，擔綱者階層都是不可或缺的中堅。專家治國論並不是喬治・凱南的首創，立國者漢密爾頓已經從不同於自由民主理念的角度看待國家的成長。對他來說，國家的富強與個人自由的理念不可能兼容。殘酷的現實使他認識到，美國這個新生的國家還很脆弱，必須謹慎從事，為此首先得建立一個由政治精英主導的「富有生氣的國民政府」。因為，「極少數精選人物比一般民眾站得更高，看得更遠」（邁克爾・亨特，頁 25–26）。顯而易見，這種精英主義的國家觀念與安瑪麗・斯勞特的自由民主國家觀念各唱各的調——各調都不是美國，兩種調子的二重唱才是美國。

由於美國政治精英的生長機制向來富有活力，華盛頓的對外政策從來不是守株待兔地維持現狀，而是力圖通過自己的政治行動主導他國的發展。可是，你們的中國共產黨顯得更具富有德性的精神活力，不僅能夠穩步解決自身的問題，而且表現出承擔世界大國責任的倫理擔當。正因為如此，凱

南戰略思想的繼承人米爾斯海默認為，安瑪麗・斯勞特式的普世民主信仰難免淪為堂吉珂德式的幻想（《大幻想》，頁172–180）。相信自由民主必然勝利，是美國理念的基石，如今，這種必勝信念正面臨崩潰的危機——注意我說的是美國理念的崩潰，它比經濟崩潰更為致命。

這必然給華盛頓的外交政策增加新的困難，白宮不得不使盡渾身解數，不擇手段地打壓中國。經過幾輪打壓後，中國沒有出現華盛頓政治家期望看到的崩潰，自然會對自由主義世界秩序產生重要而深遠的影響。要說美國能獨掌自由主義世界秩序的生死，那是誇大其詞。不過，華盛頓的精英們仍然相信，他們必須而且能夠對中國施加極限壓力，迫使中國政制逐漸軟化，因為自由民主這樣的符咒屢試不爽。總之，你們別指望我們的政治精英會放棄美國理念，那樣的話美國就不再是美國了。華盛頓的精英們倒是擔心，崛起中的大國會提出自己所理解的自由民主理念，這肯定會被他們視為一匹特洛伊木馬。

新中國在改革開放之後，工業和技術水平快速增長，日益接近美國，某些方面取得的成就甚至超過美國，不少華盛頓精英每每想到這些便不禁心裏發慌。他們非常後悔沒有充分估計到中國人民承受身體和精神壓力的堅韌程度，他們曾指望中國的年輕一代個個成為「美國粉絲」，這一希望儘管在不少文人作家甚至大學教授身上實現了，總體而言卻落空了。華盛頓的精英們當然指望中國人優柔寡斷、紛爭不斷，最好是內部分裂。那樣的話，他們會欣喜不已，並大受鼓

舞。他們知道，一個國家若缺乏社會凝聚力，尤其是擔綱者階層「就國家安全和核心利益受到外部威脅的危險性排序難以達成一致」時，美國正好利用他們「就國家應該與誰結盟產生的分歧」來牟取自己的戰略利益。[1] 據我認識的中國留學生說，你們的一些知識精英曾埋怨：2010 年以來，中國不再「韜光養晦」，急於公開展示自己的宏大國際戰略，太張揚啦，結果是喚醒了美國對中國的警覺。我們的政治精英聽到這樣的說法當然會樂不可支，因為它表明，這些自以為是的知識精英們把自己的愚蠢當成了我們美國政治人的愚蠢。

如果說我還是一位愛國主義者的話，那我只能承認，美國的文明理念與古老而又彌新的中國文明理念的競爭不可避免，這既是對美國文明的考驗，也是對中國文明的考驗。我們雙方都需要讓自己有最好的政治表現，以證明自己配得上是偉大的國家。就考驗兩國的德性品質而言，沒有比這更公平的了。在這種情況下，我沒有理由指責華盛頓精英們不斷不擇手段地祭出種種遏制中國的手段。中國人民應該感謝我們的美國理念，因為它會讓你們經受無法規避的挑戰，從而使中國文明的血脈和國家安全依賴於中國人自己的同心同德——如你們的古人所說「上下皆有嘉德，而無違心」，並承擔起世界歷史期盼新生的中國去承擔的國際政治責任。

我知道，這並不意味著你們會提出一套「普世價值」讓

---

① 蘭德爾‧施韋勒，《沒有應答的威脅：均勢的政治制約》，劉豐、陳永譯，北京：北京大學出版社，2015，頁 14。

全世界去接受。我們中的不少人喜歡說，你們的致命欠缺在於手中沒有「普世價值」這張王牌（據說中國俗稱「大鬼」）。他們不懂得，這是我們歐洲人的文明習慣。您對我說過，中國的世界文明原則是「和而不同」。「天下」之外還有「化外之地」，這意味著，我不會同化你，但你也別打主意吞併我。即便是孟德斯鳩也在他的《隨想錄》中說過：

> 促使野蠻民族尋求在中國人統治之下生活的原因，是中國的繁榮和幸福（中國歷史上鮮見征服性戰爭）。[1]

若美國人要說儒家文明不能提供普世價值，只會讓我們自己顯得可笑。我相信，只要你們能成功地將「盎格魯—撒克遜民族擴散的瘟疫」隔離在外，你們就會有希望。至於我們如何醫治自己身上與生俱來的病毒，那是我們自己的事情——我只能說，聽天由命好了。

---

[1] 孟德斯鳩，《孟德斯鳩論中國》，徐明龍編譯，北京：商務印書館，2016，頁 277。

五　清教文明的戰爭威脅

　　讀完萊寧先生的第二封長電郵，我不免心生感歎：任何民族的知識人都有良莠之分。像萊寧這樣心性端正、見識透闢且有自知之明的智者，在美國乃至歐洲應該不在少數，只可惜他們不會成為主流學人，不會在校園或傳媒有影響力，更不會進入白宮成為閉門會議中的主角，更多是安瑪麗・斯勞特這樣的美國學人掌握著意識形態話語權。

　　歐洲的情形同樣如此，胡里奧・麥克倫南（Julio Crespo MacLennan, 1970- ）是有西班牙／英國雙重國籍的政治史學家，他儘管承認現代歐洲興起的五百年歷史「無疑充斥著血腥、屈服、剝削、屈辱、苦難和不公」，仍然執著地肯定「歐洲帝國的擴張和歐洲的發展經驗對現代社會做出的貢獻」——首先是「三權分立、議會制、人人平等，以及人權」等自由民主觀念。胡里奧・麥克倫南沒有去思考這種觀念與他承認的歷史之間的關聯，而是與安瑪麗・斯勞特重述美國故事一樣，帶著自由民主信仰描述歐洲自十六世紀崛起以來的五百年歷史，以此竭力勸說如今的歐洲人相信，世界上「唯一具有足夠吸引力」的社會夢想仍然是「美國夢」和「歐洲夢」。[1] 這恰恰表明，如今有太多歐洲學人相信，「美

---

① 胡里奧・麥克倫南，《歐洲：歐洲文明如何塑造現代世界》，黃錦桂譯，北京：中信出版集團，2020，頁 IX-XV、383–421。

國夢」也好,「歐洲夢」也罷都不再具有吸引力。

　　我再次想起基辛格在《大外交》結尾時所表達的憧憬:他對美國主導的「世界新秩序」的未來充滿自信,心裏真的感到踏實?兩年後(2001),基辛格在一次「具有標誌意義的聲明」中重申了他的自信:「在新千年即將到來之際,美國擁有著歷史上最偉大的帝國都無法匹敵的優勢地位。」不到十年(2010),巴黎的政治史學家戈盧布(Philip S. Golub)就對基辛格的如此自信提出異議:自蘇聯瓦解以來,美國的所作所為正在使美國的「世界新秩序」走向崩潰。

　　　兩極局面的結束(給美國)帶來大好機會,以修復和強化構成國際合作基礎的多邊制度結構,擴展國際法的範圍和使國際關係去軍事化,但美國沒有抓住這個機會。與1945年的情況類似,這樣的歷史時刻需要在全球層面開始一次新的「大談判」,建立更具有包容性和民主性的世界政治模式。錯過這個機會,反映了美國國內社會結構的中心(「軍事工業集團」)和美國的權力精英對於我所說的「帝國主義世界觀」的固執。①

　　戈盧布提到1990年代以來的情況「與1945年的情況類似」,這無異於說,美國在「二戰」結束之際就沒有抓住機會,而按照基辛格在《大外交》中的說法,當時正是現代歷

① 菲利普・戈盧布,《動搖的霸權:美帝國的擴張史》,廉曉紅、王璞譯,北京:中國民主法制出版社,2014,頁2;比較埃曼紐・托德,《美帝國的衰落》,李旦譯,北京:世界知識出版社,2003,頁5–9。

史「第三度建構世界秩序」的關鍵時刻——朝鮮半島戰爭就在這樣的時刻爆發。

美國理念與有限核戰爭

我們記得，基辛格在《大外交》結尾時說，美國「只憑靠道德和善行就能無往不利」。他未必意識到，這樣說會讓人覺得他面對世界歷史時缺乏誠實，而他恰恰又讓自己顯得是作為一個政治史學家在說話。艾利森（Graham Allison, 1940– ）算得上基辛格的學生，他倒是說了句實話：

> 美國為什麼能夠主導並制定第二次世界大戰後世界秩序的規則呢？雖然許多美國人都想誇耀是因為他們的智慧、美德或魅力，但事實是，國家的壓倒性實力是決定性因素。[1]

這無異於坦然承認，美國的行為原則是馬基雅維利之道。基辛格的前任羅斯托已經說過：

> 我們所處理的外交關係幾乎沒有一樁不受到這樣一種因素的影響，即對美國軍事力量的估價以及我們可能使用這種力量的具體環境。我們的各項軍事能力，以及我們為了追求重大的國家利益和目標而使用這些力量的決心，正

---

[1] 格雷厄姆·艾利森，《註定一戰：中美能避免修昔底德陷阱嗎？》，前揭，頁 293（以下隨文註頁碼）。

是我們全部非軍事政策不可避免的背景。①

　　馬基雅維利《君主論》第十七章的標題是：「論殘酷與仁慈，以及受人愛戴是否比被人畏懼來得好些」——這是一個問題。馬基雅維利的回答是，君主最好能做到既受人愛戴又讓人畏懼，但如果兩者難以兼得，「那麼，讓人畏懼比受人愛戴要安全得多」。②政治史家提醒我們，馬基雅維利的這一認識很大程度上來自他對意大利戰爭的理解：他「分析了進行戰爭的各種方式，交戰的政治和軍事規則看起來並不符合基督教的道德規範，戰爭中，許多事依賴好運氣和赤裸裸的實力」。③即便基辛格的傳記作家弗格森（Nail Ferguson, 1964– ）堅信基辛格是個康德式的理想主義者，他也不得不承認，基辛格的處女作《核武器與對外政策》是一部想方設法「讓人畏懼美國勝過愛戴美國的書」（弗格森，頁364）。

　　美國如何讓別的大國畏懼？在火藥武器已經進步到鈾核裂變武器的時代，最具威懾力的當然是熱核武器。基辛格清楚知道，在第二次世界大戰中，盟軍「對德國歷次空襲所造成的死亡總數為33萬人」，而「一枚一千萬噸級武器在美國任何一個大城市上空爆炸所造成的死亡人口，都要比這一

①　沃·惠·羅斯托，《從七層樓上展望世界》，國際關係學院「五七」翻譯組譯，北京：商務印書館，1973，頁39。
②　馬基雅維利，《君主論》（插圖本），劉訓練譯註，長春：吉林出版集團，2014，頁140。
③　馬克·格林格拉斯，《基督教歐洲的巨變：1517–1648》，李書瑞譯，北京：中信出版集團，2018，頁339–340，比較頁484。

數字大幾倍」。[1]

　　按照一種說法，杜魯門決定對日本動用核彈時，這種武器剛剛試驗出來，他並不清楚「小胖子」的實際殺傷力。其實，杜魯門在總統辦公室看到的那份最高機密報告一開始就清楚寫道：「我們十有八九就會製造出人類歷史上最可怕的武器，它的一顆彈就能毀滅一座城。」儘管「杜魯門知道歷史終會評判」他，因為他是「世界上唯一有權終止對日進行原子彈轟炸的人，但他選擇不去這麼做」。[2]

　　1953 年 12 月，美軍參聯會主席在一份內部報告中寫道，「在我們今天的武裝部隊中，核武器簡直已經取得了常規武器似的地位」。明知核武器不僅具有可怕的殺傷力，還具有無差別的毀滅性破壞力，艾森豪威爾總統仍然依據這份報告公開宣稱（1955 年 3 月），「如果這些東西是用來攻擊不折不扣的軍事目標，而且是為了達到不折不扣的軍事目的，那麼我看不出有什麼理由不應當使用它們，恰如你使用子彈或任何其他武器一樣」。[3]

　　基於這樣的核武政策基調，基辛格在 1956 年發表的處女作中提出了「有限核戰爭」論。馬基雅維利為歐洲人的政治理解提供的新「自然主義」原則是，政治「超越了善

①　亨利・基辛格，《核武器與對外政策》，前揭，頁 70（以下隨文註頁碼）。
②　比爾・奧雷利、馬丁・杜加爾德，《幹掉太陽旗：二戰時美國如何征服日本》，莊逸抒等譯，南京：江蘇鳳凰文藝出版社，2017，頁 70、107–108（以下簡稱《幹掉太陽旗》，並隨文註頁碼）。
③　勞倫斯・弗里德曼，《頭兩代核戰略家》，見彼得・帕雷特主編，《現代戰略的締造者：從馬基雅維利到核時代》，時殷弘等譯，北京：世界知識出版社，2006，頁 728。

惡」——用意大利哲學家克羅齊（Benedetto Croce, 1866–1952）的說法，即便「聖水也無法為政治驅邪，把它從這個世界趕走」。現代歐洲政治成長的歷史經驗要求政治人不擇手段扼制機運（fortuna），以至於不擇手段成了一種政治德性。[①] 基辛格的國際政治思維以現代歐洲政治的歷史經驗為基礎，看看他如何在核武政策問題上走鋼絲，會有助於提高我們的政治辨識能力。

「有限核戰爭」指在戰術層面使用核武器，基辛格論證說，人們沒必要擔心這樣使用核武器會使得戰爭傷亡大增，以至引發核戰爭升級或全面戰爭。因為，「有限核戰爭有其自己的適當戰術，並且目標、地區以及所用武器的大小都有限制」。只要採用正確的戰術，有限核戰爭帶來的破壞力未必會比常規戰爭更大。何況，憑靠大殺傷力達成戰爭勝利的目的，是亙古不變的戰爭手段。既然如此，一個國家「大致不會由於最初使用的是常規武器還是核武器的區別而感到更多的約束」（《核武器與對外政策》，頁 172–175）。這無異於暗示，如今美國可以心安理得地抹去核戰爭與傳統戰爭的倫理差異。

關於傳統戰爭的破壞力，基辛格想到的史例也許是1945 年 3 月 10 日美軍對東京的大轟炸。這次戰爭行為被命名為「會議室手術」（Operation Meetinghouse），政治史家

---

① 肯尼斯・戴森，《西歐的國家傳統：觀念與制度的研究》，康子興譯，南京：譯林出版社，2015，頁 22、27。

認為「這簡直是一場大屠殺」,「是歷史上最可怕的轟炸」,遠比「任何二戰中的轟炸都要慘烈」。因為,僅僅一顆 M–69 凝固汽油彈「就能引起一場大規模火災」,而美軍在這次行動中對東京投放了「500 萬顆 M–69,有 10 萬人死亡,4 萬人重度燒傷但還剩半條命」,還有「100 萬日本人失去家園」(《幹掉太陽旗》,頁 64–66)。[①]

　　基辛格甚至說,只要一個國家不想拿自己整個民族的存亡作賭注,那它是在有限核戰爭中被擊敗,抑或是在有限常規戰爭中被擊敗,又有什麼差別呢。畢竟,如果沒有某些限制,即使是一次大規模的常規戰爭,其結果也會難以想象(《核武器與對外政策》,頁 175)。言下之意,既然歷史上從未有效限制過戰爭手段或戰爭手段根本就沒法限制,限制有限核戰爭就沒有道理。

　　《核武器與對外政策》發表後的第二年(1957)初冬(11 月),毛澤東率領新中國黨政代表團赴莫斯科參加十月革命 40 週年慶典和社會主義國家共產黨和工人黨代表會議。會議期間,毛澤東說的一句話讓基辛格感到震驚:「如果發生核戰爭,中國將依靠其眾多的人口和堅韌的文化成為最終的勝利者。」基辛格認為,毛澤東的這句話「也許有虛張聲勢的成分,想震懾擁有巨大核武庫的國家」,但他也承認,毛澤東「對核戰爭能從容以對」(《世界秩序》,頁

---

① 　比較詹姆斯・科特,《轟炸東京:1942,美國人的珍珠港復仇之戰》,銀凡譯,北京:民主與建設出版社,2016。

288–289）。他甚至可能覺得，毛澤東面對核戰爭威脅不把中國人民的生命當回事，而絕不會認為，真正不把人民的生命當回事的是主張有限核戰爭的他自己。

在接下來的第二本書中，基辛格相當程度上收回了自己的有限核戰爭主張。當然，基辛格之所以轉變態度，並不是被毛澤東的「從容以對」震懾，而是因為美國的戰略對手蘇聯提升了「核儲存和遠程導彈的重要性」。[1] 誰若信奉馬基雅維利之道，他只會服膺於武器的實力，而非服膺一個文明民族不畏犧牲捍衛自己尊嚴的德性。

基辛格提出有限核戰爭主張時，朝鮮半島停戰才僅僅三年，離美國曾打算動用核彈結束這場戰爭的實際念頭並不太遠，而他在書中所思考的「戰略思想的主要推動力」尤其「來自朝鮮戰爭」。朝鮮半島戰爭是一場有限戰爭，在基辛格看來，這不僅僅是因為朝鮮半島的地緣戰略位置不那麼重要，也不是因為美國人已經有了「有限戰爭」的觀念。毋寧說，真正的原因是，美國的戰略決策者們「不願意在與朝鮮有關係的問題上從事全面戰爭」（《核武器與對外政策》，頁30、52）。言下之意，如果決策者們有意願的話，美國完全有能力把朝鮮半島戰爭變成一場有限核戰爭。

《註定一戰》的作者艾利森這樣記敘朝鮮半島戰爭期間美國曾打算動用核武器的往事：

---

① 亨利・基辛格，《選擇的必要：美國外交政策的前景》，前揭，頁102–103。

在自以為勝券在握的戰爭中戰敗後，麥克阿瑟呼籲總統杜魯門授權他對中國使用核武器。杜魯門不僅沒有接受這位桀驁不馴的五星上將的計劃，還將他解職。（艾利森，頁 221）

艾利森的說法讓杜魯門顯得頗有道德感，但他僅給「麥克阿瑟呼籲總統杜魯門授權」這一說法下了文獻註，以此表明根據檔案確有其事，而「杜魯門不僅沒有接受」云云則沒有下注。其實，杜魯門既沒有不接受動用核武的建議，也沒有因此將麥克阿瑟解職——解職完全是因為別的緣故。

1951 年 3 月 24 日，「麥克阿瑟竟然冒充『公報』，公開發表了對中國的聲明，從而違反了杜魯門總統去年（1950年）12 月 6 日發出的關於禁止他未經批准公開發表聲明的命令」。麥克阿瑟甚至「以目空一切和嘲諷的口吻，毫不隱諱地批評政府關於朝鮮問題的政策」過於束手束腳。杜魯門對麥克阿瑟公開違反他的指示怒不可遏，4 月 11 日宣佈解除麥克阿瑟的各項指揮權。[①] 李奇微將軍（Matthew Ridgway, 1895–1993）也曾作證說：

> 麥克阿瑟將軍擅自發表的一項聲明拆了總統的台，激怒了我們的盟友，而且使中國人處於如果真要接受邀請進

---

① 克萊爾・布萊爾，《布萊德雷》，杜朝暉編譯，北京：京華出版社，2005/2008，頁 313–315；詳參約翰・斯帕尼爾，《杜魯門與麥克阿瑟的衝突和朝鮮戰爭》，錢宗起、鄔國孚譯，上海：復旦大學出版社，1985，頁 217–221。

行談判（美國）就會大丟其醜的難堪境地。[1]

按照一種說法，美國用原子彈轟炸的方式迫使日本投降後，杜魯門已經意識到，「世界經不起再冒以原子武器進行戰爭的危險了」。實際情形恰恰相反，杜魯門事後一直堅稱，自己做出的決定是正確的（《幹掉太陽旗》，頁 188）。三年後（1948 年 6 月），歐洲發生了柏林封鎖事件，時任美國防長的福雷斯特（James Forrestal, 1892–1949）將軍拿不準，一旦與莫斯科發生軍事衝突，總統是否會批准使用原子彈。杜魯門則讓福雷斯特放心，「倘若絕對必要，他將批准使用核武器」。[2]

整個朝鮮半島戰爭期間，新中國一直面臨著美國的核武器威脅：半島爆發內戰的第二天（6 月 26 日），美國空軍參謀長範登堡（Hoyt Vandenberg, 1899–1954）就曾建議對新中國動用核武器。

> 範登堡將軍指出，蘇聯空軍已經部署到中國內地，甚至部署到離台灣很近的上海。他向杜魯門總統坦承，可能需要動用核武器才能徹底摧毀共產黨國家在亞洲的所有空軍基地。[3]

---

[1]　馬修・李奇微，《朝鮮戰爭》，軍事科學院外國軍事研究部譯，北京：軍事科學出版社，1983，頁 157。

[2]　斯蒂芬・米利特，《道義上左右為難的核威懾戰略》，美國陸軍軍事學院編，《軍事戰略》，軍事科學院外國軍事研究部譯，北京：軍事科學出版社，1986，頁 354。

[3]　阿蘭・米勒特，《極度深寒：朝鮮戰爭，1950–1951》，秦洪剛譯，北京：作家出版社，2015，頁 141（以下簡稱《極度深寒》，隨文註頁碼）。

　　當時美軍參聯會的「實際掌門人」艾森豪威爾將軍支持
範登堡的看法，即美國除了「作戰行動不受地理界線所限，
作戰範圍應包括整個朝鮮」，還「應研究使用核武器」（米
勒特，《極度深寒》，頁150）。在今天的我們看來，美軍將
領有這樣的念頭令人難以置信，但很不幸這是真的。李奇微
將軍證實，曾任中央情報組組長的範登堡將軍堅持認為，美
國遠東空軍若「真要想摧毀中國東北的基地」，其實「本錢
很少」，何況這屬於「一點點地啄皮毛」的戰法，不如使用
原子彈來得乾脆（李奇微，《朝鮮戰爭》，頁147）。

　　1950年底，美軍在中朝邊境遭到中國志願軍的突然打
擊後，杜魯門隨即在公開場合揚言對中國動用核武器，這
讓美國的同伴英國非常緊張。首相艾德禮（Clemen Attlee,
1883–1967）緊急飛往華盛頓，堅持要杜魯門澄清他的話是
否當真。杜魯門當時的確無意使用核武器，只不過一時衝
動隨口說說。但他最後向艾德禮鄭重表示，「他既不會做出
不使用核武器的承諾，也不會接受核武器決策權的任何變
化」。可見，「盟國的敏感性」並沒有影響杜魯門政府「使
用核武器對付中國境內軍事目標的前景」。事實上，還不到
半年時間（1951年4月初），美軍參聯會就以蘇聯威脅為
藉口，說服杜魯門「解除了美國空軍使用核武器的禁令」，
並「將九顆原子彈的控制權交給空軍參謀長範登堡將軍」，
這些原子彈隨即被運送到關島的安德森空軍基地（米勒特，
《極度深寒》，頁439、515–516）。

　　在1953年3月31日的國家安全委員會會議上，美軍參

聯會主席布萊德雷（Omar Bradley, 1893–1981）將軍向總統建議說，朝鮮半島戰爭不能無限期拖延下去，美國應當在適當時機使用原子武器。範登堡將軍再次表示，如果批准使用核武器，那就應授權空軍轟炸中國東北的軍事基地，而不應該僅僅限於攻擊北朝鮮的目標。剛上任的美國總統艾森豪威爾將軍在兩年多前就同意這一建議，遑論當時。隨後，美國政府通過各種渠道把艾森豪威爾的警告傳遞給了中國。[①]

　　1954 年 1 月，杜勒斯（John Foster Dulles, 1888–1959）在國會發表演說時，把打破朝鮮戰爭僵局以及化解印度支那危機都說成是「成功運用核威脅」的結果，進而把「美國的義務承諾同核武器緊密地聯繫起來」。[②] 今天人們難免會問，在整個朝鮮半島戰爭期間，美國軍方多次動念使用核武器而最終沒有動用，原因何在？羅斯托給出的解釋是，「美國和蘇聯共同默認」「不使用他們掌握的最強有力的武器」。畢竟，若美國使用核武器，蘇聯則可能「對日本進行小規模的原子轟炸或常規轟炸」，甚至「對美國的一些主要城市發動猛烈的但不是決定性的原子攻擊」。總之，正是由於「兩國都害怕自己會幹出可能導致原子戰爭的事情」，才「註定了朝鮮戰爭主要是一場在有限的範圍內進行的步兵戰」（羅斯托，《世界舞台》，頁 308）。

---

① 　克萊爾·布萊爾，《布萊德雷》，前揭，頁 319；頁 720–721；趙學功，《巨大的轉變：戰後美國對東亞的政策：1945–2000 年》，天津：天津人民出版社，2001，頁 79–80。

② 　勞倫斯·弗里德曼，《頭兩代核戰略家》，見彼得·帕雷特主編，《現代戰略的締造者：從馬基雅維利到核時代》，前揭，頁 722。

其實，羅斯托還應該補充說，美國除了擔心「蘇聯向聯合國軍脆弱的軍事基地實施報復行為」外，還擔心會喪失「道德高地」。但最為根本的原因是，在朝鮮半島戰場，「核武器不能取代更強的空中和地面部隊」（米勒特，《極度深寒》，頁 434）。美國的軍史學家承認，朝鮮半島的地形迫使美軍只能採用傳統的大規模步兵進攻戰法，輔之以密集的空中和地面轟炸和有限的坦克支援。因此，朝鮮半島上的戰爭證明，「原子彈已經使得陸戰過時」是錯誤的觀念。[1] 反倒是基辛格認為，新中國軍隊的「技術和火力都較低劣」，全憑人力彌補，而在科學技術已經取代人力的時代，新中國能夠取得戰爭的勝利，僅僅是因為美國沒有使用核武器（《核武器與對外政策》，頁 145）。

朝鮮半島停戰協定（1953 年 7 月）簽訂後不到半年，周恩來總理同印度政府就西藏問題進行談判時，首次提出「和平共處五項原則」（1953 年 12 月底）。一年多後（1955 年 4 月），在印尼萬隆舉行的有 29 個國家和地區參加的亞非會議上，新中國政府提出的和平原則被會議接納，並發展成更為具體的「和平共處十項原則」。[2]

萬隆會議舉行之前，我國台灣海峽出現了朝鮮半島停戰後的第一次危機。事情的緣由是：朝鮮半島停戰協定簽訂還

---

[1] 邁克爾‧卡弗，《核時代的常規戰爭》，見彼得‧帕雷特主編，《現代戰略的締造者：從馬基雅維利到核時代》，前揭，頁 760。

[2] 張歷歷，《當代中國外交簡史（1949–2014）》，上海：上海人民出版社，2015，頁 38–41；陳敦德，《知情者說》（第 3 輯），北京：中國青年出版社，2004，頁 87–121。

不到半年（1954 年初），美國就著手與台灣的國民黨政府簽訂《共同防禦條約》，試圖把北緯 38 度線原則挪到台灣海峽。新中國隨即做出反應，重新啟動針對台灣的軍事行動，清掃盤踞在浙東沿海離島的國民黨軍殘部。

美台《共同防禦條約》正式簽訂（1954 年 12 月 2 日）後，張愛萍將軍受命指揮華東軍區一個旅級戰鬥單位在海軍和空軍配合下，一舉奪取國民黨軍據守的一江山島（1955年 1 月 19 日至 21 日），迫使國民黨軍撤離大陳島。毛澤東得知戰報後說：「從軍事上看是勝利，但從政治上衡量，還有待於觀察和考慮。」[1] 所謂「從政治上衡量」指要看美國接下來會有怎樣的動作，可見，朝鮮半島上的戰爭與台海間的戰爭在性質上並沒有差別。

美國國務卿杜勒斯隨即發表聲明：「中國人民解放軍的行動將牽連美國，是一個國際衝突。」艾森豪威爾總統要求國會授權，必要時使用武裝部隊「保衛台灣」和「軍事上的外圍陣地」（張勝，頁 201）。杜勒斯把中國的內戰稱為「國際衝突」，朝鮮半島內戰爆發時的干涉模式再次出現：以聯合國的名義將一個主權國家的內戰國際化，這是典型威斯伐利亞體系的國際政治方式。杜魯門在 1950 年 6 月下令第七艦隊進入台海的理由是，「如果共產黨軍隊佔領台灣，那將對太平洋地區的安全、對在那個地區執行合法而必要的

---

[1]　張勝，《從戰爭中走來：兩代軍人的對話》，北京：中國青年出版社，頁 200–201。

職能的美國軍隊構成直接的威脅」。顯而易見，美國干涉中國內戰是出於清教式的意識形態理由，但用威斯特伐利亞體系式的國際法外衣將其包裹起來。次年（1951 年 9 月）美國與日本簽署《舊金山和平條約》，「雖然日本根據條約交出了台灣的主權」，美方卻刻意「沒有具體說明把這項主權交給誰」。[①] 這就有了後來所謂的「台灣地位未定論」，而美國政治家直到今天也還沒有認識到，這一論調不僅讓美國理念蒙恥，更是對中華民族的莫大侮辱。畢竟，台灣是中國人從日本人手中奪回的領土，即便是敗退台灣的國民黨政府也會認為，所謂「台灣地位未定論」荒謬絕倫。

　　沃格林說過，英國人喜歡用法律鬥爭方式來表達宗教鬥爭，並「養成了一種習慣」——美國人則繼承了這一習慣，「即把法律範疇帶入觀念衝突和歷史力量的衝突」。第一次世界大戰期間，英國的宣傳活動使得「這種習慣像所有壞習慣一樣很容易就能被別人習得」。

　　　　這種習慣極其擾亂世界其餘地區的神經，它將這類衝突統統當作法律問題來處理，因而給一場歷史衝突中的對手貼上「侵略者」或「罪犯」的標籤，「判決」其思想「非法」，令它們背上了製造動亂的「罪責」。（沃格林 / 卷五，頁 25）

　　沃格林沒有提到，情形也可以反過來，即通過法律手段

---

① 艾倫，龍伯格，《懸崖勒馬：美國對台政策與中美關係》，賈宗宜、武文巧譯，北京：新華出版社，2007，「導言」頁 2–3；比較李凡，《戰後東北亞主要國家間領土糾紛與國際關係研究》，南京：江蘇人民出版社，2013，頁 99–106。

把侵略行為合法化，讓赤裸裸的侵略顯得是一種法律行為。解放軍攻克一江山島之後，美國政府隨即支使新西蘭在聯合國提出議案，要求安理會討論解放軍在浙東離島採取「敵對行動」的問題（1 月 28 日），英國隨之附和。一個多月後，美國國務卿杜勒斯和總統艾森豪威爾對中國政府正式發出核戰爭警告，周恩來總理代表新中國毫不退讓，堅定地宣稱是否用武力統一中國是中國人自己的事情。①

　　從 1953 年到 1955 年，美國兩次對新中國正式發出核威脅，絕非說說而已。如果基辛格按照他所信奉的馬基雅維利之道認為，新中國提出「和平共處五項原則」是美國核威脅的結果，那麼，周恩來在 1971 年對來訪的基辛格再次重申這一原則，又是因為什麼呢？

《註定一戰》如何援引史例

　　2017 年，艾利森出版了《註定一戰》，副標題「中美能避免修昔底德陷阱嗎」看似緩和了正題的火藥味，其實不過是在顯示一種筆法。我們首先應該注意到，無論就歷史時間還是內在邏輯而言，此書與安瑪麗・斯勞特在十二年前（2005）出版的《這才是美國：如何在一個危險的世界中堅

① 　張民、張秀娟，《周恩來與抗美援朝戰爭》，前揭，頁 618–624；任東來，《美國、中國與 1955 年萬隆會議》，載於中華美國學會、中國社會科學院美國研究所編，《二十世紀美國與亞太地區：國際學術討論會論文集》，北京：現代出版社，1992，頁 191–192。

守我們的價值》都有一種連帶關係。

　　《註定一戰》引來好評如潮，在我國圖書市場甚至獲得了十萬銷量。在美國各色知名人士的「讚譽」中，基辛格的傳記作家給出的讚譽理由頗為特別：艾利森不僅是「當代國家安全領域一位非常受人尊敬的理論家和實踐者，也是應用史學大師」（尼爾・弗格森）。保羅・肯尼迪的推介語則值得玩味，他說艾利森「對強大的力量和偶然事件之間無休止的歷史辯論的細致總結和探索」，既「靈活」（deftly）又「清晰」——他沒有說艾利森的應用史學正確！[1]

　　艾利森不僅是哈佛大學國際關係學教授，他還長期擔任美國國防部特別顧問。憑靠馬基雅維利式的政治感覺，他高度警覺新中國的崛起，這並不奇怪。讓人好奇的是，與基辛格一樣，他還有「應用史學大師」的美譽。

　　什麼是「應用史學」？用「靈活」來表彰一種學問，讓人覺得暗含譏諷。「清晰」倒是一個形容學問的褒義詞，但無論基辛格還是艾利森的「應用史學」清晰嗎？

　　早在 1997 年，艾利森的哈佛同事亨廷頓已經明確提出，中美可能面臨「修昔底德陷阱」問題。當時，新中國的改革開放顯得前途未卜，到處在搞新「基建」，幾乎沒有人注意到亨廷頓的預斷，即便有也多半覺得那不過是「天方夜譚」。不少人尤其是改宗美國理念的知識人，整天喜憂參半

---

[1]　格雷厄姆・艾利森，《註定一戰：中美能避免修昔底德陷阱嗎？》，前揭，頁 2（以下簡稱《註定一戰》，隨文註頁碼）。

地預言「中國即將經濟崩潰」。

亨廷頓也算得上是「應用史學家」，因為他提出的中美之間面臨「修昔底德陷阱」的論點，同樣憑靠史例來支撐：

> 正如修昔底德所指出的，在希臘文明中，雅典力量的增強導致了伯羅奔半島戰爭。同樣，西方的文明史是一部興起和衰落的國家之間的「霸權戰爭」史。相同因素助長不同文明中正在興起和衰落的核心國家間衝突的程度，部分地取決於屬於該文明的國家是以抵制還是以搭車的辦法來適應一個新生力量的興起。……在西方歷史中，英國和美國之間沒有發生過霸權戰爭，從英國強權下的世界和平到美國強權下的世界和平的和平轉移大概歸功於兩個社會緊密的文化親緣關係。在西方與中國之間缺少這種親緣關係的權力轉移中，武裝衝突並非一定會發生，但可能性會較大。伊斯蘭的推動力，是造成許多相對較小的斷層線戰爭的原因；中國的崛起則是核心國家大規模文明間戰爭的潛在根源。[①]

這樣的以史帶論算得上靈活，但它夠得上清晰嗎？如果我們的高中生對晚近五百年來的世界歷史不是一無所知，那麼，甚至連他們也很容易看出，亨廷頓的說法明顯違背歷史常識。英國先與法國後來又與德國發生過「霸權戰爭」，美

---

① 塞繆爾·亨廷頓，《文明的衝突與世界秩序的重建》，周琪等譯，北京：新華出版社，1997，頁 230。

國與德國也發生過「霸權戰爭」，難道它們之間沒有「緊密的文化親緣關係」？英國與法國爭霸是新教與天主教之間的宗教戰爭？美國與德國不都是新教國家？[①] 即便是美國和俄國，也都屬於亨廷頓所說的基督教文明共同體。

　　亨廷頓這樣說是在糊弄誰呢？無論他要糊弄誰，艾利森居然把亨廷頓的「靈活」之論發展成了一本書。《註定一戰》不僅是一部討論緊迫的現實政治問題的書，它看起來還是一部現代世界政治史論，即以描述「過去五百年」歷史中的大國更迭為基礎，討論中美之間如何面對越來越迫在眉睫的「走向戰爭」局面。更確切地說，通過以史為證的筆法，艾利森試圖為其論點獲得最具說服力的效果，他也因此而獲得了「應用史學大師」的美譽。

　　艾利森採用倒敘法，從 1941 年日本偷襲珍珠港起筆，一直上溯到十六世紀上半葉法國崛起時與哈布斯堡帝國爭雄，以世界史上的五個史例來證明，大國更替難免爆發戰爭。歷史上的確爆發過這些戰爭，而且確實與大國更替相關，但艾利森由這些史例引出歷史教訓時會讓他引火燒身。

　　艾利森用了很長一章篇幅描述十九世紀末英德兩國爭霸如何導致第一次世界大戰，然後引出了這樣的歷史教訓：

　　　　雖然將英德的情況套用到當代中美關係上肯定不太準

---

① 比較阿蘭·泰勒，《爭奪歐洲霸權的鬥爭：1848–1918》，沈蘇儒譯，北京：商務印書館，1987/2019/2021；布倫丹·西姆斯，《歐洲：1453 年以來的爭霸之途》，孟維瞻譯，北京：中信出版社，2016。

確，但卻仍然會引起人們的不安。與德國一樣，中國也覺得自己曾在弱勢時被強國欺騙，從而失去了應有的地位。同時，中國也有改變現狀的意願和手段。

我們必須注意艾利森的修辭：他先虛晃一槍，否定當時的英德關係可以與如今的中美關係類比，隨即再肯定自己的類比——現代中國在弱勢時「與德國一樣」，以此掩飾這一類比的荒謬。艾利森肯定知道，威廉二世（Wilhelm II, 1859–1941）的德國在 1897 年至 1898 年間對中國做了什麼，否則他就算不上是史學家。他的所謂「不安」若不是公然無恥的顯著例證，就只會是萊寧先生所說的那種神經質恐懼的顯著例證。

1860 年代末，北德聯盟的一些商人和政治人就開始「不斷討論在中國沿海或貼近中國的地方獲得一塊領土以作軍事基地」，被看中的地方有台灣島南部和舟山群島。由於「發覺美國希望佔有舟山」，德國人才把目光挪到別處，甚至有人建議在長江口外搞「一個德國的香港」。1897 年 11 月，德國藉口兩個德籍傳教士在山東巨野縣被殺，下令遠東艦隊登陸膠東半島（11 月 14 日），最終實現了三十年前就已經出爐的「李希霍芬佔領」計劃。隨後（從 1898 年 3 月到 10 月），德國用武力迫使清廷接二連三簽訂三份「膠澳租界條約」，最終確認德國「租借」整個膠州灣。英國、法國、俄國覺得被德國欺騙了，在接下來的一個月裏：俄軍進駐旅

順，英軍進駐威海衛，法軍進駐湛江。[①]

既然艾利森熟悉政治史，他就理應知道「膠州灣事件對中國內政和外交關係都是一個重大的轉折點」，它直接觸發了中國的「百日維新」（相藍欣，頁 67）。艾利森的「應用史學」竟然「靈活」到說中國在弱勢時「與德國一樣」，只有缺乏基本品德的學人才會如此。

艾利森說他的史例「類比」屬於「應用史學」（Applied History），這種「史學」不同於僅僅陳述史實的實證史學，它是「一門新興學科，試圖通過分析歷史先例和類比來闡明當前的困境和選擇」（《註定一戰》，頁 294–295）。艾利森的說法堂而皇之地糊弄缺乏閱歷的公眾，因為他顯然知道，馬基雅維利的史書是應用史學當之無愧的鼻祖，而這種史學堪稱馬基雅維利之道的主要表達形式。若要說艾利森的應用史學有什麼新穎之處，那人們就得說，它在不擇手段的非道德表現方面更為明目張膽且肆無忌憚。這種差異的原因也不難理解：馬基雅維利時代的佛羅倫薩也好、意大利也罷，在當時的歐洲都沒有「壓倒性實力」，而艾利森的美國則在全世界有這樣的實力。

艾利森接下來的一個得意類比可以證明這一點。他說，與當時的英國一樣，如今的美國「小心翼翼地守護著自家在世界舞台上的主導地位，並決心抵抗中國試圖改變全球政治

---

① 施丟克爾，《十九世紀的德國與中國》，喬松譯，北京：生活·讀書·新知三聯書店，1963，頁 78–83、312；詳參相藍欣，《義和團的起源》，上海：華東師範大學出版社，2003，頁 51–67。

秩序的企圖」：

> 兩國都自然認為自己的行為公正且合理，而對方則可疑和危險。……如果美國人意識到西奧多‧羅斯福領導下的崛起中的美國在這個發展階段其實更加貪婪和好戰，那麼他們或許更能理解中國。（《註定一戰》，頁 117）

艾利森真的認為在西奧多‧羅斯福領導下崛起的美國應該背負「貪婪和好戰」的歷史罪名？其實，艾利森是在施展一個馬基雅維利式史述筆法的小技：這樣描述「美國擴張」的時代，不過是為他在「走向戰爭」一章所舉的第四個史例（「今日的中國南海」）埋下伏筆（《註定一戰》，頁 224）。

艾利森以下面這句話來結束關於「美國擴張」一章的歷史記敘：

> 現在，當我們看到北京對其周邊的新一輪主張和要求，是不是能讓我們聽到幾絲兒西奧多‧羅斯福在加勒比海地區行動的回聲？（《註定一戰》，頁 154）

只有馬基雅維利的史述教出來的美國政治學者，才會如此對自己的混淆是非沒有絲毫感覺。無論舊中國還是新中國，曾經像西奧多‧羅斯福主導的美國霸凌拉丁美洲那樣對待過南中國海區域的鄰邦嗎？人們有理由說，艾利森的史述筆法再次刷新人世間的無恥記錄。安瑪麗‧斯勞特承認，「美國道德敗壞，而這並非無稽之談」——艾利森應用史學的史例類比為此提供了絕好的證明。

在題為「想象一下中國和我們一樣」的第五章中，艾利森讓西奧多·羅斯福領導下的美國擴張作陪綁，其實是佯謬筆法，以此讓自己顯得富有正義感。到了題為「通往和平的十二個方法」的第九章，艾利森估計讀者已經忘了他在前面的說法，便不動聲色地說：

　　西奧多·羅斯福成功帶領美國取代英國成為西方世界的主導國家反映了權力相關因素的變化。在十九世紀的最後三十年裏，美國從內戰的灰燼中崛起，躍升為一個經濟巨人。（《註定一戰》，頁 264）

西奧多·羅斯福帶領的美國「貪婪和好戰」這一說法不見了，「成功帶領」的說法表明，在艾利森看來，美國儘管憑靠「貪婪和好戰」崛起，仍然值得稱道。「取代英國」的說法則表明，英國式的帝國主義轉換成美國式的帝國主義，不過是權力因素的變化，它證明了「壓倒性實力」決定一切的馬基雅維利之道永不過時。

羅斯托的大著《美國在世界舞台上》同樣具有政治史性質，但相比之下，他的說法卻要坦誠得多：

　　美國在對世界的看法上，並沒有放棄它負有民主使命和決定民主前途的老感覺。它把這一概念用作在（北美洲）大陸上有意地、甚至殘酷地擴張美國勢力的理由，作為採取門羅主義的理由，甚至作為侵入西太平洋的理由。但是，把這種清高感和對於特殊國家利益的追求順利地結合

起來的作法，要依靠兩種暫時的情況：第一，實際上可以用英國艦隊維持世界舞台的秩序；第二，美國在世界舞台上扮演的角色不太超過華盛頓和約翰‧亞當斯所劃定的範圍。到十九世紀末，這兩個條件都遭到了破壞。（羅斯托，《世界舞台》，頁 34）

將羅斯托與艾利森放在一起對比，人們就能清楚看到何謂學人品德的倫理差異。

《註定一戰》的第七章題為「文明的衝突」，接下來的第八章題為「走向戰爭」，顯然，艾利森遵循的是亨廷頓的「文明衝突論」邏輯。為了證明中美之間有可能爆發「大規模文明間的戰爭」，艾利森在這一章裏用到了三個小史例，第一個史例是朝鮮半島戰爭。

艾利森這樣描述朝鮮半島戰爭：北朝鮮發動進攻後不到一個月，「韓國軍隊已經到了投降的邊緣」，幸好，「一支由聯合國授權、主要由美國人組成的部隊趕來營救」。本來，「朝鮮半島很可能最後在由美國政府支持的首爾政府的統治下實現統一」，但「美國情報機構無視中國宣傳機構的反覆警告」，導致「美軍措手不及傷亡慘重」（《註定一戰》，頁221）。

艾利森為什麼不說，朝鮮半島本來很可能在由蘇聯政府支持的平壤政府統治下實現統一？作為史學家他當然清楚，「朝鮮被日本征服時間最久，如果不受外部干預的話，這裏將比中國更早成為革命的現場」（佩里‧安德森，頁 62）。

他為什麼不說，由於美國假借聯合國的名義實施武裝干涉，憑靠強大的海空軍力量在仁川實施登陸作戰，導致朝鮮人民軍措手不及傷亡慘重？作為國防部顧問和史學家，艾利森肯定知道，美軍實施仁川登陸作戰時，僅海軍就投入「三艘航母、兩艘巡洋艦、十四艘驅逐艦，另有二十一艘支援艦和勤務艦」（米勒特，《極度深寒》，前揭，頁 294）。

艾利森在這裏為什麼又不提「壓倒性實力」了呢？顯然，當時的美國不得不考慮到蘇聯的實力，尤其是蘇聯剛剛成功試爆原子彈（1949 年 8 月），艾利森寧可強調美國的行動有聯合國的合法授權。

朝鮮半島爆發內戰，讓剛成立不久的聯合國首次面對聯合國憲章中「擬想的那種經典的國際衝突」，而聯合國採取的行動也因此成了「第一個里程碑式的事件」。保羅‧肯尼迪憑靠他擁有的世界歷史知識說：

> 這次行動本質上就是美國打著聯合國決議的旗號進行的一場戰爭，在許多方面來看與（後來的）第一次海灣戰爭（1991 年）一樣。[1]

人們很容易由此推論：如果 1991 年的海灣戰爭是合法的非法戰爭，那麼，美國干涉朝鮮半島的行為同樣如此。將艾利森的說法與肯尼迪的說法對比，兩人的倫理品質差異是

---

[1]　保羅‧肯尼迪，《聯合國的過去和未來》，卿劼譯，海口：海南出版社，2008，頁 49–50。

不是再明顯不過呢？

艾利森沒有分辨歷史事件的是與非，而是表示對新中國突然介入朝鮮半島戰爭感到不可思議：

> 當時，中國結束國內戰爭不到一年。這場殘酷的戰爭使得國家分崩離析，奪走了 350 萬人的生命。一個仍舊深受戰爭影響的政權，為什麼要冒著存亡的風險來攻擊一個曾迫使日本帝國無條件投降的核大國呢？（《註定一戰》，頁 221）

多麼「靈活」的修辭！有閱讀經驗的讀者不難看出，艾利森明顯在模仿馬基雅維利的修辭筆法，攪渾歷史真相。中國內戰的確「奪走了 350 萬人的生命」，但國家並非「分崩離析」，而是實現了基本統一，若非美國干預，很快就將實現完整統一。艾利森當然知道，美國的「南北戰爭」是十九世紀的戰爭中死亡人數最多的內戰，「大小戰場共有一萬多處」，「參戰的美國人達三百多萬之眾，其中六十萬人陣亡」。[1] 艾利森應該感到慶幸，當時的火器還相當原始，沒有坦克和榴彈炮，遑論航空炸彈，否則，死亡人數斷乎不止這個數目。

艾利森像當年的麥克阿瑟將軍一樣覺得，新中國「冒著

---

[1]　喬弗里·瓦德等，《美國內戰》，王聰譯，北京：華夏出版社，2009，頁 5；比較詹姆斯·麥克弗森，《火的考驗：美國南北戰爭及重建南部》，陳文娟等譯，北京：商務印書館，1993；德魯·福斯特，《這受難的國度：死亡與美國內戰》，孫宏哲、張聚國譯，南京：譯林出版社，2015。

存亡的風險」介入半島戰爭簡直「無法想象」,「但是,毛澤東卻這麼做了」。言下之意,新中國是一個不顧後果的魯莽大國。艾利森是基辛格的學生,他的眼力明顯不及自己的老師──基辛格畢竟看到:

> 杜魯門保護台灣,等於是支持美國依然承認為中國合法政府的國民黨政府。美國逐步加強援助越南,北京將視之為資本主義包圍中國的行徑。凡此種種加總起來,都促使北京採取美方最不願見到的措施:毛澤東有理由認為,如果他不在朝鮮阻擋美國,他或許將會在中國領土上和美國交戰;最起碼,他沒有得到理由去做出相反的結論。(《大外交》,頁 431)

基辛格還提到了好鬥的反共分子麥克阿瑟的傲慢與偏見,他根本沒把日本法西斯當法西斯看待:

> 麥克阿瑟雖然是傑出的戰略家,卻不具政治分析家那份洞燭敏銳。麥克阿瑟沒把中國人歷史記憶中日本人取道朝鮮侵略中國東北的事情當一回事,繼續揮師進逼到鴨綠江畔的中朝邊界。(《大外交》,頁 432)

我們可以補充說,艾利森與麥克阿瑟一樣,沒把中國人歷史記憶中日本人取道朝鮮侵略中國東北的事情當一回事。艾利森看到的事情,基辛格也並非沒有看到:

中共在中國經歷了日本侵略所帶來的痛苦、破壞與傷亡，以及國共內戰的摧殘之後，要決心與世界第一強大的軍事強權挑戰，實非易事。(《大外交》，頁 431–432)

按基辛格的猜測，毛澤東最終決斷出兵朝鮮半島，是為了實現一個「更大、更抽象，甚至可以說是浪漫的目的」(基辛格，《論中國》，頁 138–139)。這至少表明，基辛格的政治史學眼力要深邃得多。

艾利森援引的第二個小史例是 1969 年的中蘇邊界武裝衝突：「就在中國突然對美國及其盟軍發起冬日突襲的 19 年後」，中蘇關係跌入戰爭邊緣，「形成 65 萬多名中國士兵與 29 萬名蘇聯士兵和 1200 架飛機對峙的局面」。雖然蘇聯在軍事上佔有絕對優勢，並曾打算發動「先發制人」的打擊，未料「毛澤東採取了一種意想不到的策略」，在珍寶島策劃了一次「迅雷不及掩耳之勢」的攻擊，教訓了一下北極熊。艾利森替當時的蘇聯領導人說，他們「無法想象中國會採取先發制人的打擊來對付擁有壓倒性核優勢的大國」，毛澤東恰恰又這樣做了(《註定一戰》，頁 219、221–223)。

艾利森對基本史實的「靈活」運用到了令人難以置信的地步：無論介入朝鮮半島戰爭還是中蘇邊界爆發武裝衝突，新中國無不是面對肆意的軍事挑釁而後發制人。從 1964 年到 1969 年的五年裏，蘇軍在中蘇邊境挑起的邊境事件高達

4189 起。[①]

　　艾利森沒有提到 1962 年的中印邊界戰爭，顯然是因為這一史例會讓他尷尬，甚至會顛覆他的所有立論和推論。1959 年，趁中蘇關係交惡之機，印度的自由民主政權試圖進一步蠶食中國西南部領土，至 1962 年晚夏，蠶食陡然升級。新中國政府與印方多次交涉無效，於 10 月發起反擊，並宣佈中國軍隊「不受非法的麥克馬洪線的約束」。儘管如此，重挫入侵的印軍後，新中國領導人隨即宣佈從非法的麥克馬洪線以南回撤，主動求和。

　　西方的政治史家對此百思不得其解：一個大國在戰場上取得完勝之後主動回撤，並不利用軍事勝利索取更多的東西，「有史以來這還是第一次」。[②] 艾利森沒有提到這個史例，也許是因為在他眼裏印度算不上軍事大國，他的應用史學沒法「靈活」應用。但我們更應該說，馬基雅維利的應用史學培育出來的政治學人不可能看到地球上的政治單位的文明德性差異。

　　艾利森接下來舉的第三個小史例，更能讓人看到馬基雅維利之道深入其骨髓到了何種程度。他說，1996 年，為了警告台灣地區領導人走向「台獨」，中國政府不顧美國已經派出兩個「航母戰鬥群增援台灣」的高壓態勢，「冒著造成

---

① 閻明，《往事不忍成歷史》，北京：文化藝術出版社，2010，頁 109–132；沈志華、李丹慧，《戰後中蘇關係若干問題研究：來自中俄雙方的檔案文獻》，北京：人民出版社，2006，頁 549–567。
② 內維爾·馬克斯韋爾，《印度對華戰爭》，陸仁譯，北京：世界知識出版社，1981，頁 473。

更大戰爭的風險，選擇使用軍事手段」，針對台海試射導彈
（《註定一戰》，頁 223）。這無異於說，美國在 1950 年 6
月趁朝鮮半島爆發內戰之機武裝干涉中國內政沒錯，迄今仍
然沒錯。在他看來，兩岸分治已經是歷史的既存事實，若中
國大陸武力攻台，那就是「破壞台海和平」；中國若敢與美
國對抗，就是挑起戰爭的罪魁禍首。

　　艾利森的這番應用史學言辭若不是在憑靠「壓倒性實
力」羞辱自然正義，又是什麼呢？顯而易見，艾利森並非是
在討論中美兩國應該如何避免「修昔底德陷阱」，毋寧說，
他向如今的中國發出警告：不可輕舉妄動「先發制人地突襲
更強大的對手」。這無異於發出戰爭威脅，要如今的中國放
棄為統一祖國而不惜「任何代價」與美國發生「軍事衝突」
的念頭（《註定一戰》，頁 265）。艾利森讓自己顯得是個
和平衛士，他閉口不提這樣的史實：正是由於美國的武裝干
涉，中國自抗日戰爭結束以來的內戰狀態才迄今沒有終結。
我們能夠從這一史例引出的教訓是：自然正義不可能自然地
實現，必須憑靠正義的「壓倒性實力」對抗不義的「壓倒性
實力」。

　　艾利森的應用史學是馬基雅維利式政治史學的後現代版
本。他的確提到，基辛格是「應用史學最具影響力的現代實
踐者」（《註定一戰》，頁 295）。言下之意，應用史學在歐
洲還有古典的實踐者。作為哈佛大學教授，艾利森很清楚，
一般所謂的「西方古典」是個含混術詞，實際上它包含兩種
不同的「古典」含義：古希臘羅馬與近代歐洲的「古典」。

對如今歐洲的各政治單位來說，十六至十八世紀的歐洲文明成長期，就是它們的古典文明。[①]「通過分析歷史先例和類比來闡明當前的困境和選擇」，的確是一種政治史學樣式，但古典的應用史學還有古希臘羅馬版本（希羅多德、修昔底德、色諾芬為代表）與古典歐洲版本（馬基雅維利為代表）之別。無論分析歷史先例還是今昔類比，前者都離不了德性觀念的引導。[②] 為了歐洲的政治成長和繁榮昌盛，後者刪除了古希臘羅馬版本的政治德性品質，成了赤裸裸的現實主義應用史學。艾利森的應用史學自覺賡續古典歐洲的應用史學版本，因為美國維持其「世界新秩序」需要這樣的應用史學。

《決策的本質：闡釋古巴導彈危機》是艾利森早年的成名作，他在書中提出，歷史多少會對現實中的政治決策產生影響。有的決策者會通過熟知歷史獲得可適用於現在的一般性規律，而有的決策者「對歷史的應用既不科學又不客觀」，他稱之為對歷史的「動機性理解」，即「歷史僅僅成為他維護既得利益的藉口」。艾利森的《註定一戰》讓我們看到，他的「應用史學」恰恰屬於後一類型，「歷史不僅被裁減以契合決策者的利益，當一些明顯的歷史教訓與現在相關並且威脅到既得利益時」，他會視而不見。[③] 原因很簡單：

---

① 比較拉努姆，《近代歐洲：國家意識、史學和政治文化》，王晨光、劉岑譯，上海：華東師範大學出版社，2020。

② 參見劉小楓編，《撒路斯特與政治史學》，曾維術等譯，北京：華夏出版社，2011。

③ Graham T. Allison, *Essence of Decision: Explaining the Cuban Missile Crisis*, Boston: Little Brown, 1971, pp. 144–181.

他的眼睛蒙上了清教式威爾遜主義的布條，把非美式政體視為當然的絕對敵人。正因為如此，他才會在分析歷史先例或今昔類比時忘乎所以地肆意混淆是非、顛倒黑白。

清教式威爾遜主義是美國理念的基礎，將新中國與德意志第二帝國相提並論，並不是艾利森的發明，亨廷頓看似中性的「文明衝突論」已經有過類似說法：

> 兩百多年來，美國一直試圖阻止在歐洲出現一個佔絕對主導地位的大國。在中國開始實行「門戶開放」政策的將近一百年的時間裏，美國在東亞也試圖這樣做。為了達到以上目的，美國同德意志帝國、納粹德國、日本帝國、蘇聯和共產黨中國打了兩次世界大戰和一場冷戰。[1]

隨口就把「共產黨中國」與德意志帝國、納粹帝國、日本帝國和蘇聯帝國相提並論，是清教式威爾遜主義的典型修辭。事實上，人們倒是很容易拿出將美國與這些帝國相提並論的歷史證據。

十九世紀末，就在美國要求當時的諸大國在中國實行「門戶開放」政策的前一年（1898 年秋），也就是德國獲取中國膠州灣以及俄、英、法隨即相繼採取類似軍事行動之後，當時還「在弱勢」的美國即刻有了時不我待的緊迫感。美國駐華公使康格（Edwin Hurd Conger, 1843–1907）上任即給國務院打報告，建議美國盡快在渤海灣獲取一地用作海

---

[1]　塞繆爾・亨廷頓，《文明的衝突與世界秩序的重建》，前揭，頁 254。

軍基地,並在天津常駐一艘軍艦。美國陸軍部和海軍部的參謀們馬上行動起來,緊急策劃在中國東部沿海獲取一個良港作為軍事基地:海軍部看中福建東北部的三沙灣和浙江的舟山群島,陸軍部則看中渤海灣的一處基地。總之,「美國政治家的任務乃是」取得一個與「五國勢力範圍和不割讓協定真正相等的」領土性或非領土性地盤,比如香港或廣州灣或福州或青島或威海衛或旅順口(丹涅特,《美國人在東亞》,頁 514)。

美國一直試圖阻止世界上出現一個佔絕對主導地位的大國,無論它在哪裏出現,唯獨不阻止美國自己成為「一個佔絕對主導地位的大國」。這是地道的馬基雅維利式政治原則,為此,美國的國際政治學家需要馬基雅維利式的應用史學,也就不難理解了。

清教式歷史意識為何偏執

艾利森的《註定一戰》名噪一時,但它除了彰顯馬基雅維利式的政治史學品性外,說不上有什麼學術水平。即便就其實際政治意圖而言,在美國的國際政治學界也已經是老生常談,不外乎提醒美國做好充分準備與中國開戰。我們之所以談到它,僅僅因為艾利森「靈活」應用史例顛倒黑白混淆是非,我們的高中生對五百年來的世界政治史若無相當的了解和認識,斷難明辨真偽,還會以為艾利森說得頭頭是道──畢竟,他有哈佛大學資深教授的頭銜。

艾利森的應用史學讓我們看到，無論政治史學還是國際政治學都有倫理德性的個體品質差異。當然，如今誰要是還像古希臘或我國先秦時期的政治史家那樣致力於辨識德性的品質差異，自由主義人士會認為這是「人身攻擊」。直到今天，美國的一些政治家仍然拒絕對馬基雅維利的政治史學做出道德評價，堅持認為值得從他「一生豐富的外交和戰略經歷」中尋找憲政經驗。據說，眼下的世界歷史又「正在進入一個與馬基雅維利的時代相類似的時代」——作者在致謝時特別提到，自己的觀點「尤其要感謝美國前國務卿亨利・基辛格」。[①]

萊寧先生在長電郵中所說的「盎格魯─撒克遜民族擴散的瘟疫」給了我不少啟發，他讓我再次想起保羅・肯尼迪描述五百年大國興衰的名著的開頭：十六世紀時還「根本看不出」歐洲必然會超過世界上的其他地區——尤其是中國，「在中古時期的所有文明中，沒有一個國家的文明比中國更先進和更優越」。

保羅・肯尼迪如何理解文明的「先進」和「優越」？他說，當時中國不僅人口眾多，更重要的是，

> 中國的文化燦爛輝煌，平原土地肥沃，灌溉發達，與十一世紀開鑿的蔚為壯觀的運河系統相連，並形成了一個由受過儒家良好教育的官吏管理的統一的等級制政府，這

---

① 菲利普・博比特，《朝服：馬基雅維利與他所創造的世界》，楊立峰譯，北京：商務印書館，2017，頁 3–9、204。

一切使中國社會發達且具有一種內聚力，以至於外國來客羨慕不已。（《大國的興衰》，頁 4–5）

不難看出，保羅·肯尼迪所理解的文明「先進」和「優越」有三個標誌：良好的統治秩序、改善生存條件的意志及能力和追求美德的教育——這一切的基礎是整個中華民族的同心同德。如今已經很少有中國史學家會讚美古代中國文明的「先進」和「優越」，即便有西方漢學家在讚美，其標準也是清教式的盎格魯—撒克遜精神。[1]

在保羅·肯尼迪記敘的五百年大國興衰史中，中國一直缺席，直到這出歷史大戲快結尾時，才因地緣政治上的重要性而獲得了一個小節的篇幅。似乎若非中國人口眾多、地域遼闊，「憑借其與亞洲內陸拉鋸式交融，向著麥金德所說的心臟地帶延伸」，從而在西太平洋地區以陸權姿態「與美國海上力量對陣」，西方的政治史家完全可以繼續忽略中國。[2] 在馬基雅維利式的政治史學家眼裏，文明德性的「先進」和「優越」與「壓倒性的實力」相比，顯然不值一提。保羅·肯尼迪在《大國的興衰》結尾時論及中國，似乎僅僅是因為改革開放後的新中國正在奮力增強自己的實力。

　　中國經受了長期的艱難困苦，它的現任領導人看來正

---

[1]　包華石，《西中有東：前工業化時代的中英政治與視覺》，王金鳳譯，上海：上海人民出版社，2020；比較弗朗斯瓦·魁奈，《中華帝國的專制制度》，談敏譯，北京：商務印書館，1992。

[2]　羅伯特·卡普蘭，《即將到來的地緣戰爭》，涵樸譯，廣州：廣東人民出版社，2013，頁 199。

在實現一個宏偉的、思想連貫和富於遠見的戰略，這方面將勝過莫斯科、華盛頓和東京，更不必說西歐了。(《大國的興衰》，頁547)

保羅・肯尼迪並沒有提到，「經受了長期的艱難困苦」之後，浴火重生的新中國仍然堅持自己對何謂好政制和好教育的理解。他僅僅看到中國人民改善生存條件的意志及能力，沒有看到中國共產黨的誕生和成長，才使得中國在學習歐洲先進科技和商業生產力造福人民的同時，能夠葆有自己的文明德性傳統。

《大國的興衰》殺青時（1988），新中國的改革開放才僅僅十年，保羅・肯尼迪相當敏銳地覺察到，一旦中國「能夠保持經濟發展持續上升，這個國家可望在幾十年內發生巨大變化」。接下來，與基辛格一樣，他憑靠基督教歐洲政治成長的歷史經驗來看待新中國的改革開放，為此擬定的小節標題叫做「中國的平衡術」，頗有馬基雅維利主義色彩。

中國人現在多少有點兒像二十世紀初的德國人，在他們努力提高自己在全球範圍內大國地位的同時，還要深入考慮四周的「包圍圈」。(《大國的興衰》，頁547–548)

保羅・肯尼迪甚至預言，總有一天，史學家會把新中國的改革開放視為路易十四的財政大臣柯爾培爾（Jean-Baptiste Colbert, 1619–1683）的法國、弗里德里希二世治下的普魯士初期或日本明治維新後幾十年的復興時期，即

「利用一切注重實效的手段竭力發展綜合國力」，力圖「盡可能迅速和順利地」成為大國（《大國的興衰》，頁 549）。

中國是古老的文明大國，而且是地球上唯一有三千多年連貫歷史的文明體。即便是艾利森也跟隨基辛格承認，「作為世界上最古老的從沒有中斷過的文明古國，中國人有著一種獨特的悠久歷史感」（《註定一戰》，頁 165）。當然，基辛格以他的馬基雅維利式思維僅僅把這種歷史感狹隘地理解為，中國的政治家迄今「會借用千年之前戰役的戰略方針」（《論中國》，頁 XII）。①

既然保羅·肯尼迪十分清楚中國古代文明的德性品質，為什麼當新中國致力恢復曾經的文明大國地位時，他僅僅拿路易十四的法國、威廉二世的德國和睦仁天皇（1852–1912）的日本做類比？這些現代國家的政治品性難道可以與中國的文明德性相提並論？它們不都拜倒在盎格魯—美利堅風格腳下了嗎？除了馬基雅維利式的思維邏輯，再加上清教式的威爾遜主義，我們沒法替保羅·肯尼迪的荒謬類比找到別的原因。事實上，這也是西方世界的「中國威脅論」連綿不絕的根本原因。

由此來看，肯尼迪沒有意識到他為自己的荒謬類比提供的史例更為荒謬，也就不讓人感到奇怪了。他竟然說，新中國「幾乎從其立國開始就對外國列強採取了十分強硬的（且

---

① 比較葉自成，《地緣政治與中國外交》，北京：北京出版社，1998，頁 121–261。

不說是挑戰）的立場，儘管這可能是它感到自己處於被包圍之中的一種神經質反應」（《大國的興衰》，頁 515）。保羅‧肯尼迪的歷史社會學學問做得出色，不等於他具有基本的自然正義感。對外國列強的霸凌行為，難道中國共產黨打造的新中國不應該採取強硬態度？「挑戰」肆意妄為的外國列強有錯嗎？中國文明剛正不阿的德性品格不對嗎？外國列強肆意霸凌中國難道是歷史正義的體現？斯皮克曼臆想美國「被包圍」，未見保羅‧肯尼迪說他「神經質」，新中國實實在在被包圍，卻被說成是「神經質反應」。保羅‧肯尼迪的學問智商遠高於艾利森，而他的政治德性卻與之相差無幾，實在讓人費解。

保羅‧肯尼迪甚至還說，新中國「在朝鮮和金門、馬祖同美國的衝突，向西藏的進軍，同印度的邊境鬥爭，同蘇聯的憤怒決裂」，無不表明它「在世界事務中」是「一個比謹慎而狡猾的日本人更為重要，也更難以捉摸的形象」；中國「批評西方帝國主義」和「蘇聯霸權主義」，不過是一種「好戰的宣傳腔調」（《大國的興衰》，頁 515）。保羅‧肯尼迪的歷史社會學在我國學界有廣泛的影響力，原因在於他顯得持守了社會學的「價值中立」原則。現在我們看到，他的歷史社會學帶有的價值偏好已經到了罔顧政治史常識的地步。

保羅‧肯尼迪當然清楚朝鮮半島（更不用說金門、馬祖）的地緣位置以及它具有怎樣的政治屬性，而新中國在這些地方同美國衝突，他竟然沒有看到美國具有怎樣的「政治傾向」，沒有看到美國比日本更為「謹慎而狡猾」，難道是價

值中立？新中國批評西方帝國主義是「好戰的宣傳腔調」，美國的帝國主義行徑反倒不是「好戰」，因為美國把世界和平掛在嘴邊，這樣的論斷是價值中立？作為歷史社會學家，保羅‧肯尼迪也善用智術師式的修辭，這說明了什麼呢？

說起中印之間的那場歷史衝突，人們應該想起印度獨立後的開國總理尼赫魯（Jawaharlal Nehru, 1889-1964），他年輕時曾對晚近五百年來的世界史下過功夫，清楚認識到威爾遜主義並未「彌合世界的傷口」。在他看來，這位清教徒「看起來很高大，眼界卻極為狹隘，而且對於國際事務甚至國際地理驚人地無知」，卻「運用了各種理想化的華美辭藻」「告知全世界，新自由即將到來」，幾近於一個宗教騙子。[1] 可是，儘管尼赫魯曾與周恩來一起提出國際關係的和平共處五項原則，甚至還是不結盟運動的倡導者之一，竟然也模仿馬基雅維利之道，利用印度的地緣位置為西藏分裂分子提供庇護和支持。[2] 遭遇失敗之後，尼赫魯仍不死心。連美國的軍史學家也承認，由於「對美國和蘇聯的政治支持將遏阻中國採取任何行動過於自信」，尼赫魯忘乎所以地蠶食中國領土，「拒絕了周恩來一系列商談邊界問題的主動建議」，向中國領土發起攻擊。[3]

---

[1]　尼赫魯，《人類的歷史》，高原譯，北京：北京大學出版社，2016，頁 209-210。

[2]　尚勸余，《尼赫魯時代中國和印度的關係：1947-1964》，北京：中國社會科學出版社，2009，頁 115-134。

[3]　邁克爾‧卡弗，《核時代的常規戰爭》，見彼得‧帕雷特主編，《現代戰略的締造者：從馬基雅維利到核時代》，前揭，頁 777。

　　新中國用武力對尼赫魯的馬基雅維利之道施與文明的教訓，卻被保羅・肯尼迪不辨是非地說成「同印度的邊境鬥爭」。這除了表明肯尼迪信奉馬基雅維利之道，還表明他對歷史的重大細節缺乏如實了解，歷史社會學粗枝大葉的毛病由此也可見一斑。政治史學家的眼力則看到，尼赫魯「在世界舞台上維護國際道義」，這讓「他成了高明欺騙者的化身」。因為，「尼赫魯受他的將軍們的盲目自信誤導，貿然（對中國）開戰，遭到慘敗」。這時，他忘了自己經常譴責美國是「新殖民主義者」或「帝國主義者」，

> 他被迫低聲下氣向美國要求援助，他在恐慌中以為中國的傘兵部隊會在加爾各答降落。因此，華盛頓為他提供了「新殖民主義者」的 C130，「帝國主義者」的第七艦隊開到了孟加拉灣。但中國的壓路機已經神奇地停止了，尼赫魯抹抹他焦躁的額頭，高興地採納了美國的意見，接受停火建議。（保羅・約翰遜，《現代》，頁 582–583）

　　《大國的興衰》以古老的文明中國起頭，以美國秩序的建立結尾，除了證明晚近五百年來基督教歐洲的政治成長一步步地毀滅人世間的自然正義，還能證明什麼？

　　如果我們以為，這樣的思想模式僅僅是個別現象，那就錯了。前面提到的那位有西班牙／英國雙重國籍的政治史學家在 2018 年出版的大著與《大國的興衰》有相同的歷史視野，他在其中寫道：

在殖民史上，最激烈的文明衝突發生在亞洲。……中國人總是拒絕西方的影響，但歐洲人通過武力打破了中國遺世獨立的狀態。然而，即使這樣，除了在澳門和香港的殖民地之外，歐洲人在中國的影響力仍然微不足道，而且歐洲人在中國人心中種下了很大的憤恨，這種憤恨的深刻影響一直延續至二十一世紀。日本與亞洲其他的國家非常不同，在與西方文明相遇後，日本不僅沒有失去主權，還藉助歐洲強國和自己的改革計劃，成長為一個強國。亞洲還有一些地方在歐洲文明入侵時保持了獨立，包括波斯、蒙古和泰國。（胡里奧·麥克倫南，《歐洲》，頁 164）

如此大歷史敘述把政治史學應有的德性品質扭曲到如此地步，是不是讓人歎為觀止呢？這位歐洲的世界史學家竟公然讓他的自由民主信仰與日本法西斯主義結為一體，就像麥克阿瑟將軍當年所做的那樣。麥克阿瑟雖然是軍事長官，他也懂得管制媒體，而他的「主要審查目標是左翼而非右翼思想，這在媒體圈中已非秘密」。東京審判尚未結束（1947 年底），「將左翼視為民主的新敵人」就「實際成了公開的方針」，而非朝鮮半島爆發內戰之後才如此。[1]

如果日本「沒有失去主權」，美國佔領軍為何還駐紮在日本，並享有治外法權，甚至擁有對大東京地區的民用航空管制權？

---

[1]   約翰·道爾，《擁抱戰敗：第二次世界大戰後的日本》，胡博譯，北京：生活·讀書·新知三聯書店，2015，頁 410。

儘管與日本軍隊在其亞洲佔領區的行為相比，勝利的同盟軍通常要自律得多。但不可避免的是，襲擊和強姦事件仍有發生。此類事件都未在媒體曝光，甚至不少案件也沒有報警。受害人根本就不相信可能得到公正的賠償。佔領期結束後，發行量龐大的雜誌紛紛刊登文章揭露美軍人員的強姦罪行，而日本男人們也憤恨地回憶起在公眾場合無端遭受的暴行。（道爾，《擁抱戰敗》，頁 184）

如果這樣的事情直到二十一世紀還在發生，那麼人們就應該問，胡里奧·麥克倫南的傲慢偏見從何而來，竟罔顧歷史事實到如此地步？對自由民主的信仰明擺著是根本原因，但問題在於，這種信仰何以會把人的政治史常識扭曲至此？

沃格林尤其關注歐洲知識人歷史意識扭曲的病理機制，其政治哲學剖析入木三分。他以德意志詩人席勒（Friedrich Schiller, 1759–1805）在法國爆發大革命時（1789 年 11 月）所做的講演「何謂普遍歷史」為例：

它帶著這個大變革時代的全部新鮮和尚未被污染的樂觀精神，張揚理智騙術，並將這種騙術運用於第二級現實性的建構。[1]

所謂「第二級現實性」指知識人的信仰虛構出來的現

---

[1]　沃格林，《現實性的銷蝕》，前揭，頁 103（以下隨文註頁碼）；比較席勒，《何謂普遍歷史？為何學習普遍歷史？》，見劉小楓編，《從普遍歷史到歷史主義》，前揭，頁 158–178。

實，包括所謂歷史事實。沃格林感到好奇：為什麼好些歐洲的大學者——包括史學家要「舉其畢生精力去玩這種幻化歷史的遊戲呢」？以席勒為「臨床案例」，沃格林指出，啟蒙精神形塑出歐洲學人的一種新的人格類型，這種學人帶著「bona fide（善良信仰）探索真理」，「根據一系列奇特的信念建構一種普遍歷史」，不知道自己的自我已經「發生錯亂」，陷入「一個誠實的（自我）欺騙的幽暗領域」。人們沒可能與這種康德式人格的學人展開理性的討論，因為，

> 理性的討論假設了一個真實存在的共同體。如果一個人為了在一個幻象的世界畫地為牢，而不顧一切地歪曲、省略和捏造事實，那麼，同這麼一個人爭辯就是毫無意義的，理性的討論就是不可能的。……第二級現實性的投射者們構成了社會勢力，因為他們能夠將關於平常論點的理性共識轉化為對人性變形的籠統生存默認。在他們的學派，他們的支持者，他們的崇拜者，他們的庸俗信徒，他們的追隨者以及同行者那裏，他們都可以發現在此被變形的人性，而他們就在這些社會場力的包圍之中。（沃格林，《現實性的銷蝕》，頁 106–107）

沃格林的這些論析若用在胡里奧‧麥克倫南更不用說艾利森這樣的學人身上，再合適不過——甚至保羅‧肯尼迪這樣的理性人也未能完全逃脫這種偏執意識的魔咒。如已經看到的那樣，他們「歪曲、省略和捏造（歷史）事實」的本領讓人歎為觀止。

　　一般人並不容易明白哲學的思辨道理，政治史學的意識扭曲只能靠政治史學本身來克服。沃格林講的如下道理更容易讓我們理解：自十六世紀以來，「西方基督教的崩潰，以及民族共同體作為分裂的政治—宗教體系的出現」，是現代世界歷史的根本動力因素。其結果是，基督教歐洲的「某些民族共同體的特有問題被誤認為具有普遍意義」，甚至於「為了解決這些問題而提出的觀念也被誤解為具有普遍有效性」。基督教歐洲的政治成長乃至美國的衍生本來都具有地域性，但西方基督教傳統中的某些普遍要素仍存活在宗教分裂後歐洲式的民族國家觀念之中，「自由民主」和「人權」觀念就屬於這類變形的普遍要素——中國兩千多年前趙威后的著名七問所體現的政治德性（《戰國策·齊策》）也會因其身份而被視為「專制」觀念。當然，若非憑靠軍事上的壓倒性實力和商業—金融—技術力量的全球性支配，這類變形的政治「價值」未必能成為壓倒性的普遍理念，並攜帶其特有的毒株在全球擴散。[①]

重啟五百年文明史舊案

　　如果保羅·肯尼迪預感到新中國通過改革開放將取得商業—金融—技術優勢，那他提出的歷史社會學問題就應該

---

①　沃格林，《政治觀念史稿·卷六：革命與新科學》，謝華育譯，賀晴川校，上海：華東師範大學出版社，2019，頁 173–175。

是：改革開放後的中國知識人還應該繼續誤認為歐洲尤其美國的歷史意識具有普遍意義嗎？我們中國學人有可能走出自由民主的 bona fide（善良信仰）「根據一系列奇特的信念」建構出來的清教式文明觀嗎？

　　基辛格的眼力顯得比保羅‧肯尼迪更勝一籌，他畢竟看到，中國儘管經受過種種欺凌、遭受過無數挫敗，仍然沒有放棄儒家文明既溫厚、正派又剛毅的德性品質，只不過它還得經受清教文明的壓倒性軍事優勢的考驗。如果這一世界歷史的觀察大致沒錯，那人們就得說，浴火重生的新中國與清教倫理的美國向世界展示各自的文明品德，將是晚近一百年來最為引人注目的世界歷史事件。

　　朝鮮半島戰爭打響之時，兩種文明品德的各自展示就已經歷史地展開。在朝鮮戰場上，李奇微將軍發現，對待敵軍俘虜「中國人要講人道得多」（李奇微，《朝鮮戰爭》，頁216）。這與遵守自 1864 年至 1949 年形成的四個關於保護平民和戰爭受難者的歐洲公約（日內瓦公約）無關：即便沒有歐洲內戰式的人道戰爭法，中國人也會友善對待放下武器的敵人，這是中華文明德性的體現。

　　美國是 1949 年日內瓦公約（Geneva Conventions）的簽字國，儘管因後來爆發戰爭而使該公約未被批准，但公約第 118 條規定的「停止敵對行動後應立即釋放和遣返戰俘」，不過是重申了 1929 年日內瓦公約中的「強迫遣返原則」。朝鮮半島停戰談判期間，美國自持威爾遜主義引入「自願遣返原則」，明顯違背威爾遜自己所主張的國際法形

式主義原則。[1] 這個例子讓世人看到,「日內瓦四公約建立了一個具有普世性傾向或共同體傾向的機制,但沒有接著採取進一步措施,以建立能夠使共同體利益被激活並獲得實現的集中化機制」,其原因正在於美國德性的「自利與單邊主義大行其道」。[2]

布魯斯・阿克曼以研究美國憲政史享譽美國學界,他曾建議中國學人也關注美國的憲政經驗,其首要的理由是,「美國革命代表著現代的第一場成功的反帝革命」。布魯斯・阿克曼雖然承認,「美國在十八世紀與英帝國的決裂在很多方面不同於中國在二十世紀反抗西方宰制和羞辱的卓絕鬥爭」,但他仍然相信,兩者之間其實可以找到某種「更為隱蔽的同構」。[3]

對我們來說,中國的現代革命毫無疑問源於「反抗西方的宰制和羞辱」。之所以必須徹底變革長達兩千多年的傳統政治秩序,不外乎因為非如此則不可能讓中國重新煥發同心同德。但美國革命是一場「反帝革命」?這種說法僅僅聽起來就新穎得出奇,似乎頗有吸引力,可惜它與美國誕生的實際歷史不符。

英屬殖民地的「獨立戰爭」在 1775 年 4 月打響之前,英屬殖民者「與英國議會的憲制鬥爭」已經進行了長達十年

① 沃爾特・赫姆斯,《美國兵在朝鮮:停戰談判的帳篷和戰鬥前線》,王天成等譯,北京:國防大學出版社,1994,頁 144。
② 安東尼奧・卡塞斯,《國際法》,蔡從燕等譯,北京:法律出版社,2009,頁 25。
③ 布魯斯・阿克曼,《美利堅共和國的衰落》,前揭,頁 XVIII。

（1765–1775）之久：起初是反對英國議會的徵稅權力，到後來是拒絕英國議會為殖民地立法的權力。換言之，英國議會與殖民地議會的衝突是一場英國內政危機。即便爆發武裝衝突之後，危機的走向也並非殖民地的「獨立」。在隨後一年裏（1775 年 5 月到次年 5 月），北美殖民地從大英帝國分裂出去的結局才變得無可挽回。[①]

北美英屬殖民地的「獨立戰爭」雖然發生在美洲，「實際上它是發生在歐洲的一場重大的國際盛事」。至十七世紀以來，「在差不多整整兩百年的時間裏，所有大戰爭都是歐洲戰爭，美國獨立戰爭也正好發生在這個時期內」。[②] 歷史地觀之，美國歷史的起點顯而易見是英帝國的分裂。事實上，「英國在北美的統治說不上嚴酷，恰恰相反，它可以說是善治的典範。正因為如此，當時的北美人民普遍都有英國認同」。北美殖民地的獨立與其說是「殖民地對帝國的反抗」，不如說是「一場英國內戰」，北美的獨立也「不是戰爭的起因和目的，而只是內戰的結果」。[③]

[①] 約瑟夫·埃利斯，《革命之夏：美國獨立的起源》，熊鈺譯，北京：社會科學文獻出版社，2016，頁 24；傑克·格林，《邊緣與中心——帝國憲制的延伸：大英帝國與美利堅合眾國 1607–1788》，劉天驕譯，北京：中國政法大學出版社，2017，頁 127–148；比較 Pauline Maier, *From Resistance to Revolution: Colonial Radicals and the Development of American Opposition to Britain, 1765–1776*, New York, 1992; H. T. Dickinson (ed.), *Britain and the American Revolution*, London: Routledge, 1998.
[②] 埃米爾·賴希，《現代歐洲的基礎》，汪瑛譯，北京：華夏出版社，2022，頁 4。
[③] 鄭非，《帝國的分裂：美國獨立戰爭的起源》，桂林：廣西師範大學出版社，2016，頁 1–43、370–380。

　　將美國革命看成是一場反對暴政的起義，于史無徵。這種說法是革命宣傳與十九世紀輝格黨史觀的產物。無論在當時，還是在二十世紀研究者持更反思的態度下，都不乏正當的異議。（鄭非，《帝國的分裂》，頁 37）

　　如果要在中國革命與美國革命之間找到「隱蔽的同構」要素，恐怕只會是現代的進步信仰。問題的棘手之處恰恰又在於，即便是這樣的「同構」要素，美國與新中國同進步信仰的歷史關係也完全不可同日而語。如基辛格所看到的那樣，新中國傳承了古代中國的文明德性。周恩來總理在 1971 年與基辛格教授初次會談時，拿新中國的 22 年歷史與美國的 200 年歷史對比，不過是在向基辛格暗示：新中國與美國的歷史各自承載的文明稟性截然不同，從而，現代化進步信仰的德性品質也不同。因此，當基辛格再次訪問中國時問周恩來對法國大革命的看法，他得到的回答是「現在卜結論為時尚早」。

　　聽起來周恩來似乎故弄玄虛，但並非如此。兩個人當時剛討論過 1949 年的中國革命，這場有歷史記載以來最複雜的革命。或許要經過很長一段時間之後，我們才有可能破解其中的各種意義。周恩來也在提醒基辛格，歷史意義是個令人捉摸不透的概念，對歷史事件進行的比較、總結、分析和對其重要性的判定，幾乎無不成為人們爭論的話題，結論往往取決於它們的現實目標以及說服力，而與

分析的準確性無關。[1]

西方的歷史思想家早就擔心，一旦「其他（非歐洲）文明發展出科學、工業和理性化治理之後，它們也會適時地模仿」「西方在過去四百年間發展起來的文明間關係的模式」（沃格林／卷五，頁 158）。由於這種模式的基本政治品格是馬基雅維利—霍布斯的政治教誨塑造出來的，西方政治家只會以非道德的政治理解來看待文明間關係，從而也就不可能相信，承繼中國文明傳統品德的新中國在發展出科學、工業和理性化治理之後，不會模仿西方在過去四百年間養成的文明習性——基辛格對周恩來的理解證明了這一點。

歷史進步的場所主要見於文明的物質方面，最顯而易見的是科學、技術、經濟以及由此而來的生活條件的改善。問題在於，物質文明的進步未必一定會帶來有益於社會健康的東西，一套高度發達的數學物理學體系，對於可以掌握它並將其轉化為技術的社會來說，也可能成為社會解體的因素——即便是現代社會科學的開拓者也清楚這一點。

　　聖西門和孔德都很明白，科學和工業的進步不能代替社會的進步。為了防止西方社會的解體——這已是一個看得見的迫切危險——必須設計出新的制度，新制度要擁有相當於正在毀滅的舊制度的權威。（沃格林／卷八，頁 134）

---

[1]　查默斯·約翰遜，《帝國的警鐘：美國共和制的衰亡》，周潔譯，北京：生活·讀書·新知三聯書店，2009，頁 52。

人的本性保持不變，包括高尚與低劣的德性差別，源於清教倫理的政治制度恰恰致力於抹去這樣的差別。由於這樣的差別是自然而然的，清教政制又不可能真的抹去這樣的差別，於是就有了萊寧先生讓我們看到的情形。

我們由此被引向了一個政治史學舊案，即杜爾哥的進步論歷史視域到達遠東時遇到的那個難題，沃格林將其表述為，「偉大的亞洲各文明——尤其是中國文明——似乎不參與我們多情地視之為進步的過程」。對杜爾哥來說，這是因為中國文明因早熟而停滯，政治體制僵化使得相對較高水平的科學受到阻礙。在沃格林看來，杜爾哥的解釋雖然巧妙，卻未必切中肯綮。他的「功績」僅僅在於提醒人們，必須「開始處理一個我們甚至今天也還沒有充分了解的問題」：

> 也許我們可以這樣認為，解決東西方文明的結構差異這一真實問題的第一步，在於承認東方的「停滯」與西方的「進步」觀念一樣沒有根據。如果我們拋棄西方「進步」的範疇，那麼，東方的「停滯」範疇會自動消失。（沃格林／卷八，頁 128–129）

我們很難接受沃格林的這一論斷，因為，物質文明的進步已經是每個中國人的切身感受。像某些西方人類學家那樣，論證東方文明並沒有過「停滯」，它早就有了西方的「進步」要素，同樣很難讓如今的中國人信服。[1] 要說中國文明

---

[1] 比較傑克・古迪，《偷竊歷史》，張正萍譯，杭州：浙江大學出版社，2009。

「似乎不參與」現代歐洲文明「視之為進步的過程」，也並不符合歷史的實情。問題在於，物質文明的進步是否等於倫理德性方面的進步。杜爾哥追隨孟德斯鳩的觀點，以為物質文明的進步必然會伴隨或帶來倫理德性方面的進步。我國晚清洋務運動時期的思想家已經用「中體西用」的主張對此做出了回答，即承認中國在物質文明方面有過「停滯」，落後於現代歐洲，但拒絕承認現代歐洲在倫理德性方面的進步，儘管受限於對世界歷史缺乏全面而深入的認知，他們不可能把個中道理講清楚。

如今，西方的政治史學家和思想史家已經充分認識到，現代歐洲文明及其衍生體美國文明的真正危機在於，個體自由和權利觀念導致社會倫理崩潰，甚至為國家解體埋下了隱患。事實上，直到 1990 年代初，「西方世界內部關於『接受還是拒絕 1776 年和 1789 年的政治理念』的爭論才算暫時告一段落」。換言之，關於大西洋革命張揚的「人權」理念是對是錯的論爭一直懸而未決。整個西方世界歡慶「冷戰」勝利沒過多久，一系列問題就來了：「美國將向何處去？」「歐盟會崩潰嗎？」「西方會分裂嗎？」……發人深省的是，所有這些問題無不源於被視為西方現代文明價值符號的「自由」「民主」「人權」理念（溫克勒，《西方的困局》，頁 8、198-334）。人們還會加上讓現代歐洲文明引以為傲的自由經濟制度及其富裕國家的美譽：自由主義經紀人自信能用金錢這一最神秘的機制來消除任何潛在的不穩定政治因素，2008 年發生的金融危機和國家財政危機歷史地表明，這一

招已經不靈了。[1]

另一方面，西方的政治史學家普遍承認，「中國的獨一無二在於，它在巨大的時間跨度裏保持著一個絕對統治權和一種文化」。[2] 既然如此，沃格林所說的認識東西方文明的結構差異這一真實問題的第一步就應該修改為：中國在倫理德性方面「停滯」的觀念與大西洋革命帶來西方德性「進步」的觀念一樣沒有根據。一旦人們拋棄西方的德性「進步」觀念，那麼，中國的德性「停滯」觀念便自動消失。沒誰能夠否認，如何善用乃至管控科學技術和商業經濟的發展，使之有益於而非危害人世生活的基本倫理品質甚至自然生命，對任何文明政體的德性都是巨大的歷史考驗。[3]

儘管曾多次出現內部分裂和疆域伸縮，中華帝國從未徹底破碎、裂散，這在整個世界史上找不出第二個例子。但我們同時必須意識到，歐洲的查理帝國破碎以後，近代興起的民族觀念仍然承擔著恢復帝國統一的想象，歐洲的帝國理念從未因帝國體的破碎和裂散而煙消雲散。如沃格林看到的那樣，渴望統一的意大利負載著羅馬帝國傳統的重負，渴望統一的德意志則負載著神聖羅馬帝國傳統的重負，「在這些地方，精神復興的經驗常常顯示出一種意欲在此復興中囊括整

① 施特雷克‧沃爾夫岡，《購買時間：資本主義民主國家如何拖延危機》，常暗譯，北京：社會科學文獻出版社，2015。
② 埃里克‧瓊斯，《歐洲奇跡：歐亞史中的環境、經濟和地緣政治》，陳小白譯，北京：華夏出版社，2015，頁162。
③ 比較弗萊德‧依克萊，《國家的自我毀滅》，相藍欣譯，上海：華東師範大學出版社，2008。

個歐洲的傾向」。基督教的普世觀念為此提供了動力,而大西洋革命則把這種歐洲式的帝國理念轉化成普世性的價值觀念。因此,在法國人和盎格魯—薩克遜人身上,人們「同樣可以看到普世性帝國理念的存在」,「皮埃爾神父為歐洲組織設計的法國霸權計劃,可以與但丁的帝國構想媲美」,如今的美國則把自己在「十分特殊的條件下演化出來的政治制度」視為放諸四海而皆準。[1]

由此可以理解,對具有比較視野的政治史學家來說,中華帝國與歐洲帝國究竟有何歷史差異,迄今是個引人興味但又十分棘手的問題。顯而易見的差異是,由於基督教歐洲民族情感的歷史分裂,尤其是盤踞離島的盎格魯—撒克遜民族在支配西歐陸地的企圖失敗以及經歷過自身的慘痛分裂之後,盎格魯—美利堅政治人逐漸養成了攻擊傳統歐陸的帝國情感和使命意識的習慣,進而類似本能地敵視古代中國歷史地形成的帝國情感和使命意識。

人類的政治成長經歷的歷史複雜性在於,即便是盎格魯—美利堅政治人也沒有忘記,羅馬帝國的疆域才真正具有全球性,並同樣類似本能地致力於構建新的羅馬式帝國。[2] 沃格林說得有道理,「民族分裂的進程只是對西方人而非全人類才是有效的」,但這樣的觀念卻「導致(西方)各

---

[1] 沃格林,《政治觀念史稿·卷三:中世紀晚期》,段保良譯,上海:華東師範大學出版社,2019,頁 268。

[2] 比較彼得·本德爾,《美國:新的羅馬》,夏靜譯,北京:中央編譯出版社,2005。

民族愈加堅定地肩負起了各自的民族使命」，其災難性後果是，歐美大國「試圖通過帝國的擴張來實現普世性的訴求」。

> 法國革命的頂峰是拿破崙的帝國主義，德意志革命的頂峰是希特勒的帝國主義，但它們必然以失敗告終——結果，盎格魯—撒克遜的勢力宣稱，民主的英國變體和美國變體具有普世性，但它們現在也不得不面對一種非西方的文明，後者也有一種普世性訴求，並且縱貫了歐洲各個戰場。（沃格林／卷六，頁 174–175）

沃格林的這段話寫於二戰結束後的冷戰初期，所謂「一種非西方的文明」指當時的蘇俄。其實，蘇俄是否屬於「一種非西方的文明」很容易引發爭議，因為，自彼得大帝（Peter I, 1672–1725）以來，俄國不僅加快了融入西歐現代文明的步伐，而且越來越多地參與歐洲爭霸。伏爾泰（Voltaire, 1694–1778）的女友夏特萊侯爵夫人（Marquise Du Chatelet, 1706–1749）閱讀波舒哀（Jacques-Bénigne Bossuet, 1627–1704）的《論普遍歷史》時已經感到困惑不解：怎麼能說「羅馬囊括了世界上所有的帝國？單單俄羅斯就比整個羅馬帝國還大」（沃格林／卷六，頁 35–36）。

俄國的文明身份一直頗為尷尬，雖然積極想要成為西方基督教歐洲中的一員，卻始終遭到拒絕。黑格爾在結束他的「世界歷史哲學」時，曾這樣評價俄羅斯帝國的西化姿態：

> 俄國大約是在近來，在一百年以來才比較接近歐洲生

活，已經表現出變得與歐洲文化相似。但這個國家還沒有介入歐洲文化的進程，它在藝術和科學方面處於圈外。但在外在的、政治的方面，它已經同時表現為一種強大的力量，表現為牢固、純正、尚不開明的東西，甚至在現代確立和維護著歐洲得以持續存在的紐帶，儘管它本身其實僅僅是以消極方式這樣做。[①]

兩百年過去了，俄羅斯迄今沒有成為西方基督教大家庭的成員——或者說沒有成為後基督教時代的西方普世民主大家庭的成員。二十世紀末，俄羅斯以解散加盟共和國的代價申請加入這個大家庭，並實行了普選制，仍被拒之門外。黑格爾已經頗為寬厚地把俄羅斯算作基督教歐洲的「第三種民族」，日耳曼民族最終還是把俄羅斯民族視為自己的絕對敵人，即便俄羅斯在藝術和科學方面早就融入了基督教歐洲的文明進程，甚至成為美國主導的世界秩序得以持續存在的紐帶。

世界歷史的晚近五百年，全球交往才真正形成，而歐洲的政治成長是全球交往形成的基本動力因。人們只能認識歷史，而無法改變歷史。從這個意義上講，所謂「歐洲中心論」的根本缺陷並非在於它忽略了歐洲之外的其他地區。毋寧說，它忽略了在歐洲海外殖民地崛起的美國，才是問題的關鍵。卡爾·施米特（Carl Schmitt, 1888–1985）關於歐洲

---

① 　黑格爾，《世界史哲學講演錄：1822–1823》，劉立群等譯，北京：商務印書館，2015，頁 436。

四百年公法史的著名論著《大地的法》，與他同年出生的路德維希·德約（Ludwig Dehio, 1888–1963）關於歐洲四百年均勢史的著名論著《脆弱的平衡》，都致力於修正舊的「歐洲中心論」——美國在其中成了歷史主角，而兩書幾乎同時問世於二戰結束後不久，絕非偶然。

在德約看來，舊的歐洲國際體系得以存活，憑靠的是不斷「增大對西方和東方年輕的外部領土的負債」。換言之，「來自其邊疆外的領土的新制衡砝碼，一次又一次地被投入秤盤」，才使得歐陸均勢得以保存。在北美「新領土的廣袤空間極迅速擴散」的那股歐洲移民，很快「成長到擁有巨大的經濟和政治權能」。第一次世界大戰後期，這股力量介入歐洲的爭霸之戰，首次作為歐陸之外的力量改變了歐洲均勢的格局。第二次世界大戰之後，這股力量「邁步進入（歐洲），接管騰出的空位」建立起「世界新秩序」，既取代又延續了歐洲的舊秩序。[①]

德約的描述未必準確，嚴格來講，美國在二戰後建立的「世界新秩序」既取代又延續的是英帝國的舊世界秩序：

> 1945 年夏末，英帝國和英聯邦似乎恢復到了 1919 年的全盛期。英國勢力幾乎遍佈地球的三分之一。除了合法領地，英國還接管了意大利在北非和東非的帝國領土、歐洲和亞洲許多前法國殖民地以及被解放地區，其中包括光彩

---

① 路德維希·德約，《脆弱的平衡：歐洲四個世紀的權勢鬥爭》，時殷弘譯，北京：人民出版社，2016，頁 190–191。

奪目的印度支那的幾個帝國以及先前歸屬荷蘭的東印度群島。沒有一個國家曾肩負如此廣泛的責任。但 25 年後，這一切都化為烏有。歷史上從未有過如此徹底、如此迅猛的轉變。（保羅・約翰遜，《現代》，頁 574）[1]

德約在 1960 年代初離世，他沒有也不可能看到或預見到，在戰後「遠東的鬆散框架中」，古老而又彌新的中國會如此之快地重新站起來，並迅速成為全球均勢秤盤中的新制衡砝碼。即便是基辛格，在 1990 年代之前也沒有看到這一點。[2] 由此可以理解，在《世界秩序》中談到中國時，基辛格為何以下面這段話結尾：

中國和美國在各自的歷史中，只是在最近才充分參與由主權國家組成的國際體系。中國自認為與眾不同，基本上自家管自家的事。美國也認為自己獨一無二，也就是說，它是「例外」，但它相信自己在道義上有義務超越國家利益，在世界上傳播自己的價值觀。這兩個有著不同文化和不同前提的偉大國家都正經歷著根本性的國內變化。這些變化最終會導致兩國間的競爭，還是會產生一種新形式的夥伴關係，將對二十一世紀世界秩序的未來產生重大影

[1]　比較竇國慶，《霸權的興起、均勢的幻滅和地區秩序的終結》，長沙：湖南科學技術出版社，2016，頁 43–95。
[2]　Aaron Zack, *Hegemonic War and Grand Strategy. Ludwig Dehio, World History and the American Future*, Lanham, 2016, pp. 115–120.

響。(《世界秩序》,頁 294)[1]

　　無論基辛格的言辭有怎樣「謹慎且狡猾」的品質,這段話還是說得中肯:中國理念天生不具有普世擴張性,而清教文明的美國理念則天生帶有這種德性。若與其前任羅斯托在「冷戰」時代的如下說法對比,基辛格的說法並沒有什麼實質性不同:

　　　　從最廣泛的意義上說,我們的目標是政治性而不是軍事性的。我們認為,我們自己正在從事一種帶有根本性的歷史競賽,即關於世界各國應如何組織成為一個大家庭的競賽。[2]

　　問題在於,未來的世界大家庭究竟應該基於「共同合作的獨立國家」的互相尊重和相互依靠,還是基於世界「逐步朝向更高度的人類自由邁進」的清教式美國理念——這個問題必須說清楚。中國為建立世界大家庭貢獻的國際原則是「和而不同」,而美國迄今相信,自己的國家理念「在道義上有義務超越國家利益」,儘管實際上這不過是「集體自私自利」的藉口。

---

[1]　比較塞繆爾·亨廷頓,《美國政治:激蕩於理想與現實之間》,前揭,頁92–94。
[2]　沃·惠·羅斯托,《從七層樓上展望世界》,前揭,頁 39。

　　無論如何，這場「根本性的歷史競賽」會採用和平 — 合作的方式還是武力相向的方式，完全取決於美國文明的德性品質。[①]

① 　比較斯科特．西爾維斯通，《先法制人戰爭與美國民主》，蔣茂榮、馮瑞津譯，北京：華夏出版社，2015，頁 126–151；喬治．弗里德曼，《弗里德曼說，下一個一百年地緣大衝突》，魏宗雷、傑寧娜譯，廣州：廣東人民出版社，2017，頁 205–244；保羅．麥克唐納、約瑟夫．培倫特，《霸權的黃昏：大國的衰退和收縮》，武雅斌、郭曉夢譯，北京：法律出版社，2020，頁 3–9、184–206。

責任編輯　　　林　冕　葉昊洋
書籍設計　　　a_kun

書　　名　　波士頓的長電郵：美利堅的政治成長與普遍歷史
著　　者　　劉小楓
出　　版　　三聯書店（香港）有限公司
　　　　　　香港北角英皇道 499 號北角工業大廈 20 樓
　　　　　　Joint Publishing (H.K.) Co., Ltd.
　　　　　　20/F., North Point Industrial Building,
　　　　　　499 King's Road, North Point, Hong Kong
香港發行　　香港聯合書刊物流有限公司
　　　　　　香港新界荃灣德士古道 220-248 號 16 樓
印　　刷　　美雅印刷製本有限公司
　　　　　　香港九龍觀塘榮業街 6 號 4 樓 A 室
版　　次　　2022 年 7 月香港第一版第一次印刷
規　　格　　大 32 開（130 mm × 210 mm）280 面
國際書號　　ISBN 978-962-04-4987-1

© 2022 Joint Publishing (H.K.) Co., Ltd.

Published & Printed in Hong Kong